다중지능에 의한 유아교육 프로그램 평가

한국적 스펙트럼 프로젝트의 활동과 평가

김명희 · 안영진

창지사

머리말

아이들이 행복하고 건강하게 성장하는 것, 그것이 유아교육을 하는 많은 사람들의 바람이 아닐까 생각해 본다.

지난 오랜 시간 동안 유아교육에 몸 담아오면서 어떤 교육 프로그램이 한국 유아교육 현장에서 아이들을 행복하고, 건강하게 자랄 수 있도록 할까를 늘 고민해 왔다. 그러던 중 아이들이 가지고 있는 것을 그대로 인정해 주고, 아이들 나름대로의 색깔이 빛날 수 있도록 도와 줄 수 있는 것, 유아의 각기 다른 성격과 발달 차이, 개별적 탐구와 학습 방식을 존중할 수 있는 스펙트럼 프로젝트를 만나게 되었다.

스펙트럼 프로젝트는 하버드 대학의 Project Zero 팀에 의해 10여 년간 연구되어진 교육 프로그램으로써 아동 교육의 혁신이라고 할 수 있다. 스펙트럼 프로젝트는 단순한 프로그램이나 일련의 지식 위주의 활동으로써가 아닌 유아의 다양한 능력에 대한 인식의 중요성을 강조하고 자연스러운 상황 속에서 유아의 강점(뛰어난 지능 영역)을 확인, 유아의 개별적 학습 지도를 할 수 있는 최고의 교수 방법 중 하나임을 저자는 확신한다.

얼마전 출간한『다중지능 이론에 의한 유아의 강점 구축을 위한 한국적 스펙트럼 프로젝트의 이론과 활동』이 한국 현장에서 여러 해 동안 영유아 교사들과 예비유아교사, 유아교육 전문가와 협력하여 실험한 내용이었다면, 본고는 현장에서 유아 개개인의 강점영역을 파악하여 실제 수업으로 연계하며, 어떻게 평가할 수 있는가에 대한 해답을 제시한다고 볼 수 있다.

유아에게 기대하는 교육의 결과를 성취하기 위해서는 교사가 기대하는 결과를 항상 염두 하여야 하며, 그 기초 위에서 계획을 세워야 한다. 유아가 어떠한 강점을 가지고 있는지, 그 강점을 어떻게 구축할지에 대한 끊임없는 질문과 대답을 하려는 교사가 있을 때 유아에게 제공되어지는 경험의 질은 높아질 것이며, 교사는 무엇을 어떻게 도와야 할지를 분명히 알 수 있다.

현장에 있는 교사와 예비유아교사와의 많은 실험 속에서 쉽게 간과되어지는 부분 역시 어떠한 결과와 의도를 가지고 있는가에 대한 분명한 답을 갖지 않고 수업을 이끌어 간다는 것이었다.

교육이란, 의도와 계획을 가지고 사람을 긍정적인 방향으로 변화시키는 것이다. 그저 아이들에 의해 이끌리어지는 경험이 유아를 위한 교육인양 인식되어서는 안 될 것이다.

본고는 다중지능 각 영역의 활동 맥락에서 지능별 중심 개념을 이용한 평가항목을 이용하여 유아를 평가할 수 있도록 안내한다.

이 책의 내용을 간단히 요약하여 소개하면, 1장은 스펙트럼 프로젝트에 대한 개괄적인 내용으로 스펙트럼 프로젝트의 개발 목적과 특징, 다른 프로그램과의 비교, 각 영역별 평가 구성과 활용 방법에 대하여 구체적으로 소개하고 있다. 2장에서 9장까지는 각 지능 영역별 개요와 다중지능이론에 근거한 동작, 언어, 수학, 과학, 사회, 시각예술, 음악, 자연친화영역에서 중점적으로 평가하여야 할 유아의 능력들을 종합적으로 분석한다. 특히 각 영역의 평가 실제를 소개하기 위하여 프로젝트 활동을 사례로 방법을 자세히 설명하였다.

아이들은 누구나 행복해지기 위한 노력을 본능적으로 자연스럽게 한다. 우리 교사들은 아이들의 그러한 노력과 흥미, 각자의 특별함을 마주하며 아이들 개개인에게 과연 교사로서, 연구자로서 무엇을 제공해 줄 수 있는지를 끊임없이 고민해야 한다. 이에 가장 중요한 것은 발달에 적합한 교육은 물론, 아이들 스스로

가 자신의 가치로움과 능력을 마음껏 펼칠 수 있도록 계획되어진 질 높은 교육의 장을 제공하는 것이이어야 한다.

한국형 스펙트럼 프로젝트의 기초를 마련하고, 평가 방법까지 구체적으로 펴내는데 오랜 시간과 열정, 노력이 필요하였다. 막상 출판을 앞두고 부족함이 많아 부끄러움이 여전하지만, 이 또한 학문적 성장을 위한 과정으로 생각하고 연구에 매진할 수 있는 기회로 삼을 것이다.

또한 이 책이 나오기까지 주위 여러분의 도움을 받은 바가 크다. 기관의 바쁜 일정 중에도 연구를 함께 해 주신 그림유치원, 뿌리유치원, 양지유치원, 세계유치원의 교사들과 원장님께 깊은 감사를 보내며 실험에 동참 해 준 한양여자대학 예비유아교사들의 유아교육에 대한 끊임없는 열정에 격려와 고마움의 박수를 보낸다. 방학 내내 편집과 마무리까지 함께 걱정하고 도와준 고연경 선생님, 이화영 원장님, 김유미 선생님, 항상 함께 하는 우리 가족들, 창지사 사장님, 여러 번의 수정과 편집을 도와주신 창지사 편집부 여러분께도 감사를 드린다.

2011년 또 다른 출발선에 서서
행원동산에서 저자 안 영 진

차 례

스펙트럼 프로젝트란?

1장

01. 개요

어떤 유아가 운동능력이 뛰어남에도 불구하고 교사가 유아에 대한 부정적인 편견을 가지고 유아의 모든 운동활동을 규제하고 나쁘게 평가한다는 가정과 또 어떤 유아는 음악을 통하여 사랑과 자기 자신을 표현할 수 있으나 부모나 교사가 음악을 듣지도 악기를 연주하지도 못하여 유아와 함께 노래를 부르지도 않고 그 유아의 능력을 인정해 주지 않는다는 가정, 또 다른 유아는 그림에 대하여 생각하거나, 지도를 상상하거나, 블록을 조립하는 방법 등에 관심을 갖고 있는데, 유아가 이러한 관심을 밖으로 표현하지 못한다는 이유로 교사는 유아를 느리거나 게으르다고 간주해 버리는 가정을 해 보자.

이러한 유아들에게 어떤 일이 일어나겠는가? 다른 대안적인 방법들이 없다면, 그 유아들은 그저 주어진 교육과정을 파악하고 따라가기에도 버거울 것이다. 유아에게는 누구나 독특한 강점이 잠재하고 있는데, 그들이 노력을 게을리 하고 단념한다는 이유로 실패자로 낙인찍을 것인가? 아니면 유아의 강점이 되는 능력을 미리 발견하여 이를 통해 보다 발전되도록 도와줄 것인가?

모든 인간은 다양하고 독특한 개성을 가지며 자신만의 관점으로 세상을 바라보고 살아가듯이, 모든 유아들도 똑같은 방법으로 똑같은 것을 습득하지는 않는다(H. Gardner, 1983, 1993; Sternberg, 1985). 그렇기에 교사는 유아가 다양한 방법으로 학습하도록 돕고 유아에 대해 파악해서 유아가 가장 가치 있는 기술을 습득하도록 도와야 할 것이다. 즉, 교사는 유아의 행동을 세심하게 관찰하고 주의를 기울여서 유아의 개별 특성, 즉 음악, 예술, 운동, 사회성 등의 영역에서 강점을 발견하고 이러한 능력을 발휘할 수 있는 교육환경을 제공해 주어 모든 유아들이 자신의 학습 목표에 도달할 수 있도록 도와준다면 유아들 개인은 물론 사회적 공헌과 발전에 기여하게 될 것이다.

"우리는 유아들의 개별적인 강점들을 명확히 하는 세계를 만들고자 한다." 이는 Gardner가 궁극적으로 우리의 과업을 설명하는 방식이었으며 유아에게 풍부하고 혁신적인 환경을 제공해 주고자 활동을 통해 유아의 마음이 어떻게 작용하는지를 드러내 보이는 평가방법이다. 이 평가는

① 유아가 일반적 강점을 포함하여 특정영역에서의 강점을 보이는가?

② 활동과 유아의 수행 간 유의미한 상관이 있는가?

③ 스펙트럼 평가는 교사와 부모가 몰랐던 유아의 강점을 확인시켜주는가?에 대한 목적을 가지고 있다.

이러한 관점에서 스펙트럼 프로젝트는 정신능력이 빠르게 성장하는 유아기 동안에 부각되는 유아의 능력을 인식하고 유아 초기학습에서 유아의 능력과 학습을 양립할 수 있는 대안적 평가방법이라 할 수 있다. 이 평가방법은 전통적인 검사방법들을 완전히 무시하는 것이 아니라 표준화된 검사에 의해 부적절한 점수를 받아 그 점수로 부정적인 영향을 받고 뒤처지고 표현력이 떨어지는 유아들에게 적용할 수 있는 대안평가이다. 또한 보다 자연스러운 측정을 통하여 모든 유아들이 학습하고 성공할 수 있는 다양하고 개인적인 방법들에 중점을 두면서 교육을 재구성하는 평가방법이다.

스펙트럼 프로젝트는 하버드 대학의 Howard Gardner와 투프스 대학의 David Feldman의 이론에 기초하여 9년에 걸쳐 연구 개발 · 검증된 평가방법이다. 프로젝트의 제1단계(1984-1988년) 목표는 유아의 인지능력을 평가하는 새로운 평가방법을 고안하는 것이다. 스펜서 재단의 후원 아래, 연구진은 전통적으로 전형적인 유아의 교육 프로그램을 보다 더 광범위한 인지능력과 강점들을 평가할 수 있는 일련의 교과 과정과 평가 자료들을 만들었다. 제2단계(1988-1989년)는 윌리암 그랜트 재단의 후원으로 스펙트럼은 유치원과 특히 학교에서 실패의 위기에 있는 초등학교 1학년 유아들의 인지능력을 확인하고 수정할 수 있는

접근법으로 발전하였다. 그랜트 재단은 제3단계(1990-1992년) 연구에 지원을 하여 그 기간 동안 위기에 있는 유아들의 강점영역을 확인하고 길러줌으로써 학문적 수행이 증진될 수 있는지를 탐구하였다. 초등학교 1학년 교실에서 스펙트럼 활동을 적용하고 매사추세츠의 서머빌 초등학교에서 수행하였다. 또한 록펠러 형제 재단의 지원을 받아 아동박물관이나 도제 프로그램과 같은 탈학교적인 스펙트럼 자료들을 소개하기도 하였다.

본서는 스펙트럼 프로젝트 활동을 몇 년 동안 연구자, 대학교수, 현장전문가, 영유아 교육 · 보육기관의 원장과 교사, 예비교사 등으로 이루어진 연구진에 의해 한국의 다양한 교육 및 보육환경에 적용하여 나온 결과물이다. 따라서 우리나라의 어떤 교육 및 보육 프로그램에서도 효과적으로 활용할 수 있을 것으로 기대된다.

02. 이론적 기초

1) 스펙트럼 프로젝트의 특징

스펙트럼 프로젝트는 교육과정도 아니고 포괄적인 접근방법도 아니며 심지어 학급을 조직하는 방식도 아니다. 스펙트럼 프로젝트는 인지의 서로 다른 영역을 이해하는 접근으로, 채택해야 할 어떤 것이라기보다는 하나의 생각하는 방식이라고 할 수 있다.

이 평가방법은 유아에 대해 한 가지 이상의 측정방법을 사용하여야 한다. 스펙트럼 프로젝트 활동은 교사가 모든 맥락에서 유아에 대해 알고 이를 고려하여야 한다. 이 접근은 유아들에 대해 혹은 협소한 교육경로에 있어서 섣부른 능력별 학급 편성을 위한 또 하나의 딱지를 붙이는 데 이용되어서는 안 된다. 유도하거나 강요하기보다는 선택과 기회를 확장하도록 의도되어야 한다. 결국, 스펙트럼은 교사들이나 학교에서 그들이 무엇을 가르쳐야 하는지를 말해 주지 않는다. 교육자들은 그들이 어떤 기술과 생각에 가치를 두는지 그리고 유아들이 무엇을 배워야 하는지에 대해 끊임없이 고민하여야 할 것이다.

스펙트럼 프로젝트의 특징에 대해 살펴보고 올바른 이론적 기초를 정립할 필요가 있다.

(1) 스펙트럼은 기존의 협소한 '지능'의 개념을 확장시킨다.

스펙트럼은 다중지능과 마찬가지로 기존에 전형적인 지능의 개념을 더욱 확장하여 언어 및 논리-수학적인 발달뿐 아니라 기계조립, 시각예술, 동작영역 등 지능의 개념을 확장한다. 또한 스펙트럼 접근의 주요한 특징 중 하나는 과학적인 이론에 바탕을 두고 있다는 것이다. 비록 스펙트럼이 유아의 전 발달영역을 총괄하고 있는 것은 아닐지라도 기존의 인지영역보다는 더 많은 그리고 다양한 영역들을 다루고자 노력한다.

(2) 스펙트럼은 학습과 평가를 동시에 수행한다.

스펙트럼 접근의 가장 큰 장점 중의 하나는 학습과 평가를 분리하지 않고 유아들이 학습하는 과정을 관찰하고 기록하면서 평가도 동시에 이루어지는 방식을 택하고 있다는 점이다. 많은 교사들이 학습과 평가를 철저히 구분하고 있고 이것이 기존의 학습과 평가방식이었다. 그러나 이미 알고 있듯이 맥락에 기반하지 않은 평가는 제대로 된 평가라고 볼 수 없다. 스펙트럼은 이러한 맥락에서 인지적 능력을 평가하는 틀을 제공한다. 스펙트럼 평가는 유아들의 강점을 탐색하고 기록하고 관찰을 거듭하면서 유아 개개인의 발달과 변화 포트폴리오를 구성하여 유아들의 특별한 자질을 구축하는 데 도움을 준다.

(3) 스펙트럼은 교실의 범위를 확장한다.

스펙트럼 활동은 기존 교실의 범위를 확장시킨다. 스펙트럼 활동은 단지 유치원에서 이루어지는 교실활동에 국한되지 않는다. 다양한 지능영역들에 대한 탐색과 활용을 위해 교실을 다양한 지능센터(영역)로 구성할 수 있다. 교사들은 자신들의 교실활동센터에 지능의 다양한 영역들을 구축할 수 있고 악기와 녹음기 그리고 뜀틀과 같은 운동교육 장비도 갖출 수 있다. 또한 다양한 교실 외 활동도 역시 스펙트럼 확장활동을 위해 유용하다.

(4) 스펙트럼은 유아들의 강점을 강조한다.

스펙트럼 접근에서 중요한 것은 유아들 개개인의 강점을 확인하고 계발한다는 점에 있다. 스펙트럼 교육체계는 유아의 강점에 대한 시각을 잃지 않도록 지속적으로 사고하는 틀로써 작용한다. 그러나 모든 유아들이 어느 한 영역에서 영재가 될 수 있음을 가정하는 것은 아니다. 모든 유아들이 기계를 분리하고 재조립하거나 퍼즐 맞추기를 하는 과정에서 전문가가 되지는 않을 것이다. 그러나 스펙트럼 접근은 모든 유아들이 적어도 한 개 이상의 영역에서 또래집단 유아들에 비하여 뛰어난 강점을 갖고 있을 것이라고 확신한다. 이러한 강점영역 찾기는 유아들의 성공경험과도 연결되어 학령기 유아의 자아존중감, 동기유발 등을 일으키는 중요한 정서적 자원이 된다.

(5) 스펙트럼은 '영재아'에 대한 개념을 변화시킨다.

모든 유아들이 각각 몇몇 영역에서 강점을 가진다면, 이러한 능력을 발달시킬 수 있는 프로그램들이 제공되어야 한다. 그러나 이러한 특별 프로그램들이 전형적으로 두각을 나타내는 유아들에게만 적용되는 것은 아니다. 유아들의 잠재적 능력을 확인하기 위해서는 교사들의 인내와 끈기, 그리고 다양한 프로그램의 적용을 통해 유아들이 잠재성을 발휘할 수 있도록 도와주는 과정이다. 예를 들어, 언어적 능력이 부족한 유아들은 유아의 지적 능력이 부족해서라기보다는 발달적으로 미숙하거나 언어발달을 촉진시켜 줄 수 있는 가정환경의 부재에서 올 수도 있다. 따라서 유아교육 현장에서 실시되는 다양한 교육 프로그램들은 민감한 교사들에 의해 끊임없이 제공되어야 한다.

2) 스펙트럼 프로젝트와 교육과정

언뜻 보기에 스펙트럼은 기술과 사실에 대해 직접적으로 교육하고 유아들로 하여금 초등학교에서 직접적으로 배우는 전통적인 과목(언어와 수학)들을 준비하는 데 초점을 둔 것으로 보인다. 그러나 스펙트럼 모델에서의 교육과정은 유아들의 관심에 의해 주로 결정되며, 이전의 지식과 어른의 역할을 최소화한다

(but cf. Edwards, Gandini, & Forman, 1993). 말하자면, 스펙트럼 틀은 초기 교육에 대한 학문적 접근과 좀 더 유아 중심적 접근 간에 다리 역할을 한다. 이는 체계적인 방식으로 인지적 기술을 촉진하도록 고안되어 있지만, 우리가 인지적 기술이라고 생각하는 것을 확장하여 다른 많은 영역들을 포함한다. 우리는 스펙트럼과 초기 유아교육에 있어서 널리 알려진 두 가지 교육과정 접근들, 즉 몬테소리 방식과 프로젝트 중심 모델(project-based model)을 비교해 보고자 한다.

(1) 몬테소리 교육방법

지원되는 원형(original form)으로 시행되기도 하고 미국 몬테소리 협회(American Montessori Society)에 의해 후원되는 개정된 형태로 시행되기도 한다. Montessori처럼 스펙트럼도 넓고 다양한 영역에서 풍부하고 혁신적인 재료들의 사용을 강조함에도 불구하고, 스펙트럼 활동들은 좀 더 개방적이고 더 지시적이다. 스펙트럼 평가 중 많은 부분이 재료들을 사용하는 한 가지 방식 혹은 옳거나 그른 방식을 미리 제시하지 않는다. 유아들은 이야기판 활동(storyboard activity)에서 서로 다른 많은 종류의 이야기들을 할 수 있거나 가라앉기와 뜨기 활동(sink and float activity)에서 많은 실험들을 해 볼 수 있다. 음식 분쇄기를 재조립하거나 버스에 타는 사람들의 수를 계산하는 것처럼 몇몇 스펙트럼 재료들이 자기 스스로의 수정식으로 간주될 수 있음에도 불구하고 대부분의 스펙트럼 평가들은 자유선택 놀이 요소 또한 포함한다. 대부분의 Montessori 프로그램에서는 유아들의 창조성, 협동적 계획, 상상놀이, 집단 과제를 촉진시키는 것보다 특정방식으로 재료들을 사용하도록 하는 데 더 큰 강조점을 둔다(Greenberg, 1990). Montessori는 유아들과 그들의 자율성을 매우 존중한다고 할지라도 유아들이 창의적이기 위해서는 순서에 대한 감각이 필요하다고 믿었다.

Montessori 재료들은 전형적으로 주의 깊게 순서화된 일련의 활동들로 제시되어지는데, 유아들은 교사의 주의 깊은 관찰 하에 자신의 속도대로 이 활동들을 전개해 나간다. 각 감각 재료들은 모든 감각들 중 한 가지에만 초점을 둔다. 특정한 감각기관이 관련될 때, 다른 감각 자극들은 분리된다. 스펙트럼 재료들이 특정영역에서의 능력들을 확인하도록 고안됐음에도 불구하고, 유아의 다중적인 감각들을 자유롭게 사용하여 재료들을 탐색하도록 북돋워주며, 또한 각 활동을 통해 의도되는 경향과는 다른 경향에 대한 증거가 발견되는지 언제나 관심을 가진다. Montessori와 스펙트럼은 유아 학습의 활발한 참여, 개별화된 교육과정, '준비된' 환경의 중요성을 강조한다. 그러나 스펙트럼 교사의 역할은 Montessori 교실에서의 교사보다 재료들의 사용에 관해서 덜 규정적이며, 일반적으로 시행 장소와 재료들에 관해서 덜 지시적이다.

(2) 프로젝트 중심 모델

스펙트럼은 구성주의 철학과 Piaget, Dewey의 전통적 과제 중심 모델과 가장 가깝다(Katz & Chard, 1989). 이 접근들은 유아들이 물리적, 사회적 세계와의 상호작용을 통해 의미를 창조하도록 한다. 앞에서 언급했듯이, 대부분의 스펙트럼 평가들은 실제 생활에 자리 잡고 있으며 다양한 문제해결 과제에 유아를 참여시킨다. 과제는 또한 언어, 수학, 그 밖의 기술들을 배우고 실행하기 위한 실생활적인 배경을 제공한다.

Katz와 Chard(1989)는 프로젝트를 유아들로 구성된 소집단에 의해 수행되는 다양한 주제들에 대한 깊이 있는 공부라고 정의한다. 이들은 과제가 네 종류의 학습 목표를 증진시키는 것으로 본다. 지식(사실, 개념, 사고, 어휘), 기술(읽거나 계산하거나 사물 조작하는 것 배우기), 경향(특정한 방식으로 상황에 반응하는 정신적 습관이나 경향, 호기심이나 친화성), 정서(소속감이나 능력감과 같은 주관적 정서상태)이다. 과제는 유아들로 하여금 자신들의 학습과정에 대한 결정과 선택을 할 수 있도록 허용하는 한편, 자신들 외적 환경에서의 사건과 현상을 더 깊게 이해할 수 있도록 돕는다. 스펙트럼과 같이 대부분의 프로젝트에 기초를 둔 접근들은 유아들의 수행을 기록하는 데 중점을 둔다(Edwards, Gandini, & Forman, 1993). 그러나 프로젝트 중심은 스펙트럼 활동보다 유아와 함께 활발하게 계획하고 수행하며 평가하는 것과 깊이 관련된다. 또 슈퍼마켓을 조사하거나 학교 버스나 건설현장을 공부하는 것처럼 주제에 대한 더 깊이 있는 탐색을 필요로 한다. 또한, 가르치고 배우는 데 대해 좀 더 통합적이거나 다른 많은 학문 분야와 제휴하는 접근을 취한다. 스펙트럼과는 달리 프로젝트 활동은 전형적으로 학문 분야(disciplines)를 강조하지 않는다. 예를 들어, 대부분의 프로젝트 중심 모델은 핵심능력을 평가하기 위한 틀을 제공하지 않는다. 대신에 예술이나 운동과 같은 분야들은 어떤 것을 가르치거나 표현하는 수단으로 이용될 수 있다. 과제를 수행하는 과정에서 각 스펙트럼 영역에서의 활동을 포함하려고 시도함으로써 어떤 교사들은 두 가지 접근을 혼합하기도 한다.

3) 영역별 발달과 평가

우리나라의 많은 유치원과 어린이집의 교육 프로그램들은 유아들을 평가하는데 과학적이고 체계적인 평가체계를 갖추고 있지 못하다. 즉, 여전히 일화적이고 전기적인 질적 평가방법에만 의존하고 있어서 보다 발전되고 과학적인 형식화된 체계가 필요하다. 이를 위해 스펙트럼 평가는 몇 가지 새로운 평가 도구들을 만들었다.

스펙트럼 평가는 다중지능 이론에 근거하여 8개의 영역, 즉 동작, 언어, 수학, 과학, 사회, 시각예술, 음악, 자연친화로 구분하여 각 영역에서 중점적으로 평가하여야 할 유아의 능력들을 다양한 평가 도구로 측정하고 이를 종합적으로 분석하였다. 여기서는 각 영역에서 적어도 두 가지 이상의 핵심능력들을 측정한다. 예를 들어, 과학영역에서는 자연적 · 기계적 능력을 검사하고 사회영역에서는 개인 이해 · 대인관계 및 사회적 역동에 대해 측정한다.

(1) 작업 유형 목록

스펙트럼 활동을 수행하는 동안 유아들 개개인의 '작업 유형'이 중요하다. 이에 대한 구체적인 작업 유형은 〈표 1-1〉의 작업 유형 목록에 제시되어 있다.

〈표 1-1〉 작업 유형 목록

유아__________ 관찰자__________

활동__________ 날 짜__________

당신이 관찰하는 동안 어떤 작업 유형이 특징적인지 표시하시오. 확실할 때만 표시하시오. 각 쌍 중에 하나만 표시해야 합니다. 가능한 설명과 일화를 적고, 어떻게 유아가 활동에 접근하는지 가장 잘 묘사되는 일반적인 어구로 쓰시오. 두드러진 작업 유형에 별(*) 표시를 하시오.

유아는

기꺼이 활동에 참여하는	________	지속적인	________
활동에 참여하기 꺼려하는	________	과제에 의해 좌절된	________
자신 있는	________	충동적인	________
시험적인	________	사려 깊은	________
장난스러운	________	천천히 작업하는	________
진지한	________	빨리 작업하는	________
집중력 있는	________	얘기하기 좋아하는	________
산만한	________	조용한	________

시각적________ 청각적________ 근육운동 감각적________ 단서에 반응한다.

계획적인 접근을 보인다.

개인적 힘을 활동에 많이 사용한다.

내용에서 유머를 찾는다.

예기치 않은 방법으로 소재들을 활용한다.

수행에 자부심을 보인다.

사소한 일에 사려 깊고 조심스럽다.

소재들에 대해 호기심이 있다.

'정확한' 답에 대한 관심을 나타낸다.

어른과의 상호작용에 주의를 기울인다.

(2) 스펙트럼 관찰기록지

각 유아의 강점영역이 어디에 있는지 살펴볼 수 있는 방법은 다양하다. 그 중 한 가지 방법으로 유아들이 학급의 어떤 영역에서 가장 많은 시간을 보내고 관심을 두고 있는가를 살펴볼 필요가 있다. 이에 〈표 1-2〉 스펙트럼 관찰기록지의 예를 통해 유아의 행동을 관찰하여 기록할 수 있다.

〈표 1-2〉 스펙트럼 관찰기록지의 예

유아__________ 관찰자__________
활동__________ 날 짜__________

1. 학급에서 놀 때, 어디서 가장 많은 시간을 보내는지 적어주세요.
   그것이 당신이 좋아하는 활동입니까? 그 이유는 무엇인가요?
   그 장소가 이미 다른 유아들로 차 있다면 어떻게 합니까?
   어디로 가는지 적어주세요.

2. 여기에 당신이 ______을 가지고 놀았던 게임들의 몇 가지 그림들이 있어요.
   가장 잘 하는 게임은 어떤 것입니까? 그 이유는 무엇인가요?
   가장 어려운 게임은 어떤 것입니까? 그 이유는 무엇인가요?
   게임들 중 좋아하는 게임은 어떤 것입니까?

3. 다음과 같은 놀이를 할 때 학급에서 언제나 누구하고 노는지 적어주세요.
   놀이 장소에서의 다른 유아들을 살펴봅시다.
   블록놀이(Blocks) ______________________________
   연극놀이(Dramatic Play) ______________________________
   미술(Art) ______________________________
   물탁자(Water Table) ______________________________
   쓰기 판(Writing Table) ______________________________

(3) 유아의 강점 찾기와 활용

스펙트럼 프로젝트 접근법의 가장 큰 특징은 각 유아가 소유하고 있는 인지적인 강점 유형을 확인하는 것이다. 즉, 유아의 강점영역을 구체화하고 상세히 기록하는 것은 이 접근법을 효과적으로 사용하는 결정적인 방법이다. 이것은 교사가 유아의 흥미와 능력에 대한 특별한 관찰과 과제를 수행하는 데 많은 도움을 준다.

1 교사의 관찰

① 유아 활동을 관찰하여 기록하는 방법이다.

② 클립보드에 포스트잇을 붙여놓고 한 관찰표(tag)당 하나의 설명을 적게 하는 것이다.

③ 유아의 프로필을 만드는 데, 학부모와의 면담 자료를 구성하는 데, 또는 유아의 지적 프로필에 잘 맞게 교육적으로 '처치'하는 데 유용하게 사용되어질 수 있다.

④ 교사는 각 영역에서 활동하는 유아를 관찰하여야 한다.

2 유아들의 포트폴리오

① 유아의 활동들을 모아놓은 포트폴리오는 하나 또는 그 이상의 영역에서 각 유아의 강점, 노력, 과정, 그리고 성취에 관해 기록하는 하나의 방법이다.

② 1년 내내 유아의 능력 발달을 포착할 수 있다.

③ 유아들 자신의 연구 형태를 보여줄 수 있다고 한다.

④ 학습자로서 유아의 특질을 보여준다고 한다.

⑤ 유아의 선택과정과 유아의 작품 질을 판단하는 데 도움을 준다.

⑥ 각각의 유아를 구별할 수 있게 해 주고, 개개인의 특별한 사례와 유아 각각의 능력을 살펴볼 수 있는 기회를 제공해 준다.

3 강점영역 확인과 피드백

스펙트럼 프로젝트 교실의 교사들은 유아들의 강점을 확인하는 데 일차적인 관심을 두고 있다. 처음에 스펙트럼 학습센터를 운영할 때 교사들은 학습센터에 대해서 의문과 두려움을 갖고 있었으며, 과연 기존의 유아교육 프로그램들과 어떠한 것이 다르고, 과연 성공할 수 있을지 의구심을 갖고 있었다. 그러나 한 주, 두 주, 한 달, 두 달, 시간이 흘러가면서 스펙트럼 학습센터에 대한 장점을 찾게 되었다. 혹시 문제에 부딪치더라도 교사들이 협의하여 최선의 해결책을 찾으려 노력하였다. 학습센터의 운영방식에 대한 논의, 다양한 학습센터를 동시에 제공할 것인지에 대한 논의, 혹은 매일 하루에 한 가지씩만 돌아가면서 제공할 것인가에 대한 논의, 스펙트럼 학습센터를 자신의 교실에 만들 것인가 아니면 유치원의 어느 한 장소를 지정하여 만들 것인가에 대한 논의, 유아들에게 얼마만큼의 선택권을 줄 것인가에 대한 논의 또는 스펙트럼 전문가들에게 어떠한 자문을 구할 것인가에 대한 논의 등등 다양한 문제점들을 해결하기 위해서 교사들은 노력하였다. 이러한 모든 활동들이 유아들의 강점영역을 찾기 위한 방법이며 강점을 확인하고 어떻게 지지하고 발전시켜 줄 것인가의 문제와도 연결되기 때문에 스펙트럼 활동에서 매우 중요한 부분이라고 할 수 있다.

스펙트럼의 창시자이자 연구자인 Chen과 그의 동료들은(1998) 스펙트럼 활동에서 유아들의 강점을 확인하고 계발하기 위한 다양한 방법들을 제안한다. 예를 들어, 기계 조작과 건축에 관심이 있는 유아들을 지원하기 위해 교사들은 프로젝트 기간 내내 학습센터를 열어 놓았고 자주 학습 재료들을 교체해 주었다. 교사들은 또한 유아들에게 더 많이 그 영역을 탐구하게 하고, 새로운 과제를 학습한 경험을 다른 사람과 공유하게 하고, 학교 강당 벽이나 부모를 위한 오픈 하우스 때에 창작물을 전시하도록 격려한다. 유아의 강점을 키우는 또 다른 기법은 유아를 그 영역의 활동리더로 삼는 것이었다. 유아에게 그 학습센터의 친구들을 지도하고, 그들을 위한 재원으로서의 역할을 하며, 재료나 청소를 관장하고 차기 지도자 훈련을 돕도록 권장하는 것이다.

유아의 강점영역에 대하여 교사들이 해야 할 중요한 점은 부모들에게 자신의 유아들에 대한 정보를 제공해 주는 것이다. 이는 유치원에서뿐 아니라 가정에서도 부모들이 자녀들의 강점영역을 계발시킬 수 있도록 촉진하기 위함이다. 교사들이 학부모에게 정기적으로 구체적이고 세밀한 유아의 강점 사례를 써 주고 이에 대한 피드백을 다시 받는 것은 매우 유익한 활동이다. 유아의 강점을 키우는 것은 다른 영역에서의 경험을 제한하는 것을 의미하지 않는다. 이는 다양한 학습경험을 통해서 유아들 자신의 잠재력과 흥미, 강점과 약점 영역들을 확인하고 발달시킬 수 있는 계기가 된다.

스펙트럼 프로젝트 Point

스펙트럼 프로젝트는
(1) 유아들에게 다양한 범위의 학습영역을 소개한다.
(2) 유아의 강점영역을 확인하고 지지해 준다.
(3) 유아의 강점을 학습으로 확장하는 데 활용한다.

* 본서에서 언급된 교사와 유아들의 이름은 모두 가명이다

동작영역

2장

01. 동작영역의 개요

동작은 유아들이 신체의 다양한 부분을 활용하여 표현하는 일련의 움직임으로 유아에게 동작은 삶의 근원으로 생존적인 가치가 있을 뿐 아니라, 모든 유아들의 정상적인 성장발달에 중요한 부분을 차지하며 더불어 심리적 발달과도 밀접한 관계를 갖는다. 또한 유아들은 신체를 이용하여 다양한 동작을 출현해 내면서 자신의 감정과 생각을 표현하고, 또한 건강하더라도 발달적 단계에 따라서 동작수행에 곤란을 겪기도 한다. 그러므로 발달적 단계에 따른 신체표현 활동의 구성은 필요하다.

영아는 태어나서 몇 개월은 반사신경에 의한 동작만을 제어하다가 점차적으로 자신의 의지가 담긴 표현과 간단하지만 뚜렷한 목적을 향한 행동으로 발달한다. 신체적 활동은 모든 유아들의 정상적 성장에 있어 중요한 부분을 차지하며, 섬세하고 총제적인 운동신경은 자신의 신체에 대한 인식이 넓어지고 자신이 무엇을 할 수 있는지 탐색하면서 빠르게 발달한다. 2세 유아들은 자신이 원하는 대로 걷고 달리는 것을 좋아해서 새로운 계단을 오르거나 낮은 선반에서 뛰는 것을 즐긴다. 3세 유아들도 비슷한 활동을 즐기지만 신체적으로 더 발달되며, 세발자전거나 미끄럼틀을 타고 각종 구조물에 오르는 기술을 향상시키는 데 시간을 소비한다. 4세가 되면 대다수의 유아들은 모험을 하고 싶어한다. 유아들은 다른 높이에서 뛰고 굴러 떨어지고 균형을 잡으면서 놀이를 한다.

영유아교육기관에서는 대소근육 기능의 습득을 강조한다. 놀이터에서 유아들은 달리고, 그네를 타고, 균형을 잡고, 어딘가를 오르고, 미끄러질 수 있다. 교실에서 유아들은 구슬이나 퍼즐과 같은 각종 작은 물건을 가지고 놀면서 섬세한 운동신경과 함께 눈과 손의 협응능력(eye-hand coordination)을 동시에 향상시킨다. 한편 정기적으로 유아들에게 정규 신체표현 활동시간을 제공한다.

동작영역의 평가는 전통적으로 유아의 능력을 도표에 기입하여, 등급을 매기는 운동개발 과정에 따라 정의되었다. 일반적으로 유아의 성장수준을 측정하기 위하여 뜀뛰기, 균형잡기와 같은 일련의 기준운동을 수행하게 된다(Folio & Fewell, 1974; Haines, Ames, & Gillespie, 1980; McCarthy, 1972). 유아의 자기표현이나 새로운 일련의 동작을 전문가들이 창조적인 춤이나 동작을 통해 유아의 성장을 도표로 만드는 복잡한 표시 · 해석 체계를 개발하였지만, 그러한 체계는 영유아교육기관의 교사들이 사용하기에는 종종 지나치게 전문적이고 정교하다.

동작영역에 대한 한국적 스펙트럼 접근방식은 유아의 창조적 능력과 운동능력에 관한 문제를 모두 제기하고 있다. 스펙트럼 교사는 유아의 주기적이고 자기 표현적인 감수성과 유아의 신체에 대한 제어와 인식에 초점을 맞춘 일련의 동작활동을 개발하였다. 이 계획은 교사들로 하여금 계획된 환경에서 유아의 능력을 관찰할 수 있게 해 준다. 교사는 유아의 운동능력과 더불어 뚜렷한 목적이 있는 동작을 실행하는 능력개발을 위하여 야외 장애물 코스를 소개했다. 일 년 동안 유아는 프로그램을 진행하는 동안 심미적, 운동적, 혹은 극적인 동작에 있어 서로 다른 방식과 선호도를 보일 수도 있다.

동작영역의 평가방법은 보편적으로 기본동작 운동능력 검사, 유아의 운동기술 안에서 시초, 기초, 성숙 단계의 수준향상 과정을 관찰로 접근하여 평가하는 과정 중심의 질적 평가방법이다. 평가방법은 보통의 영유아교육기관의 교사들이 사용하기에는 종종 지나치게 전문적이고 정교하다. 우리나라 동작영역에 대한 스펙트럼 접근방식은 유아의 주기적이고, 자기표현적인 감수성과 유아의 신체에 대한 제어와 인식에 초점을 맞춘 일련의 동작활동을 개발하였다. 이 활동은 교사들로 하여금 계획된 환경에서 유아의 능력을 관찰할 수 있게 한다. 1년의 교육과정 속에서의 동작활동은 유아의 운동능력과 더불어 뚜렷한 목적이 있는 동작실행 능력을 개발한다. 또한 유아의 심미적, 운동적, 극적인 동작에 있어 서로 다른 표현방식과 좋아하는 활동의 개별적 차이점을 볼 수 있다.

02. 동작활동을 통한 개념화

영유아교육기관에서 실시하고 있는 동작, 체육 활동이나 동작과 관련된 주제의 프로젝트 활동에서는 다음과 같은 영유아의 신체발달을 도모하도록 환경을 조성하는 것이 바람직하다. 첫째, 다양한 교구의 각종 물건들을 가지고 놀면서 대소근육의 기능발달을 강조하며 섬세한 운동신경과 함께 손과 눈의 협응력을 향상시킨다. 둘째, 실외 놀이터의 다양한 놀이기구와 체육 도구(줄넘기, 훌라후프, 자전거, 고무줄, 비석 치기, 자치기 등)를 통한 대근육 발달을 신장시킨다. 셋째, 프로젝트 활동 중에 다양한 표현활동을 위한 춤추기 등으로 음악과 함께 제공한다.

이를 위해 한국적 스펙트럼 프로젝트 활동은 1년 동안 진행하는 과정에서 여러 가지 활동의 결과는 동작영역을 개념화하였다. 교사는 동작활동을 주로 총체적인 운동신경에 초점을 맞추어 연간 활동이 이루어지도록 계획하는 것이 바람직하다. 다음에 스펙트럼 프로젝트의 동작영역 발달을 위한 활동들을 제시하였다.

1) 창의적 동작활동

창의적 동작시간은 보다 더 창조적이고 춤과 같은 동작을 강조하며, 리듬과 자기표현과 같은 요소에 초점을 맞추고 있다. 유아들은 음악과 함께 자신들의 신체를 통해 풍부한 심상과 주제를 탐사할 수 있으며, 이를 통해 관찰자들은 동작의 크기(유아가 얼마나 빨리 혹은 얼마나 멀리 움직이는지)가 아닌 동작의 성격(유아가 어떻게 움직이는지)을 살피게 된다.

관찰자들은 또한 템포(동작이 빠른지 아니면 느린지), 성격(서정적인지 아니면 단음적인지), 혹은 신체의 사용(신체 전체를 사용하는지 아니면 신체 일부만을 주로 사용하는지)을 통해 유아가 자신을 표현함에 있어 선호하는 동작방식이 있는지도 함께 탐지할 수 있다.

다양한 프로그램 활동과정을 전개하는 동안에 동작활동에 영향을 주는 다양한 멘토(무용수와 운동선수, 무언극 광대, 배우, 기능공, 기술자 등)가 유아의 다양한 표현활동에 모방과 잠재적 표현능력, 재창조의 기쁨을 주었다.

- 무용수들이 음악을 함께 사용하여 공간, 균형감각, 시점, 그리고 세기를 통해 신체를 연마하는 과정의 단계
- 운동선수들은 다른 스포츠 종목을 효과적으로 수행하기 위해서 섬세함, 파워, 시점, 스피드, 그리고 협동을 통합하는 활동
- 무언극 배우들이 다른 시나리오를 성공적으로 모방하고 재창조하기 위해서 예리한 통찰력
- 기술자들이 도구나 기계를 사용할 때 전문기술과 섬세한 운동신경을 이용하는 것과 같이 물건을 조작함에 있어서 필요한 섬세한 운동신경

2) 장애물 코스

장애물 코스는 거의 모든 운동 종목에서 찾을 수 있는 기술을 필요로 한다. 장애물 코스는 동작방법과 더불어 복잡하고 복합적인 일련의 동작들 이후에 다음 단계를 예상하는 능력을 계발시켜 준다. 장애물 코스를 성공적으로 마치기 위해서 유아는 여러 가지 도전 과제에 적응하기 위한 조정능력과 순발력, 스피드, 균형감각, 세기를 필요로 한다.

3) 동작영역의 두 가지 평가에 대한 도전과제

- 동작은 본질적으로 빠르게 지나간다. 유아가 일련의 춤 동작이나 운동을 마쳤을 때에 수집할 수 있는 실체적인 물증은 아무 것도 없다. 이상적으로 유아의 능력을 기록화하는 문제는 유아의 움직임을 최대한 많이 녹화하는 방법으로 해결할 수 있다. 그러나 많은 영유아교육기관에서는 이것이 현실성이 없는 방법이라는 것을 잘 알고 있다. 보다 더 현실적인 절차로는 활

동시간이 끝나는 즉시 관찰도표를 기입하는 방법이 있다.

- 많은 유아들이 타인들 앞에서 혼자 춤추거나 움직이는 것에 대해서 민감하게 받아들인다는 사실이다. 따라서 이 활동을 할 때에는 유아들이 개인적으로 활동하도록 하지 말아야 할 것이다. 집단활동이 유아들에게는 보다 더 편안한 환경을 조성할는지는 몰라도 관찰자들로서는 유아의 능력을 평가하기 어렵게 만든다.

시청각 기기가 있다면 교사들은 녹화 자료를 여러 번 시청하면서 여러 유아들에게 초점을 맞출 수 있다. 만약 시청각 기기가 없다면 교사들은 특이한 능력을 보이는 유아 개개인을 식별하는 데 노력할 수 있다. 그런 다음에 교사들은 관찰도표와 동작 체크리스트를 길잡이로 삼아 보다 더 집중적인 관찰을 할 수 있을 것이다.

03. 동작영역 평가의 실제

동작영역에서는 '스포츠'와 '나무' 주제를 통한 프로젝트 활동을 통해 유아 신체발달의 하위 요소를 세부적으로 평가하였다.

1) '스포츠' 프로젝트

예시 1. '스포츠' 프로젝트

유아는 '스포츠' 프로젝트를 통해 다른 활동에서 흥미를 갖지 못했던 다양한 표현력을 창조해 내기도 하고, 리듬에 대한 감수성을 보여주기도 했다. 또한 같은 동작활동에서도 창의적인 동작활동에 더 두드러진 표현력이 있는 유아도 있고, 어떤 유아는 장애물코스에서 자신의 신체적 능력을 발휘하는 유아가 있다. 신체능력도 각자의 다양한 표현방법에 차이가 있음을 발견했다.

(1) 주제 선정 이유

요즘 세계 무대에서 종횡무진 활약하며, 이름을 널리 알리고 있는 '김연아'와 '박태환'에 대한 유아들의 관심이 부쩍 많아졌다. 특히, 김연아 선수가 각종 피겨 대회에서 우승한 소식이 자주 들려오면서 유아들이 피겨 스케이팅에 관해서 궁금해 하며 알고 싶어하기 시작했다.

피겨 스케이팅뿐만 아니라 대표적인 스포츠 종목, 그에 따른 스포츠 정신과 규칙에 대해서도 알아보고, 건전한 신체활동을 통하여 스트레스도 해소하는 좋은 기회가 될 것이라고 생각했다. 스포츠의 의미에 대해 알아보며 본질적으로 유희성, 기술성 및 사회성을 가지는 스포츠를 통해 유아가 신체적, 정신적, 사회적으로 원만해지고, 유아의 전인적 발달을 위한 유아교육의 목적을 돕기 위한 매개체로써 '스포츠'라는 주제를 선정하게 되었다.

(2) 주요 학습 개념

- 스포츠 사진 속 장면 따라 표현하기
- 나처럼 해 봐요–친구들 앞에서 표현하기
- 나도 스포츠 선수–스포츠 선수들의 다양한 모습 표현하기
- 다양한 스포츠를 찾아 활동해 보기
- 공을 이용한 신체표현–동글동글 동그란 세상 잡기
- 소품을 이용한 신체 표현하기
- 다양한 신체활동을 통해 긴장감을 해소하기
- 친구들과 함께 신체를 통한 상호작용 능력 기르기

(3) 교실환경 구성

스포츠 관련 사진, 타악기, 음악테이프, 장애물 경기용 도구(유닛바, 매트, 장애물 도구, 발돋움대, 뜀틀 등), 스포츠 선수 사진, 각종 공, 표현용 헝겊, 유아가 제작한 스포츠 소품, 스포츠 용품(스케이트, 역기, 수영복 도구, 야구글러브, 축구화, 태권도복)

(4) 본활동

① 사전 경험 이야기 나누기

– 자신이 좋아하는 다양한 스포츠에 대하여 이야기 나눈다.

– 스포츠 사진을 보면서 궁금한 것에 대해 이야기 나눈다.

② 유아의 질문 목록

A. 유아 : 수중발레에 대하여

- 물속에서 어떻게 숨을 쉬나요?
- 왜 코에 집개를 하나요?
- 다른 친구들과 같이 수영을 하려면 어떻게 하나요?

B. 유아 : 피겨스케이팅에 대하여

- 돌 때 어떻게 그렇게 잘해요?
- 김연아 언니의 언니는 왜 간호사를 해요?
- 대회에는 어떻게 나가요?
- 바지는 왜 안 입어요?
- 신발은 왜 안 신어요?
- 왜 반짝이 옷을 입어요?

C. 유아 : 야구에 대하여

- 딱딱한 야구 모자를 왜 썼어요?
- 공은 무엇으로 만들었어요?
- 야구공은 왜 하얀 색이예요?
- 글러브는 손보다 커요?

D. 유아 : 축구에 대하여

- 축구도 하고 달리기도 해요?
- 언제부터 축구를 시작했어요.
- 가을인 데 왜 반팔에 반바지를 입어요?

③ '스포츠' 프로젝트 활동계획안

1차 활동 : 우리도 스포츠 스타

활동목표

- 스포츠의 종류를 알고 특징을 안다.
- 스포츠의 특징을 몸으로 표현할 수 있다.
- 음악을 듣고 음악에 맞는 스포츠를 골라 박자에 맞게 몸으로 표현할 수 있다.

준비물

스포츠 종목 그림 카드, 다양한 클래식 및 음원

활동방법

1. 스포츠 카드 탐색하기
   - 지난 시간과 연계하여 그림 카드를 탐색하며 스포츠의 종류를 알고 스포츠의 특징 이야기하기
   - 이번 그림 카드는 어떤 스포츠 종목일까?
   - 피겨 스케이팅은 어떤 스포츠일까?
2. 스포츠 카드 중 자신이 배워보고 싶은 종목을 고른 후 이야기 나누기한다.
   - ㅇㅇ는 왜 이 스포츠를 선택하게 되었니?
   - 이 스포츠는 어떻게 하는 걸까?
3. 스포츠 카드 그림 속 모습을 몸으로 표현해 보기
   - 만약 ㅇㅇ가 카드 속 선수라면 어떤 모습일까?
   - 스포츠 선수의 모습을 몸으로 표현해 볼 수 있을까?
4. 음악에 맞는 스포츠 카드를 고른 후 몸으로 표현해 보기
   - 눈을 감고 음악을 감상해 보자
   - 어떤 느낌이니?
   - 이 음악에 어울리는 스포츠는 무엇이 있을까?
   - 전에 몸으로 표현했던 스포츠를 음악을 들으면서 박자에 맞추어 움직여 볼까?

5. 다른 유아들과 자신의 스포츠 선수를 흉낸 낸 모습에 대해서 이야기 나누기한다.
   - ○○는 왜 그런 모습을 했는지 친구들에게 이야기해 줄 수 있겠니?
6. 활동을 마무리하며 느낌을 이야기 나눈다.
   - 스포츠 스타가 되어보니 기분이 어떠니?

수중발레를 신체로 표현해요

2차 활동 : 내가 바로 스포츠 스타

활동목표

- 시각예술 활동을 통해 만든 소품을 이용해 다양한 신체표현을 해 본다.
- 느리고 빠른 속도의 차이를 몸으로 표현한다.
- 음악에 맞추어 몸을 움직일 수 있다.

활동자료

스포츠 종목 카드(농구, 야구, 피겨 스케이팅, 역도, 탁구, 축구, 수중발레, 수영, 태권도, 육상), 만든 소품, CD, 음악재생기

활동과정

- 느림과 빠름의 속도에 대해서 안다.

1. 움직임이 느린 스포츠와 빠른 스포츠에 대해 이야기 나눈다.
   - Ⅰ수준 : 교사가 스포츠 종목 카드를 준비해 보여주고, 움직임에 대해 알려준다.
   - Ⅱ수준 : 유아들에게 움직임이 서로 다른 스포츠에 대해 말해 보도록 한다.
2. 움직임이 느린 스포츠와 빠른 스포츠를 표현해 본다.
   - Ⅰ수준 : 교사가 시범을 보이고 유아가 따라하도록 한다.
   - Ⅱ수준 : 유아 스스로가 아는 스포츠의 움직임을 해 보도록 한다.

- 음악을 들으면서 느리고 빠른 리듬에 맞추어 몸으로 움직일 수 있다.

1. 빠르기가 다양한 음악을 감상하고 이야기를 나눈다.
   - Ⅰ수준 : 어떤 느낌이 드니?
   - Ⅱ수준 : 어떻게 몸을 움직이고 싶니?
2. 음악을 감상한 뒤 몸으로 표현해 본다.
   - Ⅰ수준 : 느림 부분과 빠른 부분을 찾아 적절하게 움직인다.
     - 빠른 음악이 나올 때는 어떻게 움직여야 할까?
     - 느린 음악이 나올 때는 어떻게 움직여야 할까?
   - Ⅱ수준 : 느린 부분의 음악과 빠른 음악에 맞추어 다양하게 움직여본다.
     - 느린 부분 : 공기 속을 떠다니는 것처럼 움직이기
부드럽고 크게 걷기
부드럽게 흔들기
     - 빠른 부분 : 빨리 걷기
작은 걸음으로 걷기
흔들기
가볍게 점프하기

- 소품을 사용하여 함께 몸 움직여보기
  - Ⅰ수준 : 음악에 맞추어 소품이 되어보기
    - 위 아래로 흔들어보기
    - 돌려보기
  - Ⅱ수준 : 음악에 맞추어 소품과 함께 몸 움직여보기
- 마무리 : 회상하기
- 속도에 따른 몸의 움직임에 대해 말해 보기
  - Ⅰ수준 : 빠르기가 다른 음악에 대한 느낌 말해 보기
  - Ⅱ수준 : 빠르게 천천히 움직일 때 몸이 어떻게 달랐는지 말해 보기
- 피겨 스케이팅

만든 옷을 입고 김연아 선수의 스파이럴 따라하기

스파이럴 따라하기

"스케이트 장을 뒷짐지고 멋있고 여유롭게"

선생님의 동작시범 "스포츠 종목 카드에서 김연아 선수처럼"

3차 활동 : 장애물 코스

활동목표

- 걷기, 달리기, 뛰기 등을 하면서 제시된 조건에 따라 몸을 움직인다.
- 다양한 신체활동을 통해 긴장감을 해소하고 즐거운 마음을 갖는다.
- 스포츠 활동을 하면서 여러 종류의 도전 과제에 직면했을 때에 자신감 있게 활동에 참여할 수 있다.

활동자료 스포츠 종목 그림 카드, 다양한 클래식 및 음원

활동방법

- 도입
  - 육상경기에 대해 이야기를 나눈다.
  - 너희들 혹시 육상경기를 본 적이 있니?
  - 육상 선수들은 어떤 모습을 하고 있는지 알려줄 수 있니?
  - 육상은 달리기를 하는 경기인데, 육상에도 다양한 종류가 있다고 한다. 알고 있니?
  - (사진을 보며) 이것이 무엇인지 알고 있니? 이것은 '허들'이라고 하는데 이것을 본 적이 있니? 어떻게 하는 경기일까?
  - 멀리뛰기를 해 본적이 있니? 어떻게 해야 좀 더 멀리 뛸 수 있을까?
- 전개
  - 교사가 오늘의 활동을 소개한다.
  - 활동방법과 안전규칙에 대해 설명한다.

    오늘 우리는 장애물 코스라는 것을 할 거야. 장애물 코스를 하면서 우리는 여러 방향으로 움직일 수 있단다. 우리는 달리고, 뛰고, 평형대에서 균형을 잡아야 하는데, 가장 중요한 점은 이것이 경주가 아니라는 사실을 기억해 두어야 한단다. 어떤 곳에서는 최대한 빨리 움직여야 하지만 다른 부분에서는 천천히 해도 상관없어. 그러니까 조심하면서 재미있게 활동을 하도록 하자.

• 교사가 직접 시범을 보인다.

(유아들이 지켜보는 가운데 천천히 그리고 조심스레 동작을 해 보고 각 영역에서 무엇을 해야 하는지 설명하면서 코스를 돌아본다.)

• 유아들이 순서대로 활동을 한다.

- [1수준] 스펙트럼 장애물 코스

멀리뛰기 → 평균대 → 장애물달리기 → 허들 뛰어넘기 → 마지막 전력 질주

- [2수준] 스펙트럼 장애물 코스

• 멀리뛰기 → 평균대 → 장애물달리기 → 허들 뛰어넘기 → 마지막 전력 질주

• 코스를 두 번씩 완주하게 한다.

• 장애물 사이의 간격을 좁힌다.

• 허들을 넘을 때 흰색종이 상자는 한발, 갈색종이 상자는 두 발로 뛰어 넘기로 한다.

– 릴레이로 활동을 해 본다.

– 바통을 이용하여 릴레이 활동을 해 보고 초시계로 시간을 잰다.

- 마무리

• 장애물 코스에 대해 이야기 나누기한다.

• 오늘 장애물 코스를 해 보니 어땠니?

• 어떻게 하면 좀 더 잘 할 수 있을까?

• 더 해 보고 싶은 활동이 있니?

- 장애물 코스

멀리뛰기→평형대→장애물달리기→허들 뛰어넘기→전력 질주

그림 카드를 보며 유아들과
스포츠에 대해 회상한다

선생님의 시범 보이기
멀리뛰기 "처음엔 폴짝 뛰어보자"

선생님의 시범 보이기
"선을 따라 균형을 잘 잡고 천천히
걷는 거야." – 평형대

"장애물을 빠르게 잘 피해야 해"
– 장애물달리기

- I 수준

"여기선 조심조심 해야 할 것 같아"

"전속력을 다해서 뛰자!"

- Ⅱ수준

유닛바 넘기

유닛바 넘기 2

장애물 사이 통과하기

(5) 동작영역의 평가

1 평가 준거

리듬에 대한 감수성	• 동작을 맞출 수 있거나, 자신만의 리듬을 세울 수 있는 능력과 (악기나 녹음된 음악이 창조하는) 일정하거나 변하는 리듬에 맞추기 • 유아가 리듬을 인식하지 못하거나 무시하지 않고 변화하는 리듬에 맞춰 움직이려 한다. 유아는 동작을 통해서 자신만의 리듬을 정하고 원하는 효과를 내기 위해서 리듬을 조절할 수 있다 • 유아가 신체의 한 부위를 사용할 때(예를 들어, 팔을 흔들거나 온몸을 리듬에 맞춰 움직일 때)에는 집중해 관찰하라
표현력	• 동작을 통해서 감정이나 이미지를 도출해 낼 수 있는 능력과 언어적 이미지, 사물, 음악이 자극이 될 수 있다 • 유아가 몸짓과 자세를 통해 자신을 표현하는 데 불편함이 없다. 유아가 다른 언어적 이미지와 분위기, 드럼이나 벨과 같이 악기에 따라 다른 음조 성격에 대하여 생생하게 반응한다. 또한 유아는 선곡에 따라 동작을 통하여 음악을 해석하는 등 자신의 반응도 바꾼다. 예를 들어, 서정적인 음악에 대해서는 가볍고 부드러운 동작을 보이는 반면 행진곡에 대해서는 강하고 짧게 끊어지는 동작을 보인다
신체 제어	• 신체를 정지시키고 원하는 효과(예를 들어, 멈추거나 균형을 잡거나 녹는 흉내를 내는 등)를 내기 위해서 신체부위를 효율적으로 사용할 수 있는 능력이다 • 유아가 효율적으로 동작을 계획하고 배열하고 수행할 수 있다. 유아의 동작이 임의적이거나 끊어지는 것처럼 보이지 않는다 • 유아가 지시에 따라 신체를 멈출 수 있는지 보라. '신체 인식(엉덩이나 어깨와 같은 신체부위를 인식하고 사용할 수 있는 능력과 그 부위의 기능에 대한 이해)'과 '동작기억(자신이나 타인의 동작을 그대로 따라 할 수 있는 능력)'도 눈여겨 봐둔다

동작 창조	• 새로운 동작을 만들어 내거나 각색할 수 있는 능력, 예를 들어, 친구들이 팔을 들고 있을 때 팔을 하늘에 떠다니는 구름처럼 움직이자고 제안하는 것이다 • 제안된 동작을 얼마나 완벽하게 수행하는지는 이 항목에서 필수적이지 않다 • 어떤 생각이나 이미지를 주었을 때 즉시 독창적인 해석을 하는 경우이다
음악에 대한 감수성	• 여러 종류의 음악에 다르게 반응하는 능력(리듬에 대한 감수성과 표현력을 결합시킨다) • 유아가 주로 리듬에 반응하는지, 음악의 분위기에 반응하는지, 혹은 둘 다 반응하는지 관찰한다. 유아들의 '공간 이용'도 살펴보는데, 이는 다른 레벨을 이용하여 주어진 공간을 탐구하고 방 안에서 수월하게 거침없이 움직이는 능력을 일컫는다. 유아가 공간을 공유하고 있는 다른 유아를 모방하는지 혹은 공간 내에서 자신의 신체를 가지고 실험하는지(예를 들어, 빙글빙글 도는 것)를 살핀다.

② 스테이션

아래에 기술된 스펙트럼 장애물 코스는 Gallahue(1982)의 연구결과에 근간을 두고 있다. 6개의 스테이션은 말굽형으로 설정되었지만 스포츠 프로젝트에서는 네 번째 영역을 제외하고 다른 형태인 5개의 스테이션으로 배열하였다.

A. 첫 번째 영역 : 멀리뛰기

- 장애물 코스는 멀리뛰기로 시작하는데, 이는 가장 설명할 것도 많고 설정하기도 까다롭기 때문이다. 유아들로 하여금 출발선에 서 있도록 한다.
- 유아들에게 뛰기 전에 어떻게 몸을 웅크리는지 설명하고 시범을 보이며 이때, 뛰기 전후에는 어떻게 발을 붙여야 하는지, 그리고 어떻게 팔과 상체를 이용해 신체를 앞으로 나아가게 하는지를 보여준다. 시작 선에서 무릎은 구부려야 하고 도약할 때에는 펴야 한다.
- 뛸 때, 추진력을 얻기 위해서는 어떻게 팔을 흔들어야 하는지 시범을 보이고 팔을 앞뒤로 흔든다. 멀리뛰기의 목적은 수직적 움직임이 아닌 수평적 움직임이라는 사실을 강조한다.
- 초점 : 파워

B. 두 번째 영역 : 평형대

- 우리가 평형대를 두 번째 장애물로 선택한 이유는 유아들이 아직 달리지 않은 상태이므로 균형을 잡는 데 집중하기 쉽기 때문이다.

- 원하는 테크닉을 만들기 위해서 유아들에게 평형대 위를 천천히 발가락에서 발뒤꿈치까지 붙이면서 걸으라고 말해 준다. 앞을 보고 발을 번갈아 걸으면서 균형을 유지하기 위해서 신체의 다른 부위를 이용한다는 점이 여기에서 강조하고 싶은 자세이다. 높은 평형대를 이용할 때에는 유아가 떨어질 것을 대비해서 언제든지 유아를 잡아줄 준비가 되어 있어야 한다.
- 초점 : 균형감각

C. 세 번째 영역 : 장애물달리기

- 이 시점에서 유아는 달릴 준비가 되어 있어야 한다. 이 스테이션에서는 다섯 개의 장애물(우리는 원추형 물건을 이용한다)을 연달아 배열시킨다.
- 유아에게 앞을 보고 가볍게 뛰면서 장애물을 건드리지 않고 최대한 가까이서 끼고 돌면서 팔을 잘 흔들어 주고(너무 억제되지도 않고 과장되지도 않은 적당한 팔 동작) 지그재그로 뛰어가라고 말해 준다. 무릎을 확실히 굽혀 주는지, 발을 잘 구르는지 주의 깊게 보아야 한다. 유아들에게 이 스테이션의 목표는 장애물에 최대한 가까이 붙어서 최대한 빨리 달려야 한다는 사실을 강조한다.
- 평형대 위에서 정교하게 균형을 잡는 활동 이후에 장애물달리기를 함으로써 유아들은 어느 정도 몸을 풀 수 있을 것이다.
- 초점 : 순발력

D. 네 번째 영역 : 높은 곳에서 뛰기

- 경사로에서 뛰기는 장애물달리기와 허들 뛰어넘기 사이에서 좋은 전환점이 될 수 있다. 많은 유아들이 높은 곳에서 뛰기를 좋아하고 또 이 활동에서 성공하기 때문에 중간에 배치하기 좋은 활동이다 이 시점에서 교사는 각 스테이션이 부여하는 과제에 어떻게 반응하는지를 포함하여 유아가 장애물 코스를 전반적으로 어떻게 접근하고 있는지를 알 수 있을 것이다.
- 필요하다면 유아가 착지할 곳에 미리 매트를 놓는 것도 좋다. 유아들에게 넓은 경사로(한쪽 면이 지면에서 대략 2피트 정도 올라간 경사진 판자)를 뛰어올라가 발을 붙이고 무릎을 구부린 다음 매트나 땅바닥 밑으로 뛰게

한다. 유아들에게 이 활동의 목표는 흔들리거나 넘어지지 않고 땅에 두 발로 착지하는 것이라고 강조한다. 균형을 잡기 위해서 팔을 사용하는 법을 알려준다.

- 초점 : 균형감각

E. 다섯 번째 영역 : 허들 뛰어넘기

- 높은 곳에서 뛰기는 자연스럽게 허들 뛰어넘기로 이어진다. 허들 뛰어넘기는 플라스틱이나 나무로 만들어진 서너 개 정도의 허들로 구성되어 있다. 허들은 지면에서 1/2피트에서 1피트 정도 떨어져 있어야 한다. 허들의 대는 유아가 뛰다가 걸렸을 때에 쉽게 분리될 수 있도록 느슨하게 만들어져야 한다.
- 유아들에게 이 영역에서는 허들을 건드리지 않고 뛰어넘어 달려가야 한다는 사실을 설명한다. 허들은 유아가 착지하고 몇 발자국 달리고 다시 뛰어넘기 위해 발을 구를 수 있도록 서로 3피트 정도 간격을 둔다.

F. 여섯 번째 영역 : 마지막 전력 질주

- 마지막 영역에서 유아들은 상대적으로 긴 거리를 전력 질주함으로써, 성취감을 느낄 수 있다. 유아들에게 대략 20야드를 최대한 빨리 완주점까지 달리게 한다. 유아들이 달릴 때에는 안전하지 않은 지역으로 들어가는 것을 방지해야 하는데, 유아들이 코스를 지나쳐 달리는 것을 불가능하게 만드는 것도 한 방법이 될 수 있다. 길고 일정한 보폭을 유지하는 자세를 가르친다. 달리는 방향으로 살짝 숙이면서 가볍게 뛰고, 이때 팔과 다리를 함께 움직이고 무릎을 들어 올리면서 발 전체로 구른다.
- 초점 : 스피드

[추가적인 스테이션]

부수적으로 행할 수 있는 두 번째 수업시간은 세 가지 영역으로, 평형대 위를 걷기, 돌차기 놀이, 그리고 콩주머니 던지기로 구성되어 있다. 두 번째 수업 시간은 다음과 같은 순서로 진행된다.

A. 첫 번째 스테이션 : 평형대

- 유아에게 평형대나 땅 위에 그려 놓은 일직선 위를 뒤로, 혹은 옆으로 걸어서 건너도록 한다. 옆으로 평형대 건너는 시범을 보일 때는 발을 발등 위로 번갈아 디디는 법을 보여주고, 뒤로 평행대 건너는 시범을 보일 때는 발을 뒤로 돌려 발뒤꿈치에서 발가락까지 천천히 디디는 법을 보여준다. 뒤로 평행대를 건널 때는 유아들에게 뒤를 돌아보지 말고 앞을 보라는 주의를 준다. 평행대를 뒤로 혹은 옆으로 건너는 것은 앞으로 건너는 것보다 훨씬 어렵기 때문에 유아들을 가까이서 잡아줄 준비를 항상 하고 필요할 경우에는 손을 잡아주도록 한다.

– 초점 : 균형감각

B. 두 번째 영역 : 돌차기 놀이

- 인도나 놀이터에 돌차기 놀이를 하기 위한 표를 그린다. 유아들이 사각형 안이 얼마나 큰지 이해하기 쉽게 사각형 안에 1피트나 2피트 넓이의 윤곽을 그린다. 시범을 보일 때, 균형을 잡기 위해서는 팔과 상체를 사용하는 것이 중요하다는 사실과 사각형 밖으로 벗어나면 안 된다는 사실을 강조한다. 돌차기 놀이 대신 유아들이 뛸 수 있는 다른 놀이로 대체해도 된다.

– 초점 : 순발력

C. 세 번째 영역 : 콩주머니 던지기

- 유아들에게 콩주머니 세 개씩을 나누어 주고 콩주머니를 하나씩 2개의 물통이나 선 안으로 던져보라고 한다. 여기서 이루고자 하는 목표는 거리와 정확성, 이 두 가지이다. 난이도를 변화시키고 싶다면 표적까지의 거리를 다르게 한다.

- 초점 : 파워, 눈과 손의 협응력

1차 동작관찰지 : 우리도 스포츠 스타!

유아	A	나이	만 5세
날짜	20○○.○.○	관찰자(교사)	○○○
기술범주	점수	관찰자의 요약 및 평가	
리듬에 대한 감수성	2	일정하거나 변화하는 리듬에 맞추어 몸을 흔들며 표현한다	
표현력	3	유아가 몸짓과 자세를 통해 자신을 표현하는 데 불편함이 없으며, 다양한 음조와 음악에 따라 자신의 반응을 표현한다	
신체 제어	2	유아가 효율적으로 동작을 계획하고 배열하고 수행할 수 있으며 신체의 위치를 원하는 효과에 따라 반응할 수 있다	
동작창조	3	어떠한 이미지를 제시하였을 때 즉시 독창적인 해석을 하여 동작을 표현한다	
음악에 대한 감수성	2	여러 종류의 음악에 다르게 반응하는 능력과 리듬에 대한 감수성이 뛰어나다	
논평		음악이 나오자 음악의 분위기를 파악하고 분위기에 맞는 스포츠를 골라내 곧바로 신체로 표현한다. 피겨스케이팅의 응용동작을 알고 이야기하며 친구들에게도 알려준다. 그림 카드를 보여주며 어떠한 음악이 나올지에 대해서도 느낌을 표현하며 이미지에 대한 특징적인 것을 잡아내고 즉시 동작으로 표현한다. 음악의 분위기와 리듬에 대한 이해력이 뛰어나다	

2차 동작관찰지 : 나도 스포츠 선수

유아	A	나이	만 5세
날짜	20○○.○.○	관찰자(교사)	○○○
기술범주	점수	관찰자의 요약 및 평가	
리듬에 대한 감수성	2	변화하는 리듬을 고개를 끄덕이며 파악하며 리듬에 맞추어서 몸을 움직인다	
표현력	3	자신의 몸짓과 고개를 떨구거나 돌리는 자세의 움직임을 통해 자신의 세밀한 감정표현을 할 수 있는 능력이 있다	

기술범주	점수	관찰자의 요약 및 평가
신체 제어	2	한쪽 다리를 뻗어서 신체를 고정시킬 수 있는 능력이 있으며 자신의 신체를 조절할 수 있는 균형감각이 뛰어나다
동작창조	3	친구의 동작과 자신 동작의 차이점에 대해 파악하며 제안을 받아들여 동작을 할 수는 있지만 새로운 동작을 만들거나 각색하지는 못한다
음악에 대한 감수성	3	음악의 속도에 맞추어 표현을 한다. 음악이 빨라지자 몸짓이 빨라지고 경쾌해졌으며 주로 음악의 리듬에 맞추어 반응하였다

3차 동작관찰지 : 장애물 코스

〈Ⅰ수준〉

유아	A	나이	만 5세
날짜	2000.0.0	관찰자(교사)	○○○
스테이션 초점	초점	능력수준	
1. 멀리뛰기	파워	힘차게 뛰기는 하지만 뛰는 동작을 하기 위한 신체적 준비를 충분히 하지 못함	
2. 평형대	균형감각	망설임 없이 평형대를 건너지만 차분하게 선을 따라 걷지 않고 서두름	
3. 장애물달리기	순발력	장애물 가까이서 돌려고 노력하지만 장애물을 2개 넘어뜨림	
4. 허들 뛰어넘기	파워/순발력	뛰어넘기 전에 많이 망설이고 성공적으로 허들을 넘지 못함	
5. 마지막 전력 질주	스피드	속도가 빠르고 팔과 다리를 잘 제어함	
논평	한 스테이션에서 다른 스테이션으로 이동할 때 대체적으로 망설이지 않고 도전적이다. 동작에 자신감은 있지만 신중하게 계획하기보다 즐거움에 더 의의를 두고 서두르는 모습을 보인다. 허들을 뛰어넘을 때 한발, 두 발로 뛰어넘기로 한 규칙을 잘 기억하고 수행하는 모습을 보인다		

3차 동작관찰지 : 장애물 코스

〈Ⅱ수준〉			
유아	A	나이	만 5세
날짜	20○○.○.○	관찰자(교사)	○○○
스테이션 초점	초점	능력수준	
1. 멀리뛰기	파워	팔과 상체를 이용하여 몸을 앞으로 나아가게 하고 힘차게 성공적으로 뜀	
2. 평형대	균형감각	망설임은 없지만 평형대 위에서 약간 흔들리고 여전히 서두름	
3. 장애물달리기	순발력	장애물을 망설임 없이 가까이서 돌고, 팔과 다리를 잘 제어하며 신속하고 정확하게 자세와 방향을 바꿈	
4. 허들 뛰어넘기	파워/순발력	대부분의 허들을 성공적으로 넘지만 허들 1개를 쓰러뜨림	
5. 마지막 전력 질주	스피드	보폭이 길고 규칙적이며 신체부위들이 일체감을 보임	
논평	1차 때보다 더 자신감 있고 적극적으로 활동에 참여한다. 여전히 평형대에서 서두르는 모습을 보이지만 장애물달리기에서 팔과 다리의 자세에 신경 쓰며 순발력 있게 활동하는 모습을 보인다.		

③ 장애물 코스 개요표

장애물 코스 게임을 한 후 각 영역에 대한 전체 유아의 점수를 매겨볼 수 있다. 이를 통해 개인이 반 전체 유아의 어느 시점에 와 있는지 알 수 있다. 또한 본 표를 한 유아에게 여러 차례 적용해 보고 발달과정을 분석해 보는 데 사용할 수 있다.

유아(나이)	멀리뛰기	평형대	장애물달리기	허들뛰어넘기	마지막 전력 질주	총점	비고/관찰내용
A	2	2	2	1	3	10	
B	3	3	2	2	3	13	
C	1	3	2	1	2	9	
D	3	2	2	2	3	12	
E	2	3	2	3	2	12	

다음의 '개인 동작관찰지'는 개인 유아에게 동작영역에 대한 강점을 발견하는 데 도움이 된다.

개인 동작관찰지

동작영역에서 강점이 있는 유아에 관하여 자세하게 관찰한다.

유아 __________ 나이 __________ 관찰자 __________

평가활동 : [ ]가 되어 움직여보기
활동－[ ]

유아의 신체 움직임을 관찰하여 아래 항목에 대해 특징을 기술한다

활동	평가 항목	점수	예/기술
[ ]처럼 움직여보기	신체 제어		
	유연성		
	움직임의 빠르기 (순발력)		
동극 활동 [ ]	자신의 역할에 맞는 행동을 수행하는가?		
	자신의 역할에 대해 몸으로 느낌을 표현하는가?		
	신체의 표현력		

평가 및 논평

2) '나무' 프로젝트

예시 2. '나무' 프로젝트

우리와 가장 가까운 자연물인 나무에 대한 고마움을 이야기 나누기를 통해 알고, 고마움을 우리가 직접 나무에게 전달하기 위해 동작활동을 하여 신체능력을 향상시키고, 나뭇잎을 활용하여 다양한 표현활동을 함으로써 나무의 고마움을 알게 하는 데 목표를 두었다.

(1) 주제 선정 이유

나무는 우리에게 없어서는 안 될 자연환경이며, 함께 살아갈 생명이다. 아마존의 밀림이 사라지면 인간에게 산소의 부족 현상이 올 것이라고, 밀림의 보존을 위해 세계가 나서고 있다. 그렇다면 이대로 나무가 사라져가는 것을 지켜만 보고 있을 것인가? 나무는 오염된 공기를 정화시키는 생명줄이다. 우리가 살아가는 데 없어서는 안 될 중요한 물질이다. 따라서 나무를 소중히 여기는 마음을 배우고, 나무를 보존하고 기르는 마음을 갖기 위해 '나무' 라는 주제로 프로젝트를 하기로 정하였다. 나무의 구체적인 개념 파악과 다양한 동작과의 활동을 소주제를 이용하여 프로젝트를 진행하였다.

(2) 주요 학습개념

- 나무와 관련된 다양한 활동들에 참여하면서 나무에 대해 관심을 갖는다.
- 가정과의 연계를 통해 부모와 함께 나무와 관련된 활동을 해 본다.
- 흥미 영역에 대한 심화된 활동들을 통해 동작영역의 수준을 확장시킨다.
- 나무와 인간의 관계를 이해하고 '나무' 의 소중함에 대해 생각해 본다.
- 나무의 특성을 잘 이해하여 신체를 통해 표현해 볼 수 있는 기회를 갖는다.

(3) 본 활동

1차 활동 : 나뭇잎 주워오기(장애물 코스)

활동목표

우리에게 유용한 것을 제공하는 나무에 대해 알고, 나무를 사랑하고 아끼는 마음으로 나뭇잎을 주우며 대소근육의 발달을 돕는다.

활동자료 음악재생기, 사계CD, 허들, 평균대, 낙엽

활동방법

- 도입

1. '나무' 하면 떠오르는 것들에 대해 이야기 나눈다.
   - '나무' 하면 무엇이 떠오르나요?
2. 나무를 이용해 만들어 사용하는 우리 주변의 물건에 대해 이야기한다.
   - 그래요, 친구들이 나무를 아주 잘 맞춰주었어.
   - 나무를 이용해 만들 수 있는 것이 무엇이 있을까?
   - 우리 주위에서 한번 찾아보자. 무엇이 있을까?
3. 나무에 대해 소개
   - 그래 친구들이 이야기했듯이 나무로 만들 수 있는 것 참 많구나. 나무로 만든 것은 우리 주변에서 많이 사용되기도 하네. 오늘 선생님께서 우리에게 많은 좋은 것들을 주는 고마운 나무에 대한 동화책을 읽어 주실 거예요. 어떤 이야기인지 잘 들어보자.

- 전개

1. 허들 뛰어넘기 : 허들에 걸려서 넘어지지 않도록 다리를 높게 들어 뛴다.
2. 평균대 건너기 : 평균대에서 균형을 잘 잡지 않으면 바닥으로 떨어지므로 평균대 위를 조심스럽게 차근차근 건넌다.
3. 낙엽 줍기 : 평균대를 지나서 순발력 있게 떨어져 있는 낙엽을 줍는다.
4. 전력 질주하기 : 낙엽을 주운 후 질주하여 선생님 앞까지 뛰어온다.

교사가 시범 보이기

2차 활동 : 나무가 되어보아요(창의적 신체활동)

활동목표

나무가 되어보는 활동을 통해 유아의 표현능력과 균형감각을 기르도록 한다.

활동자료

음악재생기, 사계CD

활동방법

- 도입

1. 나무에 대해 이야기를 나눈다.
   - 나무는 하루 종일 어떻게 하고 있을까요?
   - 매일 서 있는 나무는 어떤 기분일까요?

- 전개

1. 활동을 소개한다.
   - 우리가 나무라면 어떨 것 같나요?
   - 나무처럼 오랫동안 서 있을 수 있나요?
   - 그럼 우리가 한번 나무가 되어보자.
2. 음악에 맞추어 나무가 되어 서 있는다.
   - 바람이 불면 나무는 어떻게 될까요?
   - 비가 와요. 나무는 어떻게 될까요?

• 눈이 와요. 나무는 어떻게 될까요?

나무가 되어 보아요(창의적 신체활동)

3차 활동 : 나무야 사랑해

활동목표

나무에 달린 나뭇가지에 붙어 있는 나뭇잎을 두 발을 모아 점프하여 떼면서 유아의 순발력을 기르도록 한다.

활동자료

음악재생기, 사계CD

활동방법

- 도입

1. 지난 수업시간을 회상해 본다.
   - 우리 지난 시간에 나무가 되어보고 봄, 여름, 가을, 겨울의 나무를 표현해 본 것을 기억하나요?
   - 나무는 우리에게 어떤 도움을 준다고 했는지 기억나요?
2. 나무에 대해 이야기를 나눈다.
   - 나무가 하고 싶은 것은 무엇일까요?
   - 매일 서 있는 나무는 어떻게 세상을 보고, 먹을까요?

- 전개

1. 활동을 소개한다.
   - 우리는 나무의 열매를 어떻게 딸까?
   - 나무처럼 오랫동안 서 있을 수 있나요?
   - 우리가 새, 동물이 되어보자.
2. 음악에 맞추어 나무가 되어 서 있는다.
   - 추워서 흔들리는 나뭇잎을 어떻게 딸까요?
   - 비가 오면 나뭇잎은 어떤 모습일까요?
   - 눈이 오면 나뭇잎은 어떻게 될까요?

나뭇잎을 따 볼까요? (점프)

(4) 동작활동의 평가

① 장애물 코스 채점기준

#1 멀리뛰기	1. 뛰는 동작을 하기 위한 신체적 준비를 하지 못함, 몸을 앞으로 나가게 하기 위해서 팔을 쓰지 않음, 도약할 때 하체를 충분히 뻗지 않음, 발을 붙이고 있지 않음, 뛰는 것이 아니라 한 발자국 앞으로 나가는 것 같음, 아주 조금밖에 뛰지 못함 2. 뛰기는 하지만 뛰는 동작을 하기 위한 신체적 준비를 충분히 하지 못함, 도약하기 전에 지나치게 웅크리지 않음, 도약할 때 중심을 잃거나 착지할 때 다리가 벌어짐, 몸을 앞으로 나아가게 하기 위해서 팔을 충분히 쓰지 않음, 중간거리 정도 밖에 뛰지 못함 3. 힘차게 성공적으로 뜀, 팔과 상체를 이용하여 몸을 앞으로 나아가게 함, 도약하기 전과 도약한 후에 발을 붙이고 있음, 멀리 뜀

#2 평형대	1. 균형을 잡는 데 어려움을 겪음, 평형대에서 자주 미끄러지고 떨어짐, 성인의 손을 잡고 있어야 함, 망설이거나 소극적임, 발을 평행대 위에서 끔, 신체가 전체적으로 경직되어 있음 2. 뛰기는 하지만 뛰는 동작을 하기 위한 신체적 준비를 충분히 하지 못함, 도약하기 전에 지나치게 웅크리거나 충분히 웅크리지 않음, 도약할 때 중심을 잃거나 착지할 때 다리가 벌어짐, 몸을 앞으로 나아가게 하기 위해서 팔을 충분히 쓰지 않음, 중간 거리 정도 밖에 뛰지 못함 3. 힘차게 성공적으로 뜀, 팔과 상체를 이용하여 몸을 앞으로 나아가게 함, 도약하기 전과 도약한 후에 발을 붙이고 있음, 멀리 뜀
#3 장애물 달리기	1. 장애물 사이를 돌기 전에 멈춤, 장애물 가까이서 돌지 못하거나 장애물을 넘어 쓰러뜨림, 몸과 다리를 제대로 제어하지 못함, 방향을 바꾸는 것이 어색하고 느림 2. 장애물 사이를 돌기 전에 약간 멈추고 중간 정도 속도로 달림, 장애물 가까이서 돌려고 노력하지만 장애물을 쓰러뜨리기도 함, 팔과 다리를 제어하는데 조금 어려움이 있음 3. 장애물 사이를 망설임 없이 돌고 빠른 속도로 달림, 장애물을 건드리거나 넘어뜨리지 않고 가까이서 돌고 팔과 다리를 몸 가까이 유지하면서 달림, 신속하고 정확하게 자세와 방향을 바꿈
#4 높은 곳에서 뛰어내리기	1. 경사로에서 성공적으로 뛰지 못함, 두 발로 도약을 하거나 착지를 못함, 망설이거나 넘어짐, 균형을 잡기 위해 팔을 과장되게 휘두름, 착지를 하면서 균형을 잃거나 주저앉거나 손을 땅에 짚음 2. 경사로에서 성공적으로 뛰지만 다리가 벌어짐. 뛰기 전에 약간 망설임, 한쪽 발이 반대쪽 발 뒤에 있음, 착지하면서 균형을 잃음 3. 경사로에서 성공적으로 뛰고 처음부터 끝까지 발을 붙이고 있음, 뛰기 전에 망설임, 균형을 잡기 위해 팔을 사용, 착지 후 흔들리거나 넘어지지 않음
#5 허들 뛰어넘기	1. 성공적으로 허들을 넘지 못함, 걸려 넘어짐, 균형을 잡기 위해서 웅크리거나 손을 땅에 짚음, 많이 망설임, 완주하기 위해서 허들 위를 밟고 넘어감 2. 대부분의 허들을 성공적으로 넘지만 자세가 엉망임, 가끔 뛰어넘기 전에 많이 망설임 3. 허들을 성공적으로 넘음, 뛰어넘기 전에 망설임이 거의 없음, 달리는 자세와 뛰어넘는 자세가 좋음, 준비동작과 뛰는 시점을 잡는 동작이 잘 맞음
#6 마지막 전력 질주	1. 달리면서 팔이나 발을 제어하지 못함, 신체부위들이 전혀 일체감을 보이지 못함, 보폭이 짧고 불규칙함 2. 보폭과 속도가 중간 정도임, 달리면서 팔과 다리를 휘두름, 신체부위들이 어느 정도 일체감을 보이지 못함 3. 보폭이 길고 규칙적임 보폭 속도가 빠름, 팔과 다리를 잘 제어함, 신체부위들이 일체감을 보임

2 추가활동 영역(선택사항)

#1 평행대	**A 옆으로 건너기** 1. 균형 잡는 데 어려움을 겪음, 계속 평행대에서 떨어짐, 성인의 손을 잡고 있어야 함, 많이 망설임, 보폭이 작음 2. 균형 잡는데 어느 정도 어려움을 겪고 균형을 잡기 위해 자주 자세를 고쳐 잡음, 접근함에 있어서 소극적이고 흔들림, 보폭이 중간 정도임 3. 균형을 잃지 않고 나아가며 망설임이 없음, 보폭이 크고 자신 있음
	B. 뒤로 건너기 1. 발뒤꿈치부터 발가락까지 붙이면서 뒤로 나아가지 못함, 발을 끌고 번갈아 디디지 못함, 균형을 잡지 못하고 성인이 항상 잡아주어야 함, 굉장히 소극적이고 흔들림 2. 자주 넘어지고 균형을 잃음, 흔들리고 균형을 잡기 위해서 자주 성인의 손을 잡아야 함, 계속 뒤를 봄 3. 거의 넘어지거나 뒤를 보지 않고 뒤로 걸을 수 있음, 전반적으로 안정적이고 망설임이 없음
#2 돌차기 놀이	1. 뛰는 것을 조절하지 못함, 사각형 테두리 안에 가만 있지 못함, 뛰지 않고 발을 내디딤 2. 가끔 앞으로 뛰어야 할 때 위로 뛰고 위로 뛰어야 할 때 앞으로 뜀, 가끔 사각형 테두리 밖으로 벗어남, 가끔 넘어지거나 걸려 넘어짐 3. 적절하게 뜀, 넘어지거나 걸려 넘어지지 않음, 사각형 테두리 안에서 벗어나지 않음
#3 콩주머니 던지기	1. 첫 번째 표적에 콩주머니를 던지지 못함 2. 더 먼 표적에 던지지 못하지만 첫 번째 표적과 두 번째 표적 사이에 혹은 첫 번째 표적 안으로 콩주머니를 던질 수 있을 정도의 힘을 보여줌 3. 더 먼 표적 안으로 혹은 그 너머까지 2~3개의 콩주머니를 던짐

1차 활동평가

유아 : ○○○		나　이 : 만 3세	
날짜 : 20○○.○.○		관찰자(교사) : △△△	
스테이션 초점	**초점**	**능력수준**	**점수**
#1 허들 뛰어넘기	파워/순발력	자세가 좋고, 성공적으로 뛰어 넘는 모습을 보이기도 하였다	3
#2 평형대	균형감각	평형대 위에서 흔들리는 모습을 보이기는 했으나 발을 끌지는 않았다	2
#3 마지막 전력 질주	스피드	달리면서 팔과 다리를 휘두르는 모습을 보였으며, 신체부위들이 어느 정도 일체감을 보이지 않는 모습을 보였다	2
총점		• ○○는 '허들 뛰어넘기' 항목에서 가장 높은 점수인 3점을 받았고, '평형대'와 '마지막 전력 질주' 항목에서는 2점씩을 받았다 ('허들 뛰어넘기' 항목에서 가장 큰 강점을, '마지막 전력 질주'와 '평형대'에서는 동일함을 보임) • '허들 뛰어넘기' 항목에서는 허들을 성공적으로 넘고, 달리는 자세와 뛰어넘는 자세가 좋음으로써 파워와 순발력에 강한 면을 보였다. • '평형대' 항목에서는 균형을 잡는 데 어느 정도 어려움을 겪으며, 평형대 위에서 흔들리는 모습을 보임, 균형감각에 다소 약한 면을 보였지만 발을 끄는 모습은 관찰되지 않았다. • '마지막 전력 질주'에서는 즐겁게 달리긴 했지만 중간 속도로 달렸으며, 달리면서 팔과 다리를 휘두르고, 신체부위들이 어느 정도 일체감을 보이지 못하면서 스피드에서 약점을 보였는데 관찰 결과 가장 크게 약점을 보인 항목이였다.	7

2차 활동평가

유아 : ○○○ 날짜 : 20○○.○.○		나　이 : 만 3세 관찰자(교사) : △△△	
스테이션 초점	**초점**	**능력수준**	**점수**
#1 허들 뛰어넘기	파워/순발력	자세가 좋고, 망설이지 않음. 뛰어넘고 난 뒤 착지 자세가 좋았다	3
#2 평형대	균형감각	평형대 약간 흔들림, 내려올 때 약간 망설이지만 발을 끌지 않았다	2
#3 마지막 전력 질주	스피드	보폭 속도가 빨라졌으나 아직도 팔과 다리를 흔들고, 신체가 일체감이 없어 보인다	2
총점		• '허들 뛰어넘기' 항목에서는 첫 번째 허들에서 잠시 주춤하며 망설이기도 했지만 안정된 자세로 뛰어넘었으며 약간씩 팔을 휘두르기도 했다 • '평형대' 항목에서는 평형대 위에서 흔들림을 보이며, 발을 끌기도 하고 불안한지 시선이 아래쪽으로 향해 불안한 모습을 보임으로써 균형을 잡는데 어려움을 보였다 • '마지막 전력 질주' 보폭이 짧고 속도가 일정했으며 양팔을 좌우로 흔들지 않았다. 소극적인 모습을 보였으며 신체부위들이 일체감을 보이지 않았다	7

3차 활동평가

유아 : ○○○	나 이 : 만 3세
날짜 : 20○○.○.○	관찰자(교사) : △△△

스테이션 초점	초점	능력수준	점수
#1 허들 뛰어넘기	파워/순발력	자세가 좋고, 망설이지 않음. 뛰어넘고 난 뒤 착지 자세가 좋았다	3
#2 평형대	균형감각	균형감각을 잡고 앞으로 나아감, 망설임 없이 평형대를 건너면서 발을 번갈아 움직임	3
#3 마지막 전력 질주	스피드	보폭 속도가 빨라졌으나 아직도 팔과 다리를 흔들고, 신체가 일체감이 없어 보인다	2
총점		• ○○는 '허들 뛰어넘기'와 '평형대' 항목에서 가장 높은 점수인 3점씩을 받았고, '마지막 전력 질주' 항목에서는 2점을 받았다 ('허들 뛰어넘기' 항목에서 가장 큰 강점을, '마지막 전력 질주'에 가장 약점을 보임) • 최종 3차시 '허들 뛰어넘기' 항목에서는 파워/순발력 등과 함께 좋은 자세를 유지하였다. 이는 처음부터 강점항목이였기 때문에 점수에서의 변화는 보이지 않은 것으로 관찰되었다 • 최종 3차시 '평형대' 항목에서는 균형잡기/앞을 보고 나아가는 등 전체적으로 향상되었으며, 거의 만점에 가까웠기에 1점 향상된 것으로 관찰되었다 • 최종 3차시 '마지막 전력 질주'에서는 속도가 조금 향상되었으나, 달리면서 팔과 다리를 휘두르고, 신체부위가 일체감을 보이지 못한 것이 큰 약점으로 향상된 결과를 가져오지 못했다	8

③ 동작활동 평가 점수 그래프

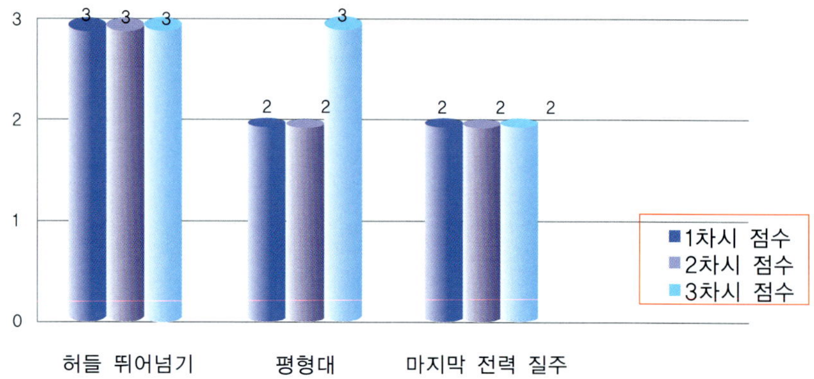

유아 : ○○○ **나　이 :** 만 3세

날짜 : 20○○.○.○~20○○.○.○ **관찰자(교사) :** △△△

평가결과 분석

유아 ○○는 허들 뛰어넘기에 타고난 소질을 지닌 균형감각을 갖고 있었으며, 평균대에서는 활동이 전개되면서 최고의 점수를 얻을 수 있을 정도의 신체적 제어능력과 균형감이 상승되었다. 그러나 마지막 활동인 전력 질주에서는 크게 향상되지 않은 점으로 보아 스피드를 내어서 달리는 기본 신체활동이 부족하다.

언어영역

3장

01. 언어영역의 개요

언어능력은 다른 사람과 효과적으로 의사소통 할 수 있는 능력으로써 듣기, 말하기, 읽기, 쓰기와 같은 언어사용 능력을 말한다. 언어는 학습과 의사소통 도구로써의 기능뿐만 아니라 인간관계를 형성하는 과정에서 필수적으로 요구되는 상징적 기능과 새로운 정보를 전달하고 받아들이는 기능을 하며, 예술적이고 창의적인 언어표현을 통하여 심미감과 즐거움을 반복적으로 만들어내는 기능도 한다. 여기에 수집된 활동들은 단지 하나의 교육과정으로 제공하려는 의도가 아니라, 유아들이 언어능력을 발달시키고 보여줄 수 있는 다양한 상황의 본보기로써 제시하고자 한다.

우리는 이 활동들을 통해서 교사가 학급 유아들의 흥미와 기호 그리고 관심의 범위를 다루는 언어 프로젝트를 계획하는 데 있어 아이디어를 얻게 되길 바란다. 언어활동들은 이야기하기(storytelling), 보고하기(reporting), 시(poetry) 그리고 읽기와 쓰기(reading and writing) 등 네 가지 범주로 구성되어 있다. 이들 네 가지 범주들은 부분적으로 중복되기는 하지만, 일반적으로 이야기하기는 언어의 표현적인 기능과 심미적 사용에 초점을 두고, 보고하기는 사실의 기술과 설명에, 시는 단어놀이(wordplay : 말을 주고받기, 익살, 재담)에 초점을 두고 있다. 그리고 읽기와 쓰기는 글자 인식하기와 같은 읽기 준비도를 강화시키도록 고안된 활동들로 읽기 능력이 보다 앞선 유아들을 위하여 계획되어졌다.

언어활동에 대한 형식적인 소개는 유아들이 자료를 스스로 사용할 수 있도록 준비시켜 주는 것은 물론, 유아들로 하여금 자신들이 무엇을 학습해야 하는지에 대한 이해를 돕는다. 교사는 다양한 자료들을 설명하기 위해 그룹 토의를 할 수도 있다. 그런 후 유아들에게 그 자료들의 여러 가지 사용방법에 대해서 질문할 수 있을 것이다. 유아들의 반응과 제안을 종이에 써봄으로써 교사는 유아들의 생각을 확인할 수 있고, 학습활동의 주체의식을 심어줄 수도 있다.

이처럼 유아교육기관의 기본 영역인 언어발달을 위하여 실용적이고 실제에 입각하여 기술적인 요소뿐만 아니라 더 표현적이며 미적인 영역의 양상을 나타내고 자신의 경험을 정확하게 논리적으로 설명할 수 있는 능력을 배양하며, 자연스러운 환경에서의 관찰을 통한 말하기, 쓰기와 관련된 능력을 보여주는 이 활동은 일련의 다른 기술들과 관련된다(Olson, 1977).

이차숙과 노명완은 언어능력의 중요한 특성으로써 다음 다섯 가지를 들었다. 첫째, 언어활동의 가장 기본적인 형태는 입과 성대를 통하여 만들어진 소리의 연결이다. 둘째, 사회가 임의적으로 결정하여 사용하여 온 상징의 체계이다. 셋째, 일정한 형태와 규칙에 따라 소리를 형성하고 단어와 문장을 형성한다. 넷째, 학습이 필요하다. 다섯째, 사회적 도구이며 관계에 의해서 언어가 성취된다.

이는 유아가 자신이 속해 있는 사회문화적 환경으로부터 끊임없이 학습문제 해결과 의사소통을 목적으로 한 언어적 경험을 하게 되며, 유아교육기관 대부분의 교육내용이 말과 글로써 전달되는 교수-학습의 현장에서 언어능력은 학업성취와 밀접한 관계가 있음을 말해 준다.

따라서 언어능력은 풍부한 환경과 효과적인 교육매체를 통해서 향상될 수 있으며, 유아 언어교육은 유아에게 의미 있는 대상과 방법으로 역동적인 과정에 중점을 두고 풍부한 언어경험을 제공하는 데 목적을 두어야 한다. 그런 면에서 스펙트럼 프로젝트와 같은 언어활동 프로그램이 유아의 언어능력을 신장시키는 데 효과적일 것으로 보인다.

02. 언어활동을 통한 개념화

1) 스펙트럼 프로젝트의 언어영역 활동

스펙트럼 프로젝트의 언어활동은 유아들이 듣기, 말하기, 읽기, 그리고 쓰기 능력을 의미 있는 실제 세계의 경험을 통하여 기를 수 있도록 고안되었다. 이러한 활동들은 스펙트럼 프로젝트에 근거한 창작 이야기 · 이야기하기, 설명적 언어 · 보고하기, 언어의 시적 사용 · 단어놀이, 읽기와 쓰기의 활동으로 구성되어 있으며 언어활동은 다양한 유치원 일과활동 속에서 이루어진다.

일반적으로 유아들에게 중요한 문제 중의 하나가 읽기와 쓰기를 학습하는 것인데, 읽고 쓸 줄 안다는 것은 단순히 분리된 기술 이상의 것으로 다양한 상황 안에서 자신의 생각을 표현할 수 있고 의사소통 할 수 있는 능력을 말한다.

읽기와 쓰기를 잘하는 것도 중요하지만, 말을 잘하고 잘 들을 수 있는 사람이 되는 것이 더 중요하다. 유아의 언어활동 경험은 창의적 언어표현 활동인 상상력과 독창성으로 자신의 논리적인 주장과 질문에 관여할 수 있고 새로운 단어학습에도 흥미를 보일 수 있다.

2) 언어능력

유아는 언어를 통하여 자신의 생각과 감정을 전달하고 주위환경을 이해하며 타인과 관계 형성을 하고 사회성을 발달시켜 간다. 언어는 다른 사람들에게 자신의 생각을 전달할 수 있게 해 주는 사회적으로 공유된 부호이며 인간생활에서 매우 중요한 도구이다(이차숙 · 노명완, 1994; Owens, 2005; 어용화, 2009, 재인용).

유아는 언어를 통해 타인과 상호작용을 하며 지식을 확장하고 표상한다(Owens, 1996).

언어는 사람과 사람이 의사소통 하는 일차적인 수단이 되고, 전달하고자 하는 의미를 특정 문맥에서 목적에 맞게 언어적인 틀에 담은 것으로 내용, 형식, 기능의 세 가지 측면으로 구성되어 있다(Bloom & Lahey, 1978).

언어능력은 적절하고 의미 있는 문장을 만들어내고 이해하며 자신이 가지고 있는 생각, 지식, 감정 등을 체계 있는 상징적 기호로 표현하거나 표현된 것을 이해하는 능력으로, 대화를 듣고 상황에 맞추어 이해하는 수용언어 능력과 자신이 하고자 하는 말을 상황에 맞추어 적절하게 표현하는 표현언어 능력으로 구분된다.

수용언어 능력과 표현언어 능력, 즉 언어생활 영역의 교육 목표를 달성하기 위해서는

- 말하는 사람의 의도를 고려하여 주의 깊게 듣고 이해하는 능력(듣기, 수용언어),
- 자신의 생각과 느낌을 적절하게 말하는 능력(말하기, 표현언어),
- 주변의 글자와 책에 친숙해지는 경험을 통하여 읽기에 관심을 가지는 능력(읽기, 수용언어),
- 글자의 기능을 인식하고 자신의 생각과 느낌을 그림이나 글로 나타내는 데 관심을 가지는 능력(쓰기, 표현언어)과 태도에 중점을 둔다.

① 듣기 영역

낱말과 문장 듣고 이해하기, 이야기 듣고 이해하기, 문학작품 즐겨 듣기, 바른 태도로 듣기

② 말하기 영역

낱말과 문장으로 말하기, 생각과 느낌 말하기, 이야기 지어 말하기, 바른 태도로 말하기

③ 읽기 영역

읽기에 관심 가지기, 책에 관심 가지기

④ 쓰기 영역

쓰기에 관심 가지기, 쓰기 도구 사용하기(2007 개정 유치원교육과정의 언어생활 중에서)

극 놀이활동

유아는 극 놀이를 통해 자신이 들은 이야기의 구조를 말로 다시 재현해 보거나 글로 표상화함으로써 문해발달을 하게 된다. 언어적 표상에 익숙하지 못한 유아들은 언어 이외에도 동작이나 행동, 음악적 요소, 그림 등 다양한 경로를 통해 자신의 느낌이나 감정을 표현하게 되는데, 특히 극중 배역의 역할을 소화함으로써 이야기의 등장인물이 사용하는 몸짓과 표정, 행동을 유아 자신의 행동체계에 맞추어 극화하는 특징이 있다. 유아가 이야기 전개상황에서 말이나 글로만 표현하는 경우에는 쉽게 그 내용을 기억하기는 어렵지만 활동적 표상의 유형을 거치면서 종합적 심상을 가지게 되는데, 이는 의사소통의 좋은 수단이 되고 언어발달에 중요한 기초가 된다고 볼 수 있다(고문숙, 1999; 박현순, 2002, 재인용)

Peterson(1988)은 유아들이 이야기를 잘 이해하고 표현하기 위해서 극 놀이를 적극 장려하였는데, 흥미로운 이야기를 유아에게 들려준 후 극화 활동을 했을 때, 유아들은 이야기를 잘 회상할 수 있을 뿐만 아니라 이야기 구조를 유아 자신의 체계로 창작할 수 있었다고 한다. 이남정(1991) 역시, 동화를 직접 극화함으로써 줄거리를 재검토하고 대사를 직접 만들어내고 말로 표현하면서 구체적인 경험을 하였더니 유아의 어휘력, 언어이해력, 언어표현력이 향상되었다고 하였다.

유아가 동화를 듣고 사용하는 다양한 표상활동은 언어발달의 기초가 된다. 동화를 듣고 극 놀이로 표현하는 방법은 유아의 언어능력을 발달시킨다고 할 수 있는데, 유아는 말과 글의 유형뿐만 아니라 동작, 극화, 음성, 분장, 그림 등의 비언어적 표상, 유형을 사용함으로써 이야기에 대한 지식을 발달시켜 나가며(임영심, 1997), 표현능력이 충분하지 못한 유아에게 교사가 언어적으로 해석해 줌으로써 언어의 의미를 파악하게 되고 언어발달의 기회를 이루게 된다(박현순, 2002, 재인용).

유아들은 그들이 경험한 것을, 곧 언어로 표현한다. 좋은 문학을 경험하는 것은 의미를 이해하는 것에서 그치지 않고 적절히 표현할 수 있는 능력을 길러줄 수 있는 활동들이 계획되어져야 하는데, 동화 감상 후 극 놀이활동이 그 하나이다.

동화 역할극

역할놀이란 타인의 입장에서 또 다른 사람이 그렇게 생각할 것이라는 행동을 해 보게 하는 투사적 방법이라고 할 수 있는데, 역할놀이는 단순히 모방하는 데만 의미가 있는 것이 아니라 유아의 생활을 보상하고 충실하게 해 주고 여러 인물의 역할을 해 보는 기회를 통해 그 인물들과 동일시함으로써 다른 사람의 입장과 요구, 느낌을 이해할 수 있는 기회를 제공해 준다.

유아는 자신의 주변 세계에 있는 사람들로 직접 가장하여 그 역할을 이행하여 봄으로써 그것에 관한 정보를 인지구조 속에 동화시키고 견고화시킨다(Piaget, 1962; 하숙자, 2001, 재인용).

Turner(1978)는 역할놀이를 어떤 상황에 대해 유아가 겪었던 경험들을 재연하거나 창의적으로 재구성하여 말하거나 행동하는 것을 흉내 내어보는 놀이라고 하였다. 유아는 대상의 행동과 언어를 모방하는 것으로 불자동차 소리를 흉내 내거나, 부모와 교사의 말투나 독특한 걸음걸이를 모방하기도 하고 이미 일어났던 일 또는 알려진 결과의 사건을 실제 상황으로 연기하기도 한다(하숙자, 2001, 재인용). Hong(1982) 역시 인식력이 충분히 발달되지 않은 나이가 어린 유아일수록 이야기만 듣는 경우보다는 실제로 타인의 역할을 해 보는 경우가 타인에 대한 이해를 증진시키는 기술로 효과적이라고 하였다. 동화 역할극을 통해서 유아는 연기자로서, 연출자로서, 또는 관객으로서 연기과정 중에 서로 상호관계를 갖게 된다. 따라서 동화 역할극은 유아들이 자연스러운 방법으로 놀이활동에 참여하고 주변 세계에 대한 사고와 감정을 인지적이고 정서적으로 이해하고 표현하는 데 도움을 준다.

동화 역할극의 교수방법

동화 듣기→동화 이야기 나누기→역할 정하기→작업영역에서 분장→동화 역할극 진행 → 평가→자유선택 활동시간에 역할극 코너 마련

03. 언어영역 평가의 실제

1) '물' 프로젝트 : 『물방울의 여행』

(1) 주제 선정 이유

우리는 자연환경과 밀접한 관계를 맺으며 살아가고 있다. 자연환경은 인간에게 필수조건으로 함께 발달해 왔다. 산업사회로 가속화되고 기술이 발달함에 따라 자연환경은 점점 파괴되어가고 있다. 자연환경의 파괴는 사막화, 이상기후 현상 등의 부작용으로 우리 눈앞에 나타났다. 이러한 자연환경과 관련된 문제 중 오늘날 우리나라에서 심각하게 다루어지는 것이 바로 '물' 부족에 대한 문제이다. 우리나라는 세계 '물' 부족 국가로 선정되었다. 항상 물은 풍요롭다고 생각을 해 왔기 때문에 이러한 사회적 문제는 큰 충격으로 다가왔다.

그렇다면 이대로 물이 점점 사라져가는 것을 지켜만 보고 있을 것인가? 물은 공기와 더불어 생물이 살아가는 데 없어서는 안 될 중요한 물질이다. 따라서 '물' 부족 국가라는 문제를 안은 현 시점에서 우리는 물의 소중함과 절약하는 생활태도에 대해 생각하고 실천해야 할 것이다. 남아 있는 물을 절약, 보존함으로써 인간과 자연이 함께 살아갈 수 있다.

물에 대한 소중함과 물 절약을 우리 유아들에게 인식시켜 유아들의 생활습관에서도 물을 아끼는 태도를 길러주어야 한다. 이에 따라 유아들에게 물의 소중함과 물 절약, 물의 특성 등을 이해시키기 위해 물에 대한 교육을 계획하는 과정에서 물은 추상적인 개념이기 때문에 바다, 강, 시냇물, 비 등의 주제를 생각해 보았지만, 각각의 특성이 한쪽으로만 치우치는 경향을 보여서 이를 하나로 아우르는 '물' 이라는 주제를 사용하기로 정하였다. 물의 추상성과 구체적인 물의 개념 파악이 가능한 소주제를 이용하여 프로젝트를 진행하였다.

(2) 브레인스토밍

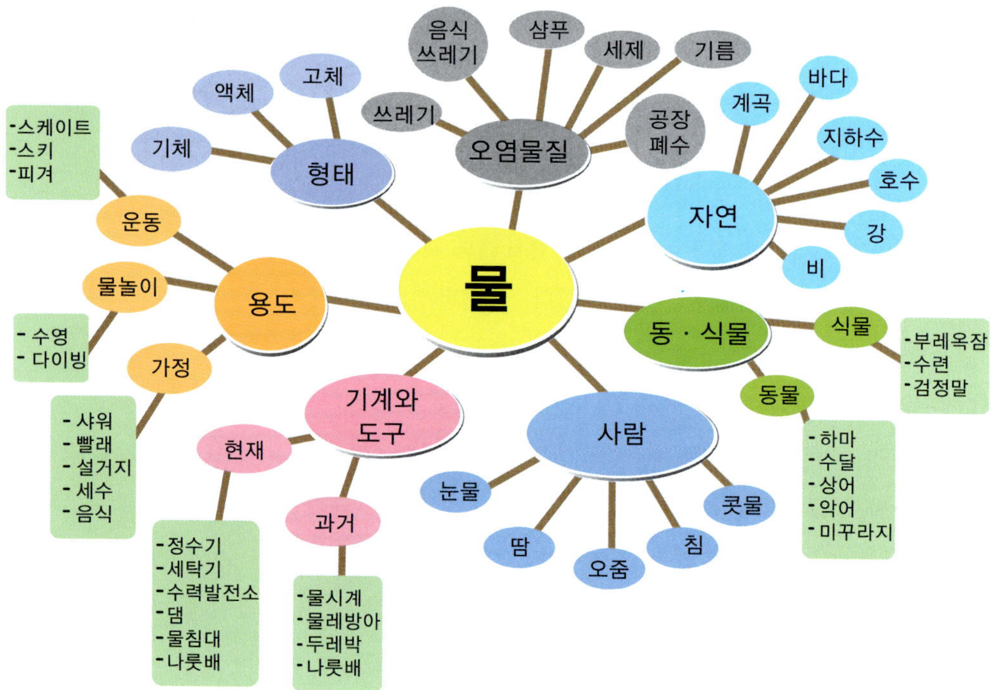

(3) 활동 절차

① 물방울들의 여행 역할극 소개

- 물방울이 무엇인지에 대해 그 의미를 유아들과 토론한다.
- 그룹 토론시간에는 물방울이 되기까지의 과정을 토론한다.

② 활동의 형태 : 교사의 선호도나 학급의 준비도에 따라 다양하게 하기

유아들이 다양하게 대답할 수 있는 질문으로 시작할 수 있다.

- 준비
  - 『물방울들의 여행』 동화 인형극을 위한 준비물
  - 풍경 관련 준비물 : 물방울 배경을 표현할 큰 그림 등

• 인물 : 해설, 물방울 1 · 2 · 3 · 4, 뿌리, 줄기, 햇님, 꽃 등

◎ 도입부

『물방울들의 여행』 동화책을 읽고서 내용에 대해 이야기를 나눈다. 어떤 친구들이 나왔니? 물방울들은 어떻게 생기게 될까? 물방울들이 어떻게 여행을 할까? 등 이야기를 나눈 후 역할극을 시작해 보자 등으로 흥미를 유도한다. 전개과정은 등장인물을 정하고 역할극을 시작한다. 해설을 담당하는 선생님의 이야기에 따라 등장인물들이 나와서 이야기를 한다. 인형극을 하면서 느낀 점을 이야기하며 재미있었던 부분이나 어려웠던 부분을 이야기하고 마무리한다.

3 물방울들의 여행 역할극 평가 요소

◎ 물방울들의 여행 역할극 활동 중 기본적 언어수준

• 이야기 :

물방울들이 식물 속으로 여행하면서 일어나는 일들에 대해 이해하고, 물방울들이 여행하는 중 표현활동, 반복적인 언어 등을 통하여 읽기, 쓰기 등 기본적인 언어수준을 획득한다.

• 묘사 :

"어서 하늘로 올라 가, 니네들 손이 더러워."

• 범주화 또는 명명하기 :

"이제 두 조로 나눠지자. 물방울들아! 이 안으로 들어오렴."

◎ 인형극의 짜임

1. 물방울들의 여행은 유아들로 하여금 행동에 대한 묘사만을 한다. 유아는 사건, 물체 또는 인물에 대한 가장 일반적인 표현을 한다(예를 들어, 서로 간에 상관관계를 가진 이름이나 배역에 관심을 두지 않는다).

"애들아 이리 올라와"

"이야! 이제 가자"

2. 이야기의 동적 요소는 대부분 준비물속에 나온다. 유아는 그들에게 이름과 배역을 부여한다. 인물들 간에 관계는 주어지지만 그 이상의 발견은

하지 않는다. 가끔 유아는 인물들의 생각과 동기를 삽입한다.

"야호! 들어가 보자"

"이제 두 조로 나눠지자"

"그래"

"그래, 어서 가렴"

3. 유아는 이야기 속에 문제를 꾸며낼 것이다. 이야기의 원동력을 제공하는 어떤 일이 발생한다(예를 들어, 좋은 인물과 나쁜 인물의 등장 또는 힘의 대립 등). 한 인물 또는 다수 인물들의 인식력, 감정적 또는 육체적 상태를 자세하게 포함시킨다.

"쳇, 이걸 가지고"

- 주제의 일관성
  1. 한 생각에서 다음 생각으로 이동이 불투명함 : 유아가 산만해짐
  2. 이야기 줄거리가 빈약함
  3. 이야기의 줄거리가 4개 이상 조리 있게 이어짐
- 대화법 사용
  1. 이야기의 전달과 해설을 위해 드물게 유아의 목소리를 변조시킴
  2. 이야기의 동적인 표현전달을 위해 때에 따라 목소리를 변조시킴
  3. 이야기에 필요한 해설, 묘사 그리고 더 많은 정보전달을 위하여 목소리를 변조시킴
- 시제표현의 사용
  1. 이야기 속에 간략한 접속어만 사용
  2. 가끔 좀 더 복합적인 접속어 사용
  3. 지속적으로 제2단계에 나와 있는 좀 더 복잡한 시제표현을 사용
- 표현력
  1. 효과음을 이야기 속에 조금 또는 전혀 쓰지 않았음. 이야기는 한 음정의 목소리로 진행되었다.
  2. 효과음을 가끔 내었을 때, 그리고 기타 표현을 도와주는 행동이나 동작을 하였다.

3. 지속적으로 효과음을 사용하며, 현실감 있게 인물의 목소리를 표현, 풍부한 표현력을 사용하였다.

1차 활동 : 물방울의 여행

대상연령 만 3~5세

집단형태 소집단

활동형태 언어활동(언어지능)

소요시간 10~15분

교육목표
- 동화 속에 나오는 물방울에 대해 관심을 갖는다.
- 물방울이 여행하는 과정을 통해 물방울의 변화에 대해 알 수 있다.
- 바른 자세로 동화를 주의 깊게 들을 수 있다.

활동자료 물방울의 여행 PPT

유의사항
- 유아가 물에 대해 흥미를 가질 수 있도록 지도한다.
- 동화를 떠들지 않고 바른 자세로 집중해서 들을 수 있도록 유아들을 지도한다.
- 유아들이 자신의 생각을 바르게 말할 수 있도록 지도한다.
- 동화활동을 통해 기분이 어땠는지, 느낌이 어땠는지 말할 수 있도록 지도한다.
- 손을 씻고 책상을 깨끗이 정리할 수 있도록 지도한다.

활동과정

도입

1. 우리 주위에 있는 물에 대해 이야기를 나눈다.

T : 우리 주위에는 많은 종류의 물이 있어요. 어떤 것이 있는지 아는 친구 있나요?

C1 : 하늘에서 내리는 비가 있어요.

C2 : 시원한 물이요. 더울 때 마실수 있는 물도 있어요.

C3 : 음~ 바닷물도 있어요. 강도 있고 수영장도 있어요.

T : 맞아요. 비도 있고 우리가 마실 수 있는 물도 있고, 더울 때 물장구치면서 놀 수 있는 그런 물도 있어요. 우리 주변에는 많은 물들이 있어요.

2. 동화를 소개한다.

T : 우리 친구들 오늘은 선생님하고 『물방울의 여행』을 들어볼 건데, 물방울이 어떤 여행을 할지 한번 생각해 볼까? 한번 말해 줄 수 있는 친구들 있나요?

C1 : 바닷가에 가서 물놀이할 거 같아요. 수영도 하구요.

C4 : 아니야. 아마 음... 하늘에서 놀고 있을 거야.

T : 우리 친구들은 그렇게 생각하고 있구나... 우리 물방울이 어떻게 여행을 하는지, 또 어느 곳으로 여행을 떠나는지 한번 보도록 하자.

C : 네~

T : 조용히 동화 잘 들을 수 있어요?

C5 : 네! 조용히 들을 수 있어요. 얼른 보여주세요.

전개

1. 방울의 여행 PPT를 보여준다.

T : 그동안 나에게 일어났던 이야기들을 얘기한다면 긴 이야기가 될 것입니다. 나는 지금 하늘 나라에 있습니다. 그리고 내가 친구들 과 처음 태어난 곳은...

T : 내가 또 다시 여행을 하고 있는 곳은... 동화 끝!

C3 : 동화 끝인 거에요?

C4 : 이상하게 끝난 거 같아...

T : 그런 거 같지? 이 동화는 물방울이 어떻게 될지 우리 친구들이 생각해 보라고 이렇게 끝난 거에요.

2. 동화 『물방울의 여행』에 내용에 대해 자신의 생각을 이유와 함께 말하며 이야기를 나눈다.

T : 물방울이 동화 속에서 어떻게 어떻게 변했었죠?

C2 : 하늘에서 눈이 내렸어요. 추워져서 눈이 되었어요.

C3 : 맞아~ 눈도 되고 비도 되었어.

C4 : 그리고 비오고 나서 햇빛 때문에 무지개도 되었구...

T : 우리 친구들 모두 잘 들었네... 그럼 또 물방울들은 이 다음에 어느 곳으로 갔을까?

C5 : 저는요. 몸속으로 갔을 거 같아요. 오줌으로 나올 거 같아요.

C1 : 오줌으로~ 말도 안돼!

T : 그럴 수도 있겠네... 우리 몸속에 있는 물이 되어서 오줌으로도 나오고 땀으로도 나오고 또 콧물이나 눈물로도 나올 수 있겠다. 또 어떻게 됐을까?

C2 : 음... 바닷물이 되어 여기 저기 돌아다니고 있을 거 같아요.

T : 바닷물이 되어서 여행 갔을 수도 있겠구나... 그러면 내가 물방울이라면 어디를 여행 가고 싶어요?

C1 : 저는요. 물방울이 되면 무지개를 타고 미끄럼 타고 싶어요.

C2 : 나도 무지개한테 갈래~ 무지개~

C3 : 난 공룡이 있는 곳으로 갈 거야. 공룡 만나러 갈 거야.

T : 공룡을 만나러 가고 싶다는 친구도 있고 미끄럼 타고 싶은 친구도 있었구나. 선생님은... 선생님이 물방울이라면 하얀 눈이 되어보고 싶어. 그래서 세상을 하얀 눈으로 하얗게 만들고 싶어요.

- 마무리

1. 동화활동에 그림 자료를 다시 보여준 후 자신의 생각을 이유와 함께 말할 수 있도록 지도한다.

T : 우리 친구들 『물방울의 여행』에 대해 동화를 들어보았는 데 어땠었나요?

C1 : 재미있었어요.

C2 : 나도 물방울처럼 여행 다녀보고 싶어요.

C1 : 내가 물방울이면 정말 무지개 타러 돌아다닐 거야.

C4 : 우와~ 진짜 재밌겠다. 나도 데려가.

T : 우리 친구들이 잘 들어줘서 선생님 기분이 더 좋아진 거 같아요.

2. 다음 활동을 위한 정리정돈을 한다.

T : 자기가 앉았던 자리 잘 정리하고 화장실 다녀올 친구들은 다녀오도록 하자.

C : 네~

- 평가

- 다른 활동(신체활동, 미술 활동)을 하고 나서인지 중간에 몸을 비틀거나 움직이기도 하는 등 바른 자세로 집중하여 듣지 못하였다.
- 내가 물방울이라면 어떤 여행을 하고 싶은지에 대해 물어봤을 때 다양한 생각들이 나왔고 친구들과도 상호작용을 많이 하였다.
- 자기의 생각을 말로 잘 표현하였고 또한 다른 친구가 말할 때는 관심을 두고 들어주었다.

2차 활동 : 보물단어를 써요

대상연령 만 3~5세

집단형태 소집단

활동형태 언어활동(언어지능)

소요시간 10~15분

교육목표

- 동화 속에 나오는 단어에 대해 관심을 갖고 글로 써볼 수 있다.
- 물방울이 여행하는 과정을 통해 물방울의 변화에 대해 알 수 있다.
- 동화를 주의 깊게 듣고, 바른 자세로 글을 쓸 수 있다.

활동자료 물방울의 여행 PPT, 보물단어를 써요(활동지)

유의사항

- 지난 언어활동 때 했던 활동에 대해 다시 한번 생각날 수 있도록 활동한다.
- 동화를 떠들지 않고 바른 자세로 집중해서 들을 수 있도록 유아들을 지도한다.
- 유아들이 생각나는 단어들을 바르게 말할 수 있도록 지도한다.
- 활동지에 대해 설명해 주고 글씨 쓰지 못하는 유아들에겐 도움을 주도록 한다.
- 자신이 쓴 내용을 발표함으로써 자신 있게 발표할 수 있도록 지도한다.
- 손을 씻고 책상을 깨끗이 정리할 수 있도록 지도한다.

활동과정

- 도입

1. 동화 속 내용을 회상해 본다.

T : 저번에 『물방울의 여행』을 읽어보았는데, 그때 어떤 여행을 했었는지 기억나는 친구 있어요?

C1 : 비가 올 때 지붕에 물이 있었어요.

C2 : 지붕이 아니라 그때 다른 말이였는데...

T : 아... 잘 기억하고 있구나. 맞아 그땐 지붕이라고 안 나오고 처마끝이라고 나왔었어요.

C3 : 음... 난 못 본 거 같은데..

T : 잘 기억이 안 나는가 보네... 우리 오늘 동화를 다시 들어보면서 동화 속에 나왔던 것들에 대해 자세히 들어보도록 해 보자.

2. 물방울의 여행 PPT를 보여준다.

T : 이제 『물방울의 여행』을 두 번째로 다시 들어볼 텐데, 물방울이 어떤 여행을 하는지 바른 자세로 듣도록 해요.

C : 네~

T : 우리 친구들, 조용히 동화를 잘 들을 수 있지요?

C5 : 네! 조용히 들을 수 있어요.

T : 그동안 나에게 일어났던 이야기들을 얘기한다면 긴 이야기가 될 것입니다. 나는 지금 하늘 나라에 있습니다. 그리고 내가 친구들과 처음 태어난 곳은...

T : 내가 또 다시 여행을 하고 있는 곳은... 동화 끝!

- 전개

1. 동화 속에 나온 단어들에 대해 물어본다.

T : 동화 속에서 처마라는 단어가 나왔던 거 같아요?

C1 : 네~ 나왔었어요. 처마끝이라고...

T : 맞아요. 나왔었어요. 그러면 동화 속에 나왔던 단어들은 또 무엇이 있을까?

C2 : 무지개랑 얼음도 나왔어요.

C3 : 눈도 나왔었어요.

C4 : 시냇물도 나왔었구...

C1 : 바람이랑 구름도 나왔었어요.

C2 : 또 햇님이랑 사슴도 나왔었어요.

T : 잘 기억하고 있구나... 선생님이 이제 우리 친구들하고 재미있는 활동을 하려고 활동지를 만들어 왔는 데 나눠주면 선생님이 설명해 줄 때 해 보자.

2. '보물단어를 써요' 활동지를 유아들에게 나누어준 후 단어를 쓸 수 있도록 한다.

T : 우리 친구들이 많은 단어들을 말했었잖아요. 방금 전에 받은 활동지에 자기 이름을 적어볼까요!

C : 네~

T : 아래에 보면 물방울 하나가 있죠?

C : 네~ 색칠해요?

T : 우선은 우리 그 옆에 선을 그어가면서 동화 속에 나왔던 단어들을 적을 거에요. 다 적

은 후에 물방울을 색칠해 보자.

C : 네~

C2 : 선생님 어름 이렇게 쓰는거 맞아요?

C3 : 맞을걸? 선생님한테 물어보자.

C4 : 그리고 비오고 나서 햇빛 때문에 무지개도 됐었구...

T : 우리 친구들 얼음이 생각났구나. 쓸 때는 얼음이라고 쓰고 말할 때는 어름으로 읽게 되요. 또 쓰기 어려운 단어가 있어요?

C5 : 저는요, 글씨를 잘못 써요. 도와주세요.

T : 글씨를 잘못 쓰는 친구들은 선생님들이 도와주도록 할게요. 그대신 혼자서 쓸 수 있는 글자들은 혼자서 써보도록 해 보자.

C : 네~

마무리

1. 다 쓴 유아들의 활동지를 발표할 수 있도록 한다.

T : 우리 친구들 『물방울의 여행』에 대해 동화를 듣고 나서 기억 나는 단어들을 적어보았는 데 어땠어요?

C1 : 재미있었어요.

T : 『물방울의 여행』을 읽고 어떤 단어를 썼는지 한 명씩 이야기 나누어 보자.

C4 : 저는요, 개구리랑 햇빛도 썼구요. 또... 바위도 썼어요.

C5 : 선생님, 저는요 시냇물도 썼어요.

T : 우리 친구들이 잘 들어주고 잘 써줘서 선생님이 너무 기분 좋아졌어요.

2. 다음 활동을 위한 정리정돈을 한다.

T : 자기가 앉았던 자리를 잘 정리하고 화장실 다녀올 친구들은 다녀오도록 하자.

C : 네~

- 평가
  - 유아들이 동화 『물방울의 여행』 내용을 잘 이해하고 있고, 잘 기억하고 있다.
  - 단어에 집중해서 들을 수 있도록 강조하였고, 단어에 대한 질문을 하였을 때 대답을 잘하였다.
  - 글씨를 잘 쓰는 유아들(○○, ◇◇)도 있는 반면 잘 쓰지 못하는 유아들도 있었고, 쓰지 못하는 유아들에게는 도움을 주거나 그림으로 표현할 수 있도록 지도하였다.
  - 1차 활동보다는 유아들의 집중력이 높았고 질문에 답하는 모습들이 많이 보였다.

3차 활동 : 내가 꾸미는 『물방울의 여행』

대상연령 만 3~5세

집단형태 소집단

활동형태 언어활동(언어지능)

소요시간 10~15분

교육목표

- 물방울이 여행하는 과정을 통해 물방울의 변화에 대해 알 수 있다.
- 동화 속 뒷 내용을 생각해 보고 글로 표현해 볼 수 있다.
- 자기가 쓴 글을 자신감 있게 말할 수 있다.

활동자료 『물방울의 여행』 그림 자료, 내가 꾸미는 『물방울의 여행』 (활동지)

유의사항

- 지난 활동에 어떤 활동을 하였는지 생각날 수 있도록 해야 한다.
- 유아 한 명씩 모두 말해 볼 수 있도록 한다.
- 설명을 구체적으로 해 주고 글로 표현해 볼 수 있도록 지도한다.
- 발표할 때 큰 목소리로 발표할 수 있도록 한다.
- 손을 씻고 책상을 깨끗이 정리할 수 있도록 지도한다.

활동과정

- 도입

1. 지난 활동(보물단어를 써요)을 회상해 본다.

T : 우리 친구들 지난 번에 『물방울의 여행』 동화를 읽어보고 나서 우리가 어떤 활동을 했는지 기억하나요?

C1 : 가운데 물방울이 있었던 종이에 글씨 써봤어요.

C2 : 네~ 거기에 개구리도 쓰고 무지개도 쓰고 구름이랑 비도 써봤어요.

C1 : 나는 지붕도 썼었는데,,, 그때 제가 제일 많이 썼었어요. 그렇죠?

T : 잘 기억하고 있네, 그때 모두들 생각나는 단어들을 잘 적어줬었는데, 또 어떤 단어들이 나왔었지?

C1 : 김도 있었고 땅이랑 얼음도 썼었어요.

C2 : 또... 돌멩이요.

T : 우리 친구들이 말했었던 것들이 다 있었어요. 우리 오늘은 저번보다 더 재미있는 활동을 해볼 거에요.

2. 물방울의 여행 그림 자료를 보여준다.

T : 오늘은 『물방울의 여행』을 이렇게 출력해 왔는데요. 오늘은 그림 자료를 통해서 동화 『물방울의 여행』을 들어보도록 할게요.

C : 네~

T : 동화를 들을 때는 조용히 들어야 하는 데 할 수 있죠?

C : 네~ 할 수 있어요.

T : 그동안 나에게 일어났던 이야기들을 얘기한다면 긴 이야기가 될 것입니다. 나는 지금 하늘 나라에 있습니다. 그리고 내가 친구들과 처음 태어난 곳은…

T : 내가 또 다시 여행을 하고 있는 곳은… 동화 끝.

- 전개

1. 동화를 듣고 어떤 내용이었는지 이야기 나누어 본다.

T : 조금 전에 『물방울의 여행』을 읽어보았는데, 여기에 나왔던 친구들이 어떤 친구가 나왔었는지 기억하나요?

C1 : 개구리요.

C2 : 꽃이랑 풀도 나왔구요, 또 구름도 나왔어요.

T : 동화 속에서 물이 친구들한테 어떤 행동을 했어요?

C3 : 물이 비가 되어 땅으로 내려와서 친구들에게 봄이 왔다는 것을 알려줬어요.

T : 맞아요~ 물방울의 여행 속에서는 봄이 왔다는 소식도 들려주었어요.

2. 내가 꾸미는 『물방울의 여행』 활동지를 유아들에게 나누어 준 후 쓸 수 있도록 한다.

T : 우리 친구들이 말했던 동화 속 내용을 이 활동지에 적어볼 거예요. 1번 내가 물방울이라면 어떤 친구들을 만나고 싶나요? 동화 속에서 여러 친구들이 나왔잖아요.

C : 네~

T : 여기 구름 모양인 말풍선 안에는 우리 친구들이 만나고 싶어하는 친구들을 적어볼 거예요. 선생님은 민들레를 만나고 싶어요. 여기다 적을게요. 우리 친구들도 만나고 싶은 친구들을 적어보도록 해요.

C1 : 저는요, 꽃이랑 사자도 만나고 싶고 얼룩말도 만나고 싶어요.

C2 : 저는 공룡 만나러 가고 싶어요, 파키케팔로 사우르스 만나고 싶어요.

T : 파키케팔로 사우르스 만나고싶어요?

C2 : 네~ 이거 글씨 못쓰겠어요, 글씨 쓰는 거 도와주세요.

T : 알겠어요, 선생님이 도와줄게요.

T : 다 쓴 친구는 아래에 있는 2번 내가 물방울이라면 어떤 여행을 하고 싶은지에 대해 적어보도록 하자.

C3 : 선생님~ 펭귄 만나러 가고 싶은 거 적어도 되요?

T : 그런 거 적는 거 맞아요, 펭귄을 보러가고 싶구나! 또 어떤 여행들을 하고 싶어요?

C4 : 선생님 저는요, 하나님 만나러 가보고 싶어요.

T : 와~ 하나님도 만나러 가고 싶은 거구나, 우리 친구들 얼른 써보도록 해 보자, 모든 친구들이 다 쓰면 자기가 쓴 걸 읽어보도록 해요.

C : 네~

● 마무리

1. 다 쓴 유아들의 활동지를 발표할 수 있도록 한다.

T : 내가 만나고 싶은 친구들은 누구인지, 또 내가 가고 싶고, 해 보고 싶은 여행은 어떤 것이 있는지 다른 친구들 앞에서 말해 보도록 해요.

C1 : 선생님 저는 펭귄이랑 독수리 만나러 가고 싶어요.

C2 : 저는 사자랑 공룡 만나는 여행을 떠나볼 거에요.

T : 그렇구나. 멋진 동물 친구들이랑 또 공룡을 보고 싶은가 보네요.

T : 우리 오늘 내가 꾸미는 『물방울의 여행』을 해 보았는 데 어땠어요?

C : 재미있었어요.

T : 어떤 게 가장 재미있었어요?

C1 : 만나고 싶은 친구들 적어보는 게 재미있었어요.

2. 다음 활동을 위한 정리정돈을 한다.

T : 이제 활동을 마칠텐데 자기가 앉았던 자리를 잘 정리하고 화장실 다녀올 친구들은 다녀오도록 하자.

C : 네~

평가

- 동화 속 뒷부분의 만나고 싶은 친구들이 동물 위주로 가서 아쉽고 다양한 단어들을 생각해 내고 말하지 못한 것이 아쉬웠다.
- 글씨를 잘 쓰는 유아(○○)들은 자신의 생각을 잘 적을 수 있었지만 글씨를 잘못 쓰는 유아들이 있어서 도움을 요청하는 경우가 많았다.
- 1차, 2차에 비해 질문도 많아지고 대답하는 단어가 많아진 것을 볼 수 있었고, 또한 대답도 많아지고 물에 대해 흥미를 많이 보였다.

• 체크리스트 : 1차

이름(나이)	활동 도입	내용의 정확성	주제에 대한 감각	단어의 사용	문장의 구조	총 계
손○○(만 5세)	1	1	1	1	1	5
이◇◇(만 5세)	2	1	1	1	1	6
임△△(만 5세)	2	1	1	2	1	7
조♡♡(만 5세)	1	0	0	1	1	3
최□□(만 3세)	0	1	0	1	0	2

• 체크리스트 : 2차

이름(나이)	활동 도입	내용의 정확성	주제에 대한 감각	단어의 사용	문장의 구조	총 계
손○○(만 5세)	2	1	2	1	1	7
이◇◇(만 5세)	2	1	1	2	2	8
임△△(만 5세)	2	2	1	2	1	8
조♡♡(만 5세)	1	1	0	1	1	4
최□□(만 3세)						

• 체크리스트 : 3차

이름(나이)	활동 도입	내용의 정확성	주제에 대한 감각	단어의 사용	문장의 구조	총 계
손○○(만 5세)						
이◇◇(만 5세)						
임△△(만 5세)	2	2	2	3	2	11
조♡♡(만 5세)	2	1	1	2	1	7
최□□(만 3세)						

(4) 언어영역 평가 그래프

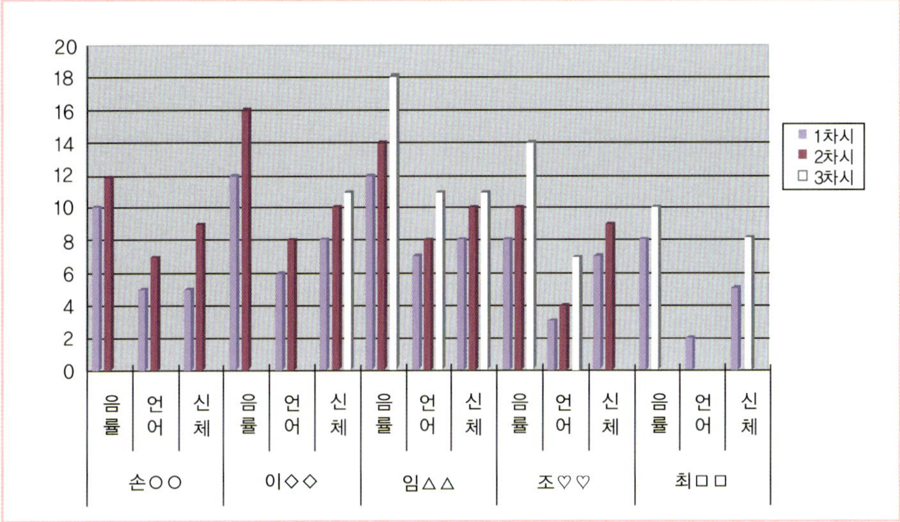

Project spectrum "The Water"

평가결과 분석

'물' 프로젝트 1차에서는 언어에 대한 활동을 구성하여 유아들의 주제에 대한 흥미도와 행동양상 등을 관찰하였다. 그 결과 언어영역은 '물의 순환'과 관련된 동화와 연계된 활동으로 구성하였다. 먼저 유아들은 물의 순환과 관련된 동화를 듣고 이야기 나누기(1)를 통해 사고를 확장하고, 동화 내용에서 주요단어를 찾는 '보물단어를 써요'(2)를 통해 동화 내용을 회상하였다. 확장활동으로 동화를 다시 읽고 내가 주인공이라면 무엇을 할 것인지... 등에 대한 내용을 적는 '내가 꾸미는 물방울 여행'(3) 활동으로 이야기를 재구성해 보는 시간을 가졌다. 처음 유아들은 동화를 듣고 물의 순환에 대해 서로 상호작용하며 동화를 회상하였다. 이 과정에서 적극적으로 활동에 참여하는 유아들도 있었지만 활동에 집중을 하지 못하는 유아도 발견할 수 있었다. 2차에서는 다시 동화를 듣고 함께 보물 단어를 찾아보는 읽기 · 쓰기 활동이 진행되었는 데 1차 이야기 나누기에 비해 대부분의 유아들의 참여도나 집중도가 높았으며, 따라서 체크리스트

평가 점수도 향상된 것을 볼 수 있었다. 마지막 3차에서는 동화를 다시 듣고 유아들이 함께 회상해 보고 자신이 주인공이 되어 이야기를 재구성하는 말하기 · 읽기 · 쓰기 관련 활동을 진행하였는데, 처음 1차에서 이야기 나누기 활동에 집중을 잘 하지 못한 유아들도 적극적으로 참여하여 자신의 생각을 이야기하고 직접 이야기를 꾸며보는(쓰기) 모습을 볼 수 있었다. 유아들의 체크리스트 평가점수는 대체적으로 단편적인 1차(이야기 나누기)에서 좀 더 심화 · 연계된 2차(읽기 · 쓰기), 3차(이야기 나누기 · 읽기 · 쓰기)로 갈수록 향상하는 것을 볼 수 있었다.

2) '그림 동화책' 프로젝트 : 『무지개 물고기』

(1) 주제 선정 이유

동화를 이용하여 3세 유아에게 갈등해결 전략을 가르친 결과, 유아들이 스스로 갈등을 해결하는 빈도가 증가하였고 해결방법에 있어서도 부정적인 전략의 사용이 줄어들었으며, 일방적인 해결보다는 양자가 수용할 수 있는 해결방법이 증가하는 것으로 나타났다. 이에 그림책은 글과 그림이 함께 조화를 이루며 이야기를 엮어가는 하나의 완성된 세계(현은자 · 김소영, 2000)로써 인간의 다양한 감정을 다루므로 유아는 자연스럽게 자신과 비슷한 사람들이 겪는 문제의 해결과정에서 느끼는 감정들을 살피고 대리경험을 하게 되면서 더불어 사는 다른 사람들에 대한 이해를 발전시키게 된다. 따라서 유아는 그림책의 주인공과 함께 경험을 같이 하게 되어 정서는 풍요로워지고 예술적 감흥을 체험함으로써 자연스럽게 심미감과 정서적 안정감을 발달시키게 된다. 『무지개 물고기』는 자신에 대한 이해는 물론 다른 사람에 대한 이해를 바탕으로 사회관계를 체험할 수 있는 좋은 교재이다. 따라서 『무지개 물고기』를 함께 읽어보고 인형극을 직접 해보고자 한다.

(2) 브레인스토밍

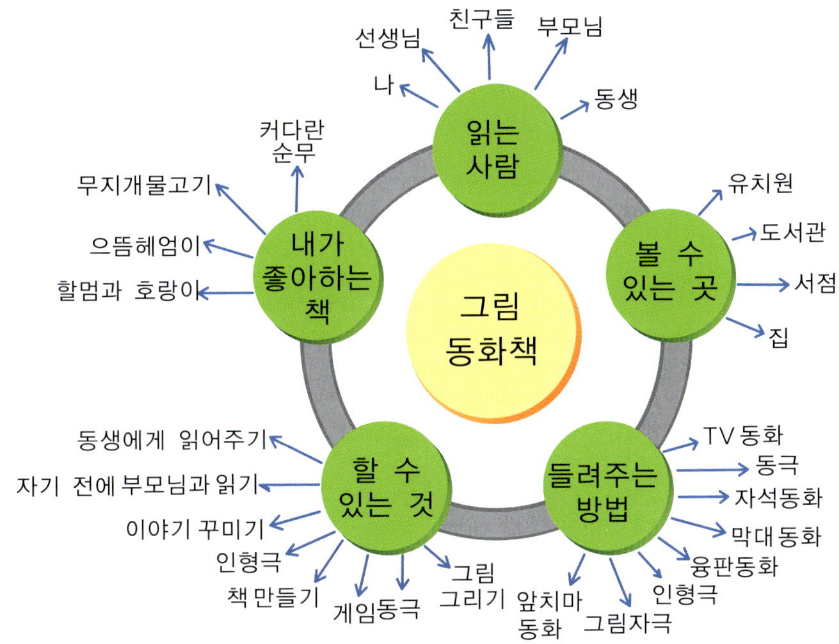

(3) 활동 준비물

준비물에는 『무지개 물고기』 동화책과 바닷속을 표현해 주는 배경그림과 등장인물 막대 인형이 들어간다. 유아들이 많은 재료에 산만해지지 않도록 제한하며, 교사는 문화적 배경이 다른 유아들을 배려한다. 또한 가능하면 극에 몰두할 수 있도록 조용한 분위기를 마련해 준다.

(4) 활동 절차

동화 듣기 → 동화 이야기 나누기 → 역할 정하기 → 작업영역에서 분장 → 동화 역할극 진행 → 평가 → 자유선택 활동시간에 역할극 코너 마련

- 준비
  - 『무지개 물고기』 동화 인형극을 위한 준비물

• 풍경 관련 준비물 : 바닷속 배경을 표현할 큰 그림 등
• 인물 : 해설, 무지개 물고기, 물고기 1, 물고기 2, 불가사리, 문어 등

● 도입부

『무지개 물고기』 동화책을 읽고서 내용에 대해 이야기를 나눈다. 어떤 친구들이 나왔니? 물고기 친구들이 어디서 사니? 인형극을 시작해 보자 등으로 흥미를 유도하여 인형극할 것임을 정한다. 전개과정은 등장인물을 정하고 막대인형을 이용하여 인형극을 시작한다. 해설을 담당하는 선생님의 이야기에 따라 등장인물들이 나와서 이야기한다. 인형극을 하면서 느낀 점을 이야기하며 재미있었던 부분이나 어려웠던 부분을 이야기하고 마무리한다.

● 평가

1. 유아에 관한 대화 혹은 논의 시작과 문장 혹은 구두로 생각을 간단히 표현하고, 몇 가지 방법으로 대상 혹은 생각을 서술한다.
2. 배경지식 및 실제 정보를 쉽게 언어화하며, 많은 질문을 하도록 한다.
3. 책 읽기를 즐기며, 한 단계 앞선 어휘사용을 구사한다.

언어능력과 상관없이 대부분의 유아들은 이야기의 각 장면들을 탐험하고 등장인물과 소품으로 연극하기를 좋아한다. 어떤 유아들은 환상적인 요소에 이끌리는 반면 다른 유아들은 실생활과 관련된 주제를 주로 다룬다.

(5) 무지개 물고기 인형극 평가 요소

- 무지개 물고기 인형극 활동 중 기본적 언어수준
  - **이야기 :**
    무지개 물고기는 몸에 반짝이 비늘이 많은 물고기가 예쁜 것을 뽐내다가 친구를 잃고 나서야 자신의 잘못을 깨닫고 반짝이 비늘을 친구들에게 하나씩 나눠주어 모두가 행복해지는 이야기
  - **묘사 :**
    "무지개 물고기야, 제발 화내지 마, 난 그냥 작은 비늘 한 개만 갖고 싶을 뿐이야"
  - **범주화 또는 명명하기 :**
    "아주 조그만 비늘 딱 한 개뿐인데 뭐! 좋아 한 개쯤 없어도 괜찮을 거야"
- 인형극 짜임의 성격

1. 물고기는 유아들로 하여금 행동에 대한 묘사만을 한다. 유아는 사건, 물체 또는 인물에 대한 가장 일반적인 표현을 한다(예를 들어, 서로 간에 상관관계를 가진 이름이나 배역에 관심을 두지 않는다).

   "무지개 물고기야, 잠깐 기다려봐! 반짝이는 비늘 한 개만 줄래? 네 비늘은 정말 예쁘구나, 너는 굉장히 많이 가지고 있잖아"

2. 이야기의 동적 요소는 대부분 준비물 속에 나온다. 유아는 그들에게 이름과 배역을 부여한다. 인물들 간에 관계는 주어지지만 그 이상의 발견은 하지 않는다. 가끔 유아는 인물들의 생각과 동기를 삽입한다.

   꼬마 물고기는 좋아서 물거품을 보글보글 내뿜으며 반짝이는 비늘을 끼고 바닷속을 휘휘 돌아다녔습니다. 얼마 지나지 않아 다른 물고기들도 무지개 물고기 주변으로 모여들었습니다. 무지개 물고기는 비늘을 떼어 나눠주었습니다. 비늘을 하나씩 떼어 나눠주면 줄수록 더 즐거웠습니다.

3. 유아는 이야기 속에 문제를 꾸며낼 것이다. 이야기의 원동력을 제공하는 어떤 일이 발생한다(예를 들어, 좋은 인물과 나쁜 인물의 등장 또는 힘의 대립 등). 한 인물 또는 다수 인물들의 인식력, 감정적 또는 육체적 상태를 자세하게 포함시킨다.

"내가 가장 아끼는 건데 널 달라고? 네가 뭔데 그래? 저리 비켜!"

- 주제의 일관성
  1. 한 생각에서 다음 생각으로 이동이 불투명함 : 유아가 산만해짐
  2. 이야기 줄거리가 빈약함
  3. 이야기의 줄거리가 4개 이상의 문장으로 조리 있게 이어짐
- 대화법 사용
  1. 이야기의 전달과 해설을 위해 드물게 유아의 목소리를 변조시킴
  2. 이야기의 동적인 표현전달을 위해 때에 따라 목소리를 변조시킴
  3. 이야기에 필요한 해설, 묘사 그리고 더 많은 정보전달을 위하여 목소리를 변조시킴
- 시제표현의 사용
  1. 이야기 속에 간략한 접속어만 사용
  2. 가끔 좀 더 복합적인 접속어 사용
  3. 지속적으로 제2단계에 나와 있는 좀 더 복잡한 시제표현을 사용
- 표현력
  1. 효과음을 이야기 속에 조금 또는 전혀 쓰지 않는다. 이야기는 한 음정의 목소리로 진행되었다.
  2. 효과음을 가끔 내었을 때, 그리고 기타 표현을 도와주는 행동이나 동작을 하였다.
  3. 지속적으로 효과음을 사용하며, 현실감 있게 인물의 목소리를 표현, 풍부한 표현력을 사용하였다.
- 단어의 사용
  1. 1수준의 단어를 사용하거나 가끔 좀 더 정확한 표현력 있는 단어를 사용한다.
  2. 다양한 단어를 사용한다. 뛰어난 묘사력, 주위 환경을 나타내 주는 단어를 사용한다.

문장의 구조

1. 1수준의 문장을 구사하나 전치사구 그리고 중문을 사용한다.
2. 1수준과 2수준의 다양한 문장을 사용한다. 부사절, 관계절, 그리고 분사구를 사용한다.

• **부사절**

"나는 정말 예쁘잖아요, 그런데 왜 아무도 나를 좋아하지 않는 걸까요?"

• **관계절**

"그럼 넌 바다에서 제일 아름답진 못하겠지만 지금보다 훨씬 행복해질 거야"

• **분사구**

"아주 조그만 비늘 딱 한 개뿐인데 뭐! 좋아 한 개쯤 없어도 괜찮을 거야"

1차 활동 :『무지개 물고기』 동화 읽기

대상연령 만 3세

참여인원 5명

활동형태 언어지능

소요시간 15분

교육목표

- 다른 사람을 배려하는 마음을 가질 수 있다.
- 바른 자세로 앉아 바른 태도로 이야기를 들을 수 있다.

활동자료 『무지개 물고기』 동화책

유의사항 질문 시 폐쇄적 질문으로 흐르지 않도록 한다.

활동과정

1 . 다양한 의성어로 관심을 유도한 후 그림책을 제시한다.
   - '반짝반짝' 어디서 빛이 나는 걸까?
   - 도대체 이 책에서 무슨 일이 일어나고 있는 걸까?
2. 발산적 질문을 통하여 유아들의 사고를 확장시킨다.
   - 무지개 물고기가 비늘을 끝까지 나누어주지 않았다면 어떻게 되었을까?
   - 어떤 친구들이 이 책에서 나왔니?
3. 처음부터 끝까지 책장을 천천히 넘겨주며 유아들이 이야기를 다시 한번 회상할 수 있도록 한다.

2차 활동 : '인형극 배경과 등장인물' 제작

대상연령 만 3세

참여인원 5명

활동형태 미술지능

소요시간 40분

교육목표

- 다른 유아와 협동할 수 있는 능력을 기른다.
- 배경과 등장인물을 제작함으로써 동화내용을 쉽게 기억한다.

활동자료

- 『무지개 물고기』 동화책(마르쿠스 피스터/ 시공주니어)
- 배경 : 색상지, 색연필, 사인펜
- 등장인물 : 물고기 도안, 색연필, 사인펜, 가위, 빨대, 투명테이프

유의사항 손을 잡고 돌 때 너무 세게 돌거나, 갑자기 손을 놓아버려서 다치는 유아가 없도록 한다.

활동과정

- 도입

『무지개 물고기』 동화책 읽고서 내용에 대해 이야기를 나눈다.

"어떤 친구들이 나왔니?"

"물고기 친구들은 어디에 사니?"

"바닷속을 그려보고 물고기들을 색칠해 보자."

- 전개

1. 바닷속 배경을 그려본다.
2. 막대를 이용하여 등장인물을 만든다.
   - 물고기 도안을 색칠한다.

• 가위로 오린다.

• 물고기 뒷면에 투명테이프를 이용하여 빨대를 붙인다.

◉ 마무리

• 배경과 등장인물을 만들면서 느낀 점을 이야기한다.

• 활동하면서 재미있던 부분이나 어려웠던 부분을 이야기한다.

확장활동 바다가 아닌 물고기가 사는 곳을 알아본다.

관찰내용

T : 마지막으로 책장을 넘겨줄게요. 어떤 내용이 들어 있는지 한번 생각해 보세요.

평 가

1. 활동 목표와 활동계획에 맞는 수업이 이루어졌는가?

처음에는 앉아 있기 어려워하던 유아들이 이야기가 진행됨에 따라 점점 더 집중하는 모습을 보였다.

2. 유아들이 다양한 생각을 할 수 있는 질문과 시간을 충분히 주었는가?

갑자기 시작된 활동이기에 유아들의 생각을 묻고, 답하는 시간을 충분히 갖지 못한 것 같다.

3. 유아들의 돌발적인 활동제안에 적절하고 융통성 있게 진행되었는가?

이야기 도중 돌발적인 질문에 의해 흐름이 끊기기도 했다.

4. 모든 유아들이 골고루 활동할 수 있는 활동안을 계획했는가?

○○은 활동에 참여하지 않았다. 초기에 다른 행동을 하는 유아들이 계속해서 흥미를 가지도록 배려하지 못하였기에, 마지막까지 집중하지 못하는 모

습을 보이기도 했다

5. 활동을 통해 유아들은 무엇을 느끼고 가장 좋았다고 생각했는가?

유아들이 무지개 물고기가 비늘을 나누어주는 장면을 보고 친구에 대해 알아가는 시간이었다.

활동방법

동화책 듣기

질문을 통한 이야기 나누기

T : 선생님이 오늘 재미있는 책을 가지고 왔어요. 어떤 친구들이 나오는 책일까요?

C1 : 물고기요.

C2 : 물고기가 반짝거려요.

C3 : 별처럼 말야?

동화 등장인물 제작하기

T : 물고기 친구들을 색칠해 주세요.

C1 : 어떻게 칠해요?

C2 : 다 칠하고 뭐 할거에요?

3차 활동 : '무지개 물고기' 인형극

대상연령 만 3세

참여인원 5명

활동형태 언어지능

소요시간 30분

교육목표

- 다른 사람과 협동할 수 있는 능력을 기른다.
- 친구의 소중함을 안다.

활동자료

- 『무지개 물고기』 동화책(마르쿠스 피스터/시공주니어)
- 바닷속 배경
- 등장인물

유의사항 물고기를 너무 세게 흔들어 친구와 부딪치거나 찢어지는 일이 없도록 한다.

활동과정

- 도입

『무지개 물고기』 동화책 읽고서 내용에 대해 이야기를 나눈다.

"어떤 친구들이 나왔니?"

"물고기 친구들은 어디에 사니?"

"인형극을 시작해 보자."

- 전개

- 등장인물을 정한다.
- 막대인형을 이용하여 인형극을 시작한다.
- 해설을 담당하는 선생님의 이야기에 따라 등장인물들이 나와서 이야

기를 한다.

- 마무리
  - 인형극을 하면서 느낀 점을 이야기한다.
  - 활동을 하면서 재미있던 부분이나 어려웠던 부분을 이야기한다

확장활동 역할을 바꾸어서 인형극을 해 본다.

관찰내용

등장 인물 완성

배경판 완성평가

평 가

1. 활동 목표와 활동계획에 맞는 수업이 이루어졌는가?

배경판과 등장인물 만들기를 통해 그림에 대한 자신감, 즐거움 모두를 경험할 수 있는 수업이 되었다.

2. 유아들이 다양한 생각을 할 수 있는 질문과 시간을 충분히 주었는가?

유아 그림에 개입하면서 유아 주도적인 수업이기보다는 전체적으로 교사 주도의 수업이었다.

3. 유아들의 돌발적인 활동제안에 적절하고 융통성 있게 진행되었는가?

교사 주도였으나 유아의 제안을 비교적 적절히 수용하였다. 돌발상황은 나타나지 않았다.

4. 활동을 통해 유아들은 무엇을 느끼고 가장 좋았다고 생각했는가?

인형극 위한 등장인물과 배경판 만들기를 경험하면서 모두가 즐거워하고 쉽게 할 수 있는 활동이었다.

활동방법

인형극 진행 중

T : 지금부터 무지개 물고기 인형극을 준비하겠습니다.

C1 : (무지개 물고기역)

C2 : 비늘 하나만 줘.

C3 : 나도~

C4 : 문어 할머니 나왔다.

관찰내용

활동 중 갑작스러운 돌발 행동으로 인형극 배경을 장악하여 다른 친구들이 이야기를 이어갈 수 없게 만드는 유아

평 가

1. 활동 목표와 활동계획에 맞는 수업이 이루어졌는가?

인형극을 통해 이야기 전달력, 발표에 대한 자신감, 즐거움 모두를 경험할 수 있는 수업이 되었다.

2. 유아들이 다양한 생각을 할 수 있는 질문과 시간을 충분히 주었는가?
3. 유아들의 돌발적인 활동제안에 적절하고 융통성 있게 진행되었는가?

교사 주도였으나 유아의 제안을 비교적 적절히 수용하였다. 유아들이 ○○의 돌발 행동으로 인해 당황하였지만 모두가 무대에 나와 자연스럽게 이야기를 마무리하였다.

4. 활동을 통해 유아들은 무엇을 느끼고 가장 좋았다고 생각했는가?

인형극을 경험하면서 모두가 즐거워하고 쉽게 할 수 있는 활동이었다.

(6) 사전 · 사후 평가 비교 그래프

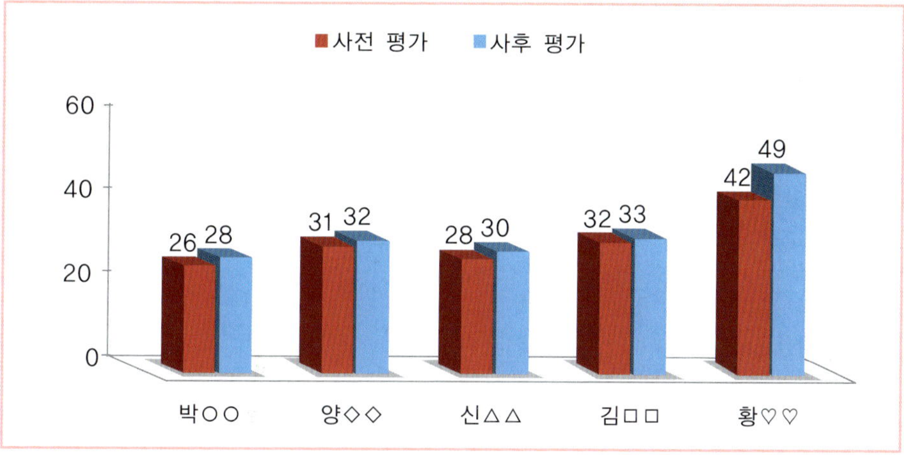

'무지개 물고기' 평가결과 분석

평가결과 분석

『무지개 물고기』 동화책으로 스펙트럼 프로젝트 활동을 하면서 유아들과의 역할극을 해 본 결과 실제생활에서 야기될 수 있는 갈등상황을 제시하여 유아로 하여금 자신의 감정을 조절하고 타인의 입장을 이해하며 배려해 줄 수 있도록 동기부여 함으로써, 조화로운 대인 관계를 형성할 수 있도록 긍정적인 영향을 주는 방법이었다.

3) '신문' 프로젝트

(1) 주제 선정 이유

유아기에는 언어발달이 활발히 이루어지며, 이 시기의 언어와 관련된 학습경험은 언어발달은 물론이고 다른 분야의 발달에도 많은 영향을 미친다. 이는 학습과 발달이 주로 타인과의 언어적 상호작용을 통해서 이루어지는데, 유아가 언어적 상호작용에 능동적으로 참여함으로써 언어 행위가 발달하고 언어능력이 증진되기 때문이다. 4~5세 때는 특히 어휘가 많이 발달하는 언어학습 능력의 결정적 시기이므로 유아의 어휘능력을 비롯한 언어능력 증진을 위한 많은 노력이 강조되어야 한다.

스펙트럼 프로젝트의 언어활동은 유치원 교육과정의 언어생활 영역과는 달리 듣기를 하나의 독립된 영역으로 보지 않고 듣고 설명하거나 보고하기, 듣고 이야기하기 활동 등으로 듣기 후의 후속활동으로 이루어진다. 즉, 언어활동이 단지 수용언어이기보다는 표현언어로써의 학습이 강조되고 있으며, 이야기하기 영역에서는 상상력과 독창성을 활용하도록 권장되고 있다.

(2) 활동 목적과 설명

Heath(1983)는 유아교육기관의 교육은 언어발달의 기본이 되고, 유아들은 수업시간 내내 교육과정 외에도 많은 말을 한다고 하였다. 대부분의 유아교육기관에서는 유아들의 언어능력 향상을 위해 다양한 기회를 제공한다. 그룹 활동을 통하여 유아들은 교실 내에 있는 준비물, 활동 등을 통해 다양하게 말할 수 있는 기회를 제공받는다. 또 언어영역, 역할영역 그리고 도서영역 등에서 유아들은 자신들의 언어능력을 향상시킬 수 있는 기회를 제공받는다. 따라서 언어영역에서의 활동을 경험함으로써 유아는 논리적인 주장과 질문을 할 수 있으며 새로운 단어를 학습하는 데 의의가 있다.

본 활동은 '신문이란', '신문에는 여러 가지가 있어요', '내가 만드는 신문', '기자가 되어보아요', '신문 만들기 2' 등으로 활동한다.

(3) 브레인스토밍

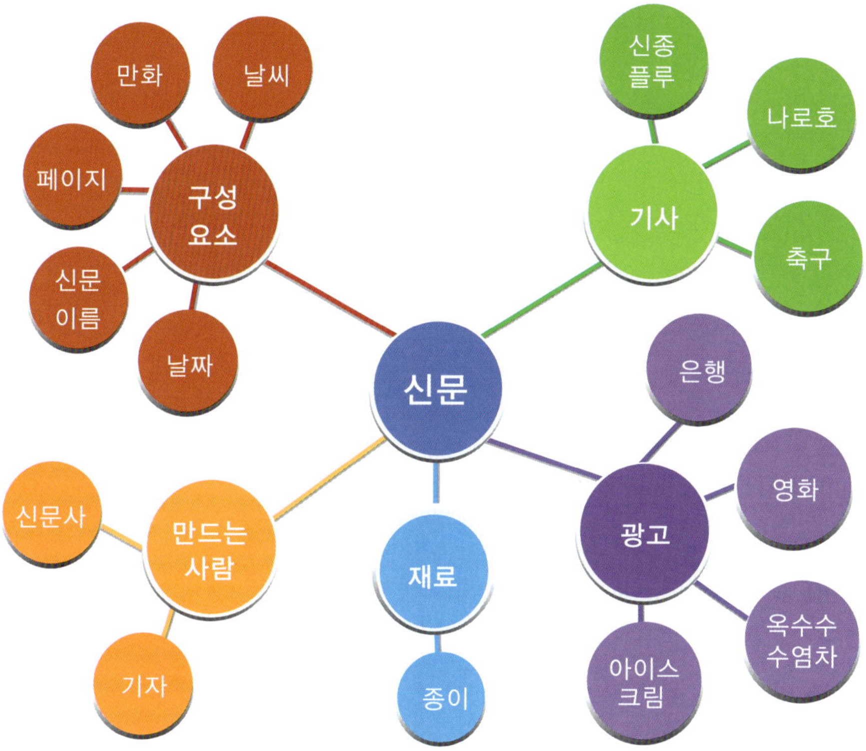

1차 활동 : 신문이란?

대상연령 만 4세

활동형태 언어

교육목표 신문에 대해 알고 있던 것들을 말과 글로 표현한다.

활동자료 브레인스토밍판, 포스트잇

유의사항

- 글씨를 잘못 쓰는 유아들은 그림을 이용해서 할 수 있도록 지도한다.
- 글을 교사가 써주거나 보고 쓸 수 있도록 한다.

활동과정

- 도입

신문에 대해 알고 있는 것을 이야기 나눈다.

- 신문하면 무엇이 생각나나요?
- 신문에는 어떤 것들이 쓰여 있을까요?
- 신문은 어떻게 만들까요?

- 전개

이야기 나눈 것을 포스트잇에 써서 브레인스토밍판에 붙여본다.

- 마무리

유목화를 한다.

- 같은 것끼리는 같이 묶어봐요.

이야기 나누기

1. 신문에 대해 유아들이 얼마나 알고 있는지 이야기를 나누어 보았다.

T : 신문하면 뭐가 생각나니?

C1 : 종이!

C2 : 신문 만드는 곳

2. 신문 만드는 곳을 신문사라고 부른다고 알려주었다.

T : 신문에는 어떤 내용이 써 있을까?

C1 : 옥수수수수염 차 봤어요.

C2 : 전 축구하는 것도 봤어요.

C3 : 나로호 나왔어요.

C4 : 신종플루도 봤어요.

3. 유아들과 자유롭게 이야기 나누어 본 후 포스트잇에 생각한 것을 써보기로 했다.

 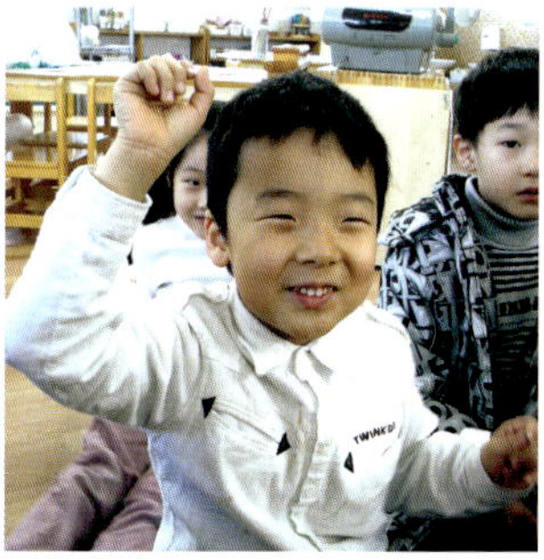

생각모으기

○○와 ◇◇은 언어능력이 뛰어난 유아들로 자신이 아는 것을 말로 표현하고 싶어하였다. 또한 쓰기 활동에서도 적극적인 모습을 보여 다른 유아들에게 좋은 모델링이 되었다.

C1 : 선생님 저는 광고 쓸래요.

C2 : 선생님 저는 기사 쓸래요, 신문사, 만화...

- 두 유아는 계속해서 쓰고 싶은 것들을 생각하고 종이에 썼다.
- 특히 ○○는 담임선생님이 반의 최고라 부를 만큼 똑똑하고 적극적인 유아였다.
- 유아들이 종이에 하나하나 적으면서 브레인스토밍 활동을 즐기고 더 하고 싶어하는 모습을 볼 수 있었다.

유목화

브레인스토밍판에 적혀 있는 것들에 대해 이야기를 나누어 보고 유목화 작업을 하였다.

T : 신문에는 어떤 것들이 써 있었지?

C1 : 광고

C2 : 기사

C3 : 만화!

T : 기사나 광고의 내용에는 어떤 것들이 있었니?

C1 : 옥수수수염 차!

C2 : 신종플루!

T : 신문은 누가 만든다고 했지?

C1 : 신문사

C2 : 기자

T : 그럼 신문은 뭘로 만들까?

C1 : 종이요.

사전비교

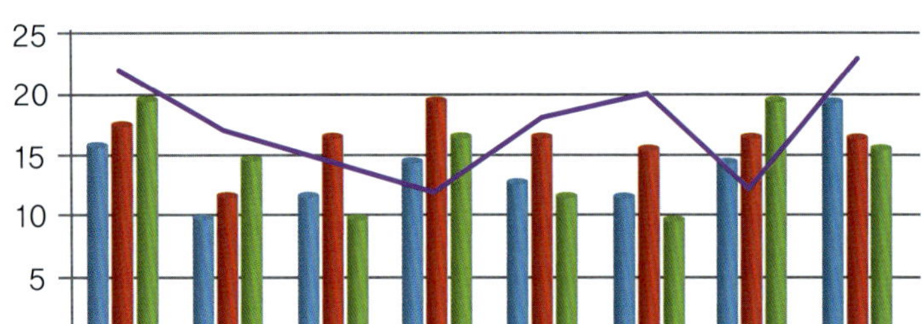

	A	B	C	D	E	F	G	H
■듣기	16	10	12	15	13	12	15	20
■읽기·쓰기	18	12	17	20	17	16	17	17
■말하기	20	15	10	17	12	10	20	16
—협동심	22	17	15	12	18	20	12	23

2차 활동 : 신문에는 여러 가지가 있어요

대상연령 만 4세

활동형태 이야기 나누기

교육목표 신문을 탐색해 본다.

활동자료 신문

유의사항

- 유아가 말을 충분히 할 수 있도록 기다려 준다.
- 다양한 신문을 탐색해 볼 수 있도록 한다.

활동과정

- 도입

저번 시간에 이야기 나누었던 것들에 대해 생각해 본다.

- 신문에 어떤 것이 써 있다고 했나요?
- 신문을 만드는 사람은 누구라고 했나요?
- 그 외에 신문에서 어떤 내용을 보았나요?

- 전개

신문지를 탐색한다.

- 어떤 것들이 쓰여 있나요?
- 기사는 어떤 순서로 쓰여 있나요?
- 어떤 내용의 기사들이 있나요?

- 마무리

신문지의 구성 요소에 대해 다시 한번 이야기를 나눈다.

- 신문에는 어떤 것들이 쓰여 있었죠?
- 기사는 어떤 순서로 쓰여 있었나요?

이야기 나누기

1. 신문을 탐색해 보았다.

T : 신문 맨 앞에는 어떤 것들이 써 있니?

C1 : 날짜

C2 : 신문이름이요

C3 : 광고!

T : 그래 그런 것들이 써 있구나. 우리 오늘 선생님이 가지고 온 신문을 보면서 저번에 우리가 이야기했던 것들이 다 있는지 살펴보자.

2. 유아들과 신문을 보면서 어떤 것들이 있는지 이야기를 나누었다. 그러다 다현이가 발견한 옥수수 수염차 광고를 보고 유아들이 관심을 갖자 신문에서 다른 광고를 찾아보기로 하였다. 유아들은 다양한 광고들을 찾아 어떤 광고인지 함께 이야기를 나누었다.

T : 여기에는 책 광고도 되어 있네. 이 책이 재미있다고 사람들에게 읽어보라고 써놨네.

C1 : 저는 백설공주가 재미있었어요.

C2 : 난 신데렐라!

T : 얘들아 기사들을 보니까 다 맨 끝에 ○○○기자라고 써 있네. 이건 뭘까?

C : 누가 썼는지 알려주는 거예요.

T : 그래 이 기사를 누가 썼는지 알려주기 위해서 여기 자기 이름을 쓰고 기자라고 쓰는 거야.

C : 선생님 여기 만화 있어요!

C : 날씨도 있어요.

3. 유아들이 광고 외의 것들엔 어떤 것이 있는지 찾아보기 시작했다.

T : 얘들아 여기에 숫자 써 있는건 뭘까?

C : 몰라요.

T : 너희들 책 보면 몇 페이지인지 써 있지? 그거랑 같은 거야. 여기 뭐라고 써 있니?

C : 8

T : 그래. 여기가 8페이지라고 써 있는거야.

3차 활동 : 내가 만드는 신문

대상연령 만 4세

활동형태 이야기 나누기

교육목표 신문의 구성 요소를 안다.

활동자료 신문

유의사항 유아가 말을 충분히 할 수 있도록 기다려 준다. 다양한 신문을 탐색해 볼 수 있도록 한다.

활동과정

- 도입

신문의 구성 요소에 대해 이야기 나눈다.

• 신문에는 어떤 내용들이 있나요?

• 신문은 어떤 것으로 이루어져 있나요?

- 전개

1. 신문의 구성 요소에 맞게 어린이집 신문을 만들자고 이야기한다.

• 은빛 어린이집 신문에는 어떤 것들을 넣을까요?

2. 신문지 틀을 만든다.

• 광고는 어디에 넣을까요?

• 어린이날 기사는 어디에 넣을까요?

• 어린이집 소개는 어떻게 넣을까요?

3. 역할분담을 한다.

• 광고를 만들고 싶은 사람 있나요?

• 어린이날 기사를 쓰고 싶은 사람 있나요?

• 어린이집 소개하고 싶은 사람 있나요?

- 마무리

기사를 어떻게 쓸지 정하도록 한다.

• 기사에 어떤 내용을 넣을까요?

신문의 구성 요소에 대해 이야기 나누기

신문에는 어떤 내용들이 있는지 이야기 나눈다.

T : 신문에는 어떤 내용들이 있나요?

C1 : 광고요.

C2 : 만화요.

C3 : 날씨도 알 수 있어요.

T : 또 다른 것 없나요?

C : 어떤 일이 일어났는지 알 수 있어요.

T : 어떤 걸 보면 알 수 있어요?

C1 : 사진이요.

C2 : 글이요.

T : 잘 알고 있네요. 우리 친구들에게 소식을 알려주는 글과 사진을 기사라고 해요.

C : 기사요?

T : 기사를 쓰는 사람은 기자라고 해요.

신문의 구성 요소에 대해 이야기 나눈 후
기사와 기자의 개념을 설명해 주었다

신문에서 구성 요소를 찾아본다

신문을 직접 보여준 후 광고, 만화와 날씨 등 유아들이 말한 것을 찾아본다.

T : 선생님도 지금 학교를 다니고 있잖아요. 선생님네 학교에도 신문이 있어요. 친구들이 말한 광고와 만화가 어디에, 어떻게 나와 있는지 찾아볼까요?

C : 네, 저기 날씨 있어요.

C : 여기는 만화가 없어요.

C : 광고도 있어요. 옥수수수염 차 광고

T : 잘 찾았네요. 광고는 어떻게 되어 있어요?

C : 그림으로 그려져 있어요.

C : 눈에 확 들어와요.

C : 엄청 크게 되어 있어요.

T : 잘 보았네요. 광고는 많은 사람들이 볼 수 있도록 눈에 확 들어오게 크고 독특하게 만든 것 같아요. 왜 눈에 들어오게 했을까?

C : 사람들이 많이 보고 많이 사 먹으라고요.

광고는 왜 크게 만들었는지 유아들과 다시 한번 생각해 보았다

신문을 어떻게 구성할지 이야기 나눈다

T : 선생님네 학교에도 신문이 있잖아, 너희도 어린이집 신문을 만들어 볼 거야, 어떤 내용이 들어가면 좋을까?

C : 우리 어린이집을 소개하고 싶어요.

C : 저요, 어린이날 서울대공원 갔는데 그거 넣고 싶어요.

C : 광고도 만들어 봐요.

T : 너희들이 말한 것을 모두 넣으면 되겠다, 마지막 페이지엔 어떤 것을 넣는 게 좋을까?

C : 느낀 점을 넣어요.

T : 그래, 그게 좋겠다 한번 만들어 보자.

신문지 틀을 정한다

어린이집 신문지 틀을 정한다.

T : 너희들이 신문에 광고랑 어린이집 소개랑 서울대공원 갔다온 내용과 느낀 점을 넣기로 정했잖아. 선생님이 신문지 틀을 가지고 왔어. 어디다가 넣을지 한번 정해 보자.

(첫 페이지를 펴며)

T : 여기에는 무엇을 넣을까?

C : 어린이집을 소개해요. 맨 앞이니까요.

(두 번째 페이지를 펴며)

T : 여기에는 무엇을 넣을까?

C : 어린이날 한 것을 넣어요.

(세 번째 페이지를 펴며)

T : 여기에는 무엇을 넣을까?

C : 광고를 넣어요.

(마지막 페이지를 펴며)

T : 여기에는 무엇을 넣을까?

C : 마지막이니까 느낀 점을 넣어요.

역할 분담하기

유아들이 어떤 기사를 쓸지 정한다.

T : 광고를 만들고 싶은 친구 있어요?

C : 저요.

T : 어떤 광고 만들고 싶어요?

C : 저는 제 팽이를 알려주고 싶어요.

T : 어린이날 기사 쓰고 싶은 친구 있어요?

C : (여러 명의 유아들이) 저요~

T : 너무 많은 기사를 넣기에는 좀 좁지요? 2개 기사만 써볼까요?

C : 아니요, 저도 하고 싶어요.

T : 그러면 녀희 모두 하면 4개인데 어떻게 다 넣을 수 있을까?

C : 이렇게 잘라요.

T : 그래, 그게 좋겠구나, 첫 페이지에 어린이집을 소개하고 싶은 친구 있어요?

4차 활동 : 기자가 되어 보아요

대상연령 만 4세

활동형태 이야기 나누기

교육목표 자신의 생각과 느낌을 창의적으로 표현한다.

활동자료 신문

유의사항 유아가 말을 충분히 할 수 있도록 기다려 준다. 다양한 신문을 탐색해 볼 수 있도록 한다.

활동과정

- 도입

신문의 구성 요소에 대해 이야기 나눈다.

- 신문에는 어떤 내용들이 있나요?
- 신문은 어떤 것으로 이루어져 있나요?

- 전개

1. 광고를 만든다.
   - 어떤 광고를 만들까요?
2. 어린이날 기사를 만든다.
   - 어린이날 무엇을 하였니?
   - 어린이날 했던 것을 친구들에게 알리고 싶은 것이 있니?
3. 어린이집 기사를 만든다.
   - 어린이집 기사에는 어떤 내용을 넣을까?

- 마무리

기사를 어디에 넣을지 이야기 나눈다.

- 기사에 어떤 내용을 넣을까요?

신문을 만들기 전 신문의 구성을 본다

어린이집 신문을 만들기 전 신문의 구성을 본다.

T : 선생님이 가져온 신문에서 광고를 한번 찾아볼까?

C : 저 찾았어요. 이거지요?

T : 음, 잘 찾았네. 이번에는 날씨가 어디에 있는지 찾아볼까?

C : 여기요, 내일 비와요.

T : 잘 찾았어. (페이지 수 숫자를 가르키며) 얘들아 이게 뭔지 아니?

C : 모르겠어요.

T : 신문도 책처럼 페이지 수가 적혀 있어.

C : 아, 선생님 여기 날짜도 있는데요?

T : 음, 신문 앞 페이지에 날짜가 적혀 있어.

C : 우리도 앞에 날짜 넣자.

신문 광고를 만든다

1. 동희가 만든 광고를 친구들에게 소개한다.

T : 동희가 팽이 광고를 만들었어, 쌩쌩 도는 팽이라는 이름을 붙였네.

C : 나도 팽이 있는데...

T : 동희의 팽이 본 적 있니?

C : 네~ 동이 팽이 멋있어요.

2. 어린이날 기사를 쓴다.

T : 어린이날 기사 어떤 걸 쓸 거니?

C : 저는 서울대공원에서 피에로 봤던 거 쓸 거에요.

T : 너는 어떤 내용을 넣을 거니?

C : 저는 서울대공원에서 상어를 봤어요, 그거 쓸 거예요.

T : 그래, 상어도 봤었구나.

T : 너는 어떤 내용을 넣을 거니?

C : 저는 서울대공원에서 놀이기구 탔어요, 그거 그림도 그릴 거예요.

T : 재미있었겠구나. 그림도 멋지게 그려서 친구들에게 보여주면 되겠구나.

신문을 만들면서 느낀 점 이야기하기

3. 어린이집 소개 기사를 쓴다

T : 얘들아 신문의 이름은 어떤 것으로 할까?

C : 은빛 어린이집 으로 해요.

T : 더 어린이집을 잘 표현하는 것으로 제목을 하면 어떨까?

C : 우리는 마음이 좋으니까 은빛 어린이집 마음으로 해요.

T : 그래, 그러면 신문의 제목은 은빛 어린이집 마음으로 하자.

T : 어떤 내용을 넣을까요?

C : 어린이집 그림을 그려요.

T : 그리고 어떤 내용을 넣을까요?

C : 어린이집에 오면 항상 사랑이 가득하니까, 사랑 가득한 어린이집이라고 써요.

5차 활동 : 신문 만들기 2

대상연령 만 4세

활동형태 이야기 나누기

교육목표 자신의 생각과 느낌을 창의적으로 표현한다.

활동자료 신문

유의사항 유아가 말을 충분히 할 수 있도록 기다려 준다. 다양한 신문을 탐색해 볼 수 있도록 한다.

활동과정

- 도입

유치원 신문 만든 것에 대해 이야기 나눈다.

  • 유치원 신문 만든 것 어때요?

- 전개

1. 광고를 친구들에게 소개한다.
   • 이 광고에 대해 친구들에게 이야기해 줄 수 있겠니?
2. 어린이날 기사에 대해 소개한다.
   • 이 어린이날 기사에 대해 친구들에게 이야기해 줄 수 있겠니?
3. 어린이집 기사에 대해 소개한다.
   • 어린이집 기사에 대해 친구들에게 이야기해 줄 수 있겠니?

- 마무리

친구들에게 유치원 신문을 소개한다.

• 친구들에게 유치원 신문을 소개해 줄 수 있겠니?

모든 유아들과 신문을 공유한다

1. 모든 유아들과 어린이집 신문을 공유한다.

T : 지금까지 반반씩 나눠서 수업을 했잖아요, 신문지 프로젝트를 했던 팀들이 만든 신문을 소개하려고 해요.

T : 신문지 프로젝트를 한 친구들 손 들어볼래요?

C : 저요~

T : 어린이집 부분을 친구들에게 소개해 줄 친구 있나요?

C : 저요~

2. 신문을 만들면서 느낀 점을 소개한다.

T : 신문 만들 때 힘든 점은 없었나요?

C : 없었어요.

T : 가장 재미있었던 점은 무엇인가요?

C : 광고 만드는 것이 재미있었어요.

C : 어린이집 소개가 재미있었어요.

3. 어린이집 소개 기사를 맡은 유아가 친구들에게 신문을 소개해 준다.

C : 신문 이름은 은빛 어린이집 마음이야.

T : 밑에 뿌리는 뭐에요?

C : 우리가 어린이집의 뿌리라는 거에요.

4. 친구들에게 어린이날 기사를 소개한다.

C : 어린이날 서울대공원 가서 상어 본 것을 썼어요.

C : 기자가 되어보아서 재미있었어요.

C : 이건 유정이가 쓴 기사에요.

(4) 체크리스트

언어지능 체크리스트

<table>
<tr><td colspan="2">관 찰 자</td><td colspan="3"></td><td colspan="2">날 짜</td><td colspan="2"></td></tr>
<tr><td colspan="2">관찰 유아</td><td></td><td>성 별</td><td></td><td>연 령</td><td colspan="3"></td></tr>
<tr><td colspan="2">5. 매우 그렇다 4. 대체로 그렇다 3. 보통이다
2. 별로 그렇지 않다 1. 전혀 그렇지 않다</td><td>5</td><td>4</td><td>3</td><td>2</td><td>1</td></tr>
<tr><td rowspan="5">듣기 영역</td><td>1. 주의 깊게 듣는다.</td><td>5</td><td>4</td><td>3</td><td>2</td><td>1</td></tr>
<tr><td>2. 기초적인 낱말과 문장을 듣고 이해한다.</td><td>5</td><td>4</td><td>3</td><td>2</td><td>1</td></tr>
<tr><td>3. 교사가 나타내는 신호나 지시에 따른다.</td><td>5</td><td>4</td><td>3</td><td>2</td><td>1</td></tr>
<tr><td>4. 다른 사람의 말을 듣고 그대로 전달할 수 있다.</td><td>5</td><td>4</td><td>3</td><td>2</td><td>1</td></tr>
<tr><td>5. 바른 태도로 듣는다.</td><td>5</td><td>4</td><td>3</td><td>2</td><td>1</td></tr>
<tr><td colspan="2">영역별 총점</td><td colspan="5"></td></tr>
<tr><td rowspan="5">읽기·쓰기 영역</td><td>1. 자기 이름과 간단한 글자 정도는 쓸 수 있다.</td><td>5</td><td>4</td><td>3</td><td>2</td><td>1</td></tr>
<tr><td>2. 자신의 생각이나 느낌을 글로 표현하려고 노력한다.</td><td>5</td><td>4</td><td>3</td><td>2</td><td>1</td></tr>
<tr><td>3. 책 읽는 것을 좋아한다.</td><td>5</td><td>4</td><td>3</td><td>2</td><td>1</td></tr>
<tr><td>4. 책의 내용을 잘 이해한다.</td><td>5</td><td>4</td><td>3</td><td>2</td><td>1</td></tr>
<tr><td>5. 나이에 비해 발달상 더 나은 철자법을 구사한다.</td><td>5</td><td>4</td><td>3</td><td>2</td><td>1</td></tr>
<tr><td colspan="2">영역별 총점</td><td colspan="5"></td></tr>
<tr><td rowspan="5">말하기 영역</td><td>1. 바르게 발음하여 말한다.</td><td>5</td><td>4</td><td>3</td><td>2</td><td>1</td></tr>
<tr><td>2. 완벽한 문장으로 말한다.</td><td>5</td><td>4</td><td>3</td><td>2</td><td>1</td></tr>
<tr><td>3. 다른 사람과 의사소통을 잘 한다.</td><td>5</td><td>4</td><td>3</td><td>2</td><td>1</td></tr>
<tr><td>4. 경험, 생각, 느낌을 잘 이야기한다.</td><td>5</td><td>4</td><td>3</td><td>2</td><td>1</td></tr>
<tr><td>5. 바른 태도로 말한다.</td><td>5</td><td>4</td><td>3</td><td>2</td><td>1</td></tr>
<tr><td colspan="2">영역별 총점</td><td colspan="5"></td></tr>
<tr><td colspan="2">총 점</td><td colspan="5"></td></tr>
</table>

(5) '신문' 프로젝트 사전 · 사후 평가비교

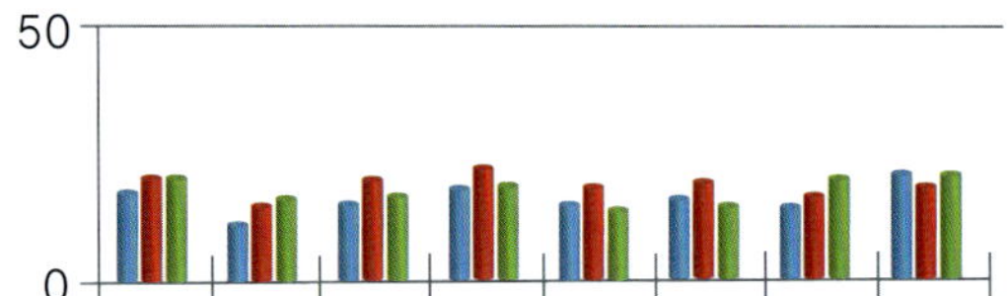

	A	B	C	D	E	F	G	H
듣기	18	11	14	17	14	13	13	18
읽기 · 쓰기	20	15	20	22	17	17	15	15
말하기	21	16	15	18	13	13	17	17

(6) '신문' 만들기 프로젝트 평가분석

스펙트럼 프로젝트의 평가는 상대적으로 구조적이고, 목표 지향적인 과제부터 덜 구조적이고 관찰 가능한 평가에 이르기까지 매우 다양하다. 이러한 평가는 교재교구, 게임, 퍼즐 및 학습 영역에 참여하는 다양한 교실환경의 일부에서 이루어진다. 학습영역에서 유아들은 자기 주도적으로 탐색을 하고 추후활동으로까지 연계되므로 본 '신문' 프로젝트 활동을 통해서 유아들은 신문이 만들어지기까지의 과정을 이해하고, 직접 만들어 보면서 협동의 중요성을 알았다. 그러면서 토론하고, 의견을 제시하고, 기록하고, 자료를 탐색하는 과정에서 언어능력의 말하기, 듣기, 쓰기, 읽기가 향상되는 것을 볼 수 있다. 또한 이야기 꾸미기 활동 후, 유아들은 미술 영역에서 자신의 이야기판을 만들어 보도록 요구받을 수 있다. 스펙트럼 프로젝트의 교육과정과 평가활동은 일년 동안 수행되며 평가와 수행 기록은 점수검사지와 관찰 체크리스트에서 포트폴리오, 테이프 녹음, 녹화에 이르기까지 다양하다.

스펙트럼 프로젝트를 활동하는 동안 작업양식을 체크한다. 작업양식 체크리스트는 유아가 검사를 통하여 자료와 과업에 접근하는 방법을 도우며 교사는 활동을 마친 각 유아를 대상으로 체크리스트를 작성한다. 작업양식 참여도와 적응력, 흥미도, 집중력 등의 내용을 포함한다.

수 영역

4장

01. 수 영역의 개요

인간은 일상생활을 효율적으로 영위할 수 있도록 수학의 가치를 이해하고, 문제해결을 위한 방법으로 수학을 사용할 수 있는 '수학적 소양과 힘'을 가져야 한다. 특히 수학적 지식을 활용하여 문제 해결하기, 수학 개념들과 다른 학문영역 연계하기, 추론하고 증명하기, 수학적 아이디어를 다른 사람과 의사소통 하기 등의 경험은 현대사회에서 필요로 하는 '수학적 능력'이다. 이에 수학적 능력의 기초를 형성하는 유아기에 구체적인 수학경험이 추상적인 수학적 사고로 연결될 수 있도록 일상생활의 문제해결을 통한 수학경험을 충분히 제공해야 한다(NCTM. 2000). 따라서 유아가 일상에서 경험하는 비형식적인 수학적 경험은 이후 풍부한 수학적 이해와 소양을 발달시키는 데 유용하며, 상당한 가치 있다.

유아에게 수학적 경험을 보다 의미 있게 제공하기 위해서 수의 산술적 계산능력 기초 형성, 연습과 훈련을 강조하여 추상적인 기능을 강조한 전통적인 수학 교수 방법보다는 유아의 놀이상황을 관찰하여 현재의 경험으로부터 수학적 의미를 구성하는 것이 바람직하다.

유아를 위한 수학적 경험은 다음과 같은 상황에서 발생할 수 있으므로 이를 이용한 수학활동을 제공할 수 있다. 첫째, 놀이상황에서 수학적 경험이 발생한다. 유아는 놀이과정에서 수를 읽거나 쓰는 경험을 한다. 숫자의 내용이 추상적인 수학내용이라 할지라도 놀이상황에서는 정확히 써야 한다는 인식이 적기 때문에 부담 없이 수 경험을 즐길 수 있다. 즉, 남의 강요나 억압이 아닌 유아 스스로의 도전과 즐거움으로 수학적 경험이 시작된다. 둘째, 문제해결의 상황에서 수학적 경험이 발생한다. 유아들은 하루 일과 중 다양한 문제해결 상황에 직면하게 되는데, 유아가 친구들과 블록놀이를 하면서 공평하게 나누어 갖는 경험은 자연스럽게 문제를 해결하는 수학적 경험이 된다. 셋째, 유아 스스로 학습하기를 원하는 상황에서 수학적 경험이 발생한다. 유아들은 누군가가 특별히 시킨 일이 아닌데도 손과 발을 모두 동원하여 수 세기와 연산을 하기도 하고, 계단을 오르면서 수 세기와 몇 계단이 남았는지를 알아보는 스스로 학습하기 상황을 경험한다. 넷째, 자신의 능력발휘를 위한 상황에서 수학적 경험이 발생한다. 유아들은 자신이 누구보다 팔뚝이 굵은지, 힘이 센지를 증명해 보고 싶어한다. 나는 누구보다는 키가 크고, 눈도 크다고 알아보고, 비교해 본다. 가족의 수를 비교하면서 남보다 우월함을 보여주기 위해 물고기 수와 기르는 동물의 수까지 포함하는 능력은 우월성을 과시하기 위한 수학적 경험을 한다.

그렇다면 유아기 수학능력 평가는 어떤 방법으로 하는 것이 바람직한가? 한 사회에서는 생산적이고 가치롭게 여겨지는 많은 능력들이 있는데, 이는 획일화되고 탈 맥락화된 환경에서 발전될 수 없다. 예를 들어, 어떤 유아가 5+3, 5−3과 같은 수식풀이를 능숙하게 할 수 없을지라도, "사과 5개가 있어, 동생이 3개를 가져갔어, 그럼 너는 몇 개를 먹을 수 있지?"와 같이 일상생활과 친숙한 맥락에서의 셈하기는 능숙하게 잘하는 유아들이 있다. 스펙트럼 프로젝트에서의 수 평가는 우리 사회에서 의미 있고 보상을 주는 성인 역할에 대한 성취와 관련된 능력에 중점을 둔다. 즉, 회계사, 장부기입자, 컴퓨터 프로그래머, 수학자들을 포함한다. 이러한 영역에 관련된 기술은 지름길 찾기, 계산력, 문제해결력, 논리에 맞는 진술, 수 사이의 관계 알기, 빠른 이해, 일반화, 창조, 기호 사용하기 등을 이야기한다. 어떤 4세 유아는 정확하고 적절한 정보를 이끌어냄으로써 계산할 수 있다. 또한 어떤 유아들은 대칭과 형태에 주목하는 것처럼 수학에 대한 미적 민감성을 보인다. 이때 교사들은 수와 관련된 유아의 수행을 관찰하여 기록해야 한다.

스펙트럼 프로젝트에서의 수 평가는 교실상황의 수학활동에 대한 개인차 범위를 파악한다. 그리고 유아에게 친숙한 교실상황이 아닌 처음 본 사람과 단독으로 만나 시행될 수 있으며 수 영역일지라도 많은 언어적 요소를 검사할 수 있다. 또한 구체적인 사물없이 가정적인 상황에서 수 영역의 평가를 받을 수 있다.

본 장에서는 유아의 수학능력을 평가하기 위해 프로젝트 활동과 '윷놀이'와 '칙칙폭폭 기차놀이' 활동을 제시하였다. 실제로 이 활동을 유아에게 적용하여 유아의 수학능력을 평가하기 위해 유아 상호작용의 질적 분석, 체크리스트와 같은 양적 분석방법을 함께 수록하여 보다 정확한 평가를 하려고 노력하였다.

02. 수 활동을 통한 개념화

유아가 수에 대해 생각하는 다양한 방법을 끌어내기 위하여 우리는 프로젝트 활동을 진행하는 과정에서 수 활동을 개발했다. 이러한 게임을 개발하는 데 있어서, 우리는 교실에서 유아를 관찰하는 것만 아니라, 위에서 언급한 유아의 수학적 기술에 대한 연구도 시도하였다. 특별히 수 영역에 강점을 가진 유아는 수에 있어 특별한 기쁨을 느끼고 수에 대한 어떠한 언급에도 민감하다. 유아에게 유치원에 얼마나 많은 유아들이 다니고 있느냐고 질문하면 이런 식으로 계산한다. "글쎄요. 만약에 24명의 유아들이 있는데, 두 명이 결석했다면 간단하네요. 22명의 친구들이 오늘 함께 하네요." 유아는 수로 생각하는 것을 즐거워한다. 자발적으로 암기하거나 혹은 수 카드 게임을 20분간 하면서 시간을 보낸다. 이길 수 있는 전략을 알아내기 위한 기회를 주는 게임은 유아들의 호기심을 불러일으킬 수 있다.

수 영역의 개념을 구체적으로 살펴보면 다음과 같이 분류할 수 있다.

- **공간 개념 갖기** : 유아는 물체가 얼마나 가까이 혹은 멀리 있는지, 정보의 활용을 위해 다양한 방법으로 조작할 수 있다. 공간관계에 대한 이해는 유아들이 자신의 몸을 직접 움직여보고, 사물을 구체적으로 조작함으로써 발달된다.

- 정보수집 및 조작하기 : 유아는 일상생활 속에서 정보를 수집하고, 정보의 활용을 위해 다양한 방법으로 조작할 수 있다. 정보 수집 및 조작은 유아의 수준에 맞춰 단계적으로 진행할 수 있도록 실물에서부터 상징으로 진행시켜 간다.
- 분류하기 : 유아는 사물의 공통된 속성을 알아내고 이해에 따라 사물 모으기 활동을 할 수 있다. 이러한 분류능력은 관계 개념에 기초를 두고 있으며, 유아는 사물의 공통점과 차이점을 인식한 후 일을 범주화할 수 있을 때 발달한다. 3세경의 유아들은 사물의 같고 다름을 살펴보고 유사한 것을 가려내기 시작하며 4~5세가 되면 관계성에 기초한 진정한 의미의 분류활동을 할 수 있다.
- 서열하기 : 유아는 사물 특성의 차이를 인식하고, 그 차이에 따라 순서대로 배열할 수 있다. 유아는 두 가지 물체를 사용하여 길이, 크기, 무게, 색, 소리와 같은 속성을 비교하는 초기의 서열하기를 시작으로 점차적으로 대·중·소 세 가지의 물체를 사용하는 서열하기로 발달이 이루어진다.
- 수리적 책략 사용하기 : 유아는 크게 소리 내어 세기를 포함하는 초기 셈하기 책략으로 시작하여 점차적으로 세련된 셈하기 책략을 사용한다.
- 패턴 만들기 : 유아는 일상생활 속에서 일정한 규칙을 가지고 반복되는 다양한 패턴을 만들 수 있다. 패턴활동은 유아가 발달함에 따라 구체물을 이용하여 더 복잡한 패턴을 만들게 되고, 상징적으로 관련지어 더 높은 수준의 수나 언어 체제의 패턴을 구성하게 된다.

03. 수 영역평가의 실제

1) '5대양 6대주' 프로젝트

(1) 주제 선정 이유

세계는 우리나라뿐만 아니라 다른 나라와 민족이 각자 고유한 문화를 가지고 생활하고 있으며, 정보통신 매체와 교통의 발달로 우리는 국경 없는 경쟁사회에

직면하게 되었다. 유아들에게 자신과 우리나라에 대한 자긍심, 공동체 의식과 지구촌 사회에서 살아갈 수 있는 세계 시민적 자질을 길러주는 것이 필수적이다. 따라서 유아가 우리나라와 문화에 대한 정체성을 가지고, 이를 기초로 세계 여러 나라 사람과 문화를 이해하고 존중할 줄 아는 인간으로 성장하도록 돕기 위해 이 생활 주제를 선정하였다.

(2) 주요 학습 개념

수학적 개념인 부분과 전체, 대소비교, 순서 짓기의 수 개념을 이해하는 데 목표를 두었다.

1차 활동 : 우리가 좋아하는 나라

교육목표

- 그래프의 결과를 비교하며 선호도에 따른 대소비교와 순서 짓기의 수학적 개념을 이해한다.
- 세계 여러 나라의 특징을 이해한다.

활동자료 활동판(유아의 나라 선호도 그래프 판)

활동과정

- 도입

1. 여러 나라의 국기와 그 나라의 특징에 대해 이야기한다.

T : 우리가 살고 있는 지구촌 세계에는 어떤 나라들이 있을까?
어떤 나라를 여행해 보고 싶니? 그 이유는 무엇이니?

T : (유아가 다양한 나라들을 대답한 후) 그 나라를 여행해 본 적이 있니?
그 나라는 어떤 나라일까? 국기는 어떻게 생겼을까?
그 나라의 사람들은 어떤 모습일까?
그 나라는 어떤 음식을 먹을까?
그 나라는 또 어떤 특징을 가지고 있을까?

우리나라와 얼마나 떨어져 있을까?

2. 위(도입1)에서 언급되지 않은 교사가 준비한 또 다른 나라들을 소개한다.

T : (국기 그림을 제시하며) 이 나라는 어떤 나라일까?

이 국기를 본 적이 있니?

어떤 나라의 국기와 비슷하니?

이 나라의 특징은 뭘까?

- 전개

1. 유아 자신이 좋아하는 여러 나라(세 가지 이상)를 이야기해 본다.

T : 우리가 이야기한 다양한 나라들 중에서 좋아하는 (혹은) 여행해 보고 싶은 나라는 어디니?

세 가지씩 이야기해 보자. 그 이유는 무엇이니?

T : 우리가 이야기한 나라 중에 어떤 나라가 가장 많이 나온 것 같니?

그 다음으로 많이 나온 나라는 어떤 나라였지?

T : 그 나라가 어떤 특징을 가지고 있었지?

2. 유아들이 가장 선호하는 그래프로 나타낸다.

T : 그럼 이 중에서(위에서 언급된 나라 중에서) 가장 좋아하는 나라는 어떤 나라니?

그 이유는 무엇이니?

T : (활동판을 제시하며) 가장 좋아하는 나라의 국기 칸에 표시해 보겠니?

※ 활동판에 제시되어 있는 국기는 전개 1에서 언급된 유아들이 대체적으로 선호하는 나라들로 구성되어 있다.

3. 그래프를 보며 유아가 선호하는 나라를 비교해 본다.

T : 이 중에서 어떤 나라가 가장 많이 선택되었니? 이 나라는 몇 명이 선택했니?

※ 교사는 활동판에 손으로 하나씩 짚어가며 활동판에 체크된 수를 세어준다.

T : 두 번째(세 번째)로 많이 선택 된 나라는 어느 나라니? 이 나라는 몇 명이 선택했니?

T : 내가 가장 좋아하는 나라는 여기서 몇 번째이니?

- 마무리

1. 유아가 가장 선호하는 세 가지 나라의 특징에 대해 다시 정리한다.

T : 첫 번째(두 번째, 세 번째)로 많이 선택 된 나라의 특징은 무엇이니?

T : 이 나라의 주변 나라들은 어떤 나라들이 있을까?

2. 그래프의 특징에 대해 이야기해 보고, 다음 활동을 준비한다.

T : 우리가 가장 좋아하는 나라를 말로 해 보았을 때와 다르게 그래프로 만들어 보니 어땠니?

T : 내가 가장 좋아하는 나라와 우리가 가장 좋아하는 나라가 다를 수 있구나!

2차 활동 : 대륙별 나라들을 알아보아요

주요 학습 개념

세계지도의 대륙에서 전체와 부분, 분류, 공간 개념을 이해한다.

교육목표

- 대륙별로 나라들을 나누어 보면서 수학적 개념(분류)을 이해한다.
- 5대양 6대륙의 특징과 위치를 알아보면서 공간적 개념(근접성, 분리)을 이해한다.
- 대륙별 주요 나라들의 국기와 특징을 안다.
- 그룹별로 대륙을 나누어 활동하여 하나의 지도를 완성하면서 서로를 배려하고 타협하는 기회를 갖는다.

활동자료 5대양 6대주 퀴즈활동지, 6대양 6대주 활동판, 전지에 그려진 지도 판, 다양한 나라의 국기, 풀, 가위, 색연필

활동과정

도입

1. 활동지를 가지고 5대양 6대륙의 위치와 이름을 퀴즈를 통해 맞춰본다.
   - 우리 지구는 땅과 바다가 어떻게 나누어져 있나요?
   - 지금부터 선생님이 5대양 6대륙에 대한 퀴즈를 낼 건데요.
   - 지도(활동지)를 잘 보고 선생님이 말하는 5대양과 6대륙이 어디에 위치하는지 생각해 보자.
   - 이곳은 세계에서 인구가 가장 많고 면적이 가장 큰 대륙이예요.
   - 그리고 '동양' 이라고도 불리고 중국, 인도 또 우리나라도 있어요.
   - 이곳은 지구 북쪽에 있는 바다이고, 얼음으로 덮여 있기도 해요.
2. 지도가 완성된 후, 다시 한번 5대양과 6대륙을 정리해서 이야기해 본다.
   - (활동판의 유럽 대륙을 가리키며) 이 대륙은 어떤 대륙이었나요?
   - 이 대륙의 특징이 무엇인지 기억하나요?
   - 이 바다는 "조용하고 평안하다"라는 의미를 지닌 태평양이었어요.
   - 그럼 우리나라를 둘러싸고 있는 바다이기도 하지요.
3. 각 대륙의 주요 나라를 소개하고 특징에 대해 이야기해 본다.
   - (다양한 나라의 국기를 제시하며) 이 국기는 어떤 나라일까?
   - 그럼 이 나라는 어떤 특징이 있을까요?
   - 일본은 우리나라에서 가장 가까운 나라예요.
   - 독도가 자기네 땅이라고 우기기도 해요.
   - 또 음식으로는 초밥이 유명하기도 해요.

   ※ 유아에게 먼저 각 나라의 특징에 대해 이야기해 볼 수 있는 기회를 주는 것이 중요하다.

   - (준비된 국기를 모두 소개한 후) 또 더 알아보고 싶은 나라가 있니?

전개

1. (전지에 그려진 지도를 제시하며) 활동을 소개한다.
   - 선생님이 큰 지도를 그려왔어요.

- 여기에 여러 나라들의 국기를 붙여서 지도를 완성해 볼 거예요.
- 먼저 어느 나라가 어느 대륙에 있는지 위치는 어디쯤 되는지 이야기해 보자.

2. 다양한 나라의 국기들이 어느 대륙에 포함되는지 이야기해 본다.
   - 이 나라는 어느 대륙에 포함될까요?
   - (유아가 모르는 것 같을 때) 중국은 우리나라와 같은 동양인이기도 해요.
   - 그럼 중국이 아시아에서는 어디에 위치해 있을까? 지도를 한번 짚어보겠니?

   ※ 이야기를 진행하면서 유아가 여러나라의 국기를 해당하는 대륙에 분류하고 위치에 따라 지도에 그 나라의 이름을 써 볼 수 있는 기회를 준다.
3. 두 명씩 나누어 완성할 대륙을 정하고, 국기를 붙여 함께 지도를 완성한다.
   - (두 명씩 그룹을 나눈 후) 아시아를 완성해 주고 싶은 팀이 있니?

   ※ 교사는 유아들이 역할을 서로 타협하여 정할 수 있도록 격려한다.
   - (완성할 대륙을 정한 후) 그럼 이제 각자의 대륙을 완성해 보자.

● 마무리

1. 완성된 지도를 보며 다시 한번 각 대륙의 주요 나라들에 대해 이야기해 본다.
   - 서로 다른 대륙을 멋지게 완성해 주어 하나의 지도가 완성되었구나.
   - 대륙마다 어떤 나라가 있었는지 함께 읽어보자.

   ※ 교사는 대륙별로 붙어 있는 국기들을 짚어가며 하나씩 소리 내어 유아와 함께 읽는다.
2. 활동 소감에 대해 이야기하고 다음 활동을 소개한다.
   - 오늘 대륙별로 세계 여러 나라 지도를 완성해 보았는 데 어땠나요?
   - 다음 활동은 우리가 완성한 지도를 가지고 각자 여행해 보고 싶은 나라와 우리나라의 거리를 재어볼 거예요. 그리고 각자 재어 본 나라들을 비교해 보는 활동을 할 거예요.

3차 활동 : 우리나라에서 얼마나 멀까?

주요 학습 개념

유아가 직접 도구를 설정하고 방법적인 전략을 생각해 거리(길이)를 측정하고, 수 세기와 다른 나라 간의 거리비교(대소비교), 거리 순에 따른 순서 짓기의 개념을 이해시키는 데 목표를 두었다.

교육목표

- 유아가 직접 도구설정과 방법전략을 세워 측정(길이)의 수학적 개념을 이해한다.
- 거리측정에서 이루어지는 수 기초 개념의 수 세기를 경험한다.
- 서로의 측정거리를 비교해 보고, 예상거리-측정거리를 비교해 보면서 대소비교와 순서 짓기의 수학적 개념을 이해한다. 활동자료 전지에 그려진 지도, 유아가 선택한 측정 도구, (결과를 비교할) 활동표

활동과정

- 도입

1. 저번 시간의 활동을 회상하며 대륙별 여러 나라들에 대해 이야기해 본다.
   - 저번 시간에 우리가 어떤 활동을 했었니?
   - 대륙별로 세계 여러 나라들을 나누어 보는 활동을 했어요.
   - 아시아에는 어떤 나라들이 있었지?
   - 지도에서 대서양은 어디에 있는 곳인지 짚어볼까?
2. 활동을 소개하고 거리를 측정할 도구와 방법을 정한다.
   - 오늘은 우리나라에서 여러분이 여행하고 싶은 나라의 거리는 얼마나 되는지, 그리고 다른 나라와 비교해서 거리가 얼마나 차이 날지를 비교해 볼 거예요.
   - 우리나라에서 여행해 보고 싶은 나라의 거리를 무엇으로 재어볼 수 있을까?
   - 무엇으로 재어보면 우리나라에서 가까운 나라와 먼 나라의 비교가 잘

될 것 같나요?

• (측정 도구가 정해지고 난 후) 그럼 어떻게 재어볼까?

◦ 전개

1. 유아의 선호도에 따라 거리 측정할 나라들을 정한다.
   • 우리나라와 거리가 얼마나 될지 알아보고 싶은 나라는 어떤 나라인가요?
   • 그 나라는 어느 대륙에 있나요?
   • 지도에 그 나라가 어디인지 짚어 보겠니?
2. 활동 이전에 먼저 거리를 예상해 본다.
   • 우리나라에서 ○○나라까지 이 도구가 몇 개나 필요할 것 같나요?
   • 왜 그만큼 필요할 것 같다고 생각했나요?
3. 우리나라에서 각자 자신이 여행하고 싶은 나라까지 측정해 본다.
   • 이제 자신이 여행하고 싶은 나라까지 도구를 이용해서 거리를 측정해 보자.

   ※ 교사는 유아가 도움을 청할 경우를 제외하고 활동 시 방해되지 않도록 한다.

   • ○○나라까지는 도구가 몇 개 사용되었니?
4. 측정된 여러 나라들을 표로 만들어 본다.
   • (활동지에 그려진 표를 제시하며) ○○나라는 도구 몇 개가 사용되었니?
   • 그럼 표에 어디쯤으로 표시하면 좋을까?
   • (표 완성 후) 우리나라와 가장 가까운 나라는 어디일까?
   • 가장 거리가 먼 나라는 어디일까?
   • 거리가 먼 순서대로 배열하면 어떻게 되니?
   • ○○나라는 ㅁㅁ나라보다 얼마나 거리가 멀까?
   • 두 나라를 측정해 보았던 도구가 몇 개나 차이나나니?
   • 실제로도 이만큼 차이 날까?

   ※ 교사는 측정된 결과물을 비교할 때, 손으로 하나씩 짚으면서 소리 내어 유아들과 함께 측정거리를 세어보고 비교해 본다.

● 마무리

1. 예상했던 거리와 측정거리를 비교한다.
   - 생각했던 거리와 측정해 보았던 거리가 얼마나 차이가 났니?
   - 왜 이만큼이 차이가 났을까?
2. 활동 소감을 이야기해 보고 주제(지구촌)와 관련하여 마무리한다.
   - (결과물을 보여주며) 우리가 사는 지구는 6개의 대륙으로 나뉘어 있고 우리나라와 거리가 먼 나라도 있지만 모든 나라가 이렇게 연결될 수 있어요.
   - 지금까지 자신이 여행하고 싶은 나라의 거리를 재어보고 비교해 보았는데, 활동을 해 보니 어땠니?
   - 어떤 도구를 가지고 거리를 재어볼 수 있을까?
   - 어떤 곳으로 여행해 보고 싶니?

4차 활동 : 세계 6대주로 떠나는 여행

주요 학습 개념

유아들이 직접 게임판을 구성할 때, 각기 다른 거리(길이측정)를 10등분으로 나누어 보면서 나누기의 개념을 경험한다. 게임의 규칙에 따라 전진과 후진, 쉼을 경험하고 지도를 직접 게임판으로 만들어 보면서 공간 개념(근접성, 분리)과 부분과 전체의 분류 개념도 경험하도록 하는 데 있다.

교육목표

- 지도를 직접 게임판으로 만들어 보면서 공간적 거리의 수학적 개념을 이해한다.
- 세계지도를 게임판으로 활용함으로써 대륙별 나라와 세계의 부분과 전체 개념을 이해한다.
- 자신의 여행지와 우리나라의 거리를 10부분으로 나누어서 수의 기초 개념(나누기)을 경험해 본다.

• 여러 나라의 국기(카드)들을 분류해 보면서 각 대륙에 관심을 갖는다.

활동자료 전지에 그려진 지도, 연필, 색연필, 스티커, (색깔이 표시되고 구분되어 있는) 대륙별 카드

활동과정

- 도입

1. 저번 시간의 활동을 회상하며 우리나라와 여러 나라의 거리에 대해 이야기해 본다.
   - 저번 시간에 우리가 어떤 활동을 했었니?
   - 우리가 알아봤던 나라들 중에 어떤 나라가 가장 멀었니?
   - 우리나라와 가장 가까웠던 나라가 어느 나라였지?
2. 활동을 소개하고 게임방법을 이야기한다.
   - 오늘은 어떤 활동을 한다고 했는지 기억나니?
   - 너희들이 여행해 보고 싶은 나라로 여행해 보는 게임 활동을 해 볼 거라고 했었지요?
   - 이 게임은 자신이 여행하고 싶은 나라에 먼저 도착하는 사람이 이기는 거예요.

<게임방법>

1. (각 대륙에 한 명씩) 자신이 여행하고 싶은 나라를 정한다.
2. 우리나라에서 자신이 여행하고 싶은 나라까지의 거리를 10개 부분으로 나눈다.
3. (여러 나라의 국기가 그려진) 카드를 4장씩 나누어준다.
4. 동시에 뒤집어 보고 자신의 대륙에 있는 나라의 카드 수만큼 스티커를 받아서 (우리나라와 가까운 부분부터) 자신의 여행지까지 점점 붙여나간다.
5. 먼저 10개의 스티커를 모두 붙이고 여행지에 먼저 도착한 사람이 이긴다.

※ 교사는 행동으로 시범을 보이며, 쉽고 자세하게 설명해 주어서 유아들이 게임방법을 완전히 이해할 수 있도록 한다.

- 전개

1. 자신이 여행하고 싶은 대륙과 나라를 정한다.
   - 자신이 여행해 보고 싶은 대륙과 나라는 어떤 나라인지 말해 볼까?
   - 여행해 보고 싶은 이유는 무엇이니?
2. 우리나라에서 자신이 여행하고 싶은 나라까지의 거리를 10개 부분으로 나눈다.
   - 우리나라와 자신의 여행지까지 10개 부분으로 나누어 볼 거예요.
   - 어떻게 10개 부분으로 나눌 수 있을까?
   - 어려운 친구는 선생님을 따라 해 보면서 나누어 보자,
3. 게임활동을 진행한다.
   - 모두 10개 부분으로 나누어 보았지요? 이제 선생님이 4장씩 카드를 나누어 줄 거예요.
   - 먼저 뒤집지 않고 모든 친구들이 받고 나서 함께 뒤집어 봐요.
   - (모든 유아가 카드를 받은 후) 자, 이제 뒤집어 보자.
   - 자신의 대륙에 있는 나라가 몇 개 있니?
     (자신의 대륙 색과 같은 국기 카드 색이 몇 개인가요?)

   ※ 같은 대륙의 국기 카드가 나온 수만큼 스티커를 준다.

   ※ 자신의 여행지에 먼저 도착한 유아가 생기면 활동은 끝난다.

- 마무리

1. 오늘의 활동 소감을 이야기해 보고, 1~4차까지 수 활동의 소감을 이야기해 본다.
   - 오늘 해 보았던 게임 활동은 어땠나요?
   - 특히 재미있었던 점이나 아쉬웠던 점이 있었나요?
   - 우리가 지금까지 수 활동으로 어떤 활동들을 해 보았니?
   - 가장 기억에 남았던 활동은 무엇이었니?
2. 5대양 6대륙에 대해 관심을 두게 된 점에 대해 정리하며 수 활동을 마무리한다.
   - 우리가 5대양 6대륙에 대한 수 활동을 하면서 무엇을 알 수 있었니?
   - 관심을 두게 된 대륙이나 나라들이 있었니?
   - 선생님도 너희들과 함께 활동해서 즐거웠어요.

(3) '5대양 6대륙' 프로젝트 활동평가

1 평가 대상

- 이름 : ○○○
- 성별 : 남아
- 특징 : ○○는 처음부터 수 활동에 가장 적극적으로 참여하였으며, 5대양 6대륙(주제)에 대해 많이 알고 있었다. 그래서 계속 어려움 없이 활동에 흥미있게 참여하였으며, 몰랐던 사실을 알게 되는 것이 아니라 기존에 알던 사실들을 더욱 깊이 있게 이해하는 모습을 보였다. 활동 중에 교사에게 깊이 있는 내용에 대한 질문도 많이 하였으며, 다른 친구들을 도와주면서 자신이 알고 있는 내용을 확실하게 알아가는 모습을 보였다.

② 5대양 6대주' 평가 준거(채점기준)

평가 (채점)	부분과 전체	서열화	근접성과 분리	길이측정	수 세기
3	5대양과 6대주를 구분하고 6대주의 주요 나라들을 구분함	결과물을 해석하여 직접 막대그래프를 만들어 볼 수 있음	동서남북을 구분하고, 5대양과 6대주의 위치를 근접성에 따라 이해하고 있음	같은 기준의 사물을 가지고 측정하고자 하며, 측정결과를 어떻게 해석해야 하는지를 알고 있음	머릿속으로 수 세기가 가능함
2	5대양과 6대주를 구분할 수 있음	결과물과 그래프 간의 상관성을 이해하여 제시된 막대그래프를 해석할 수 있음	동서남북을 구분하고, 5대양과 6대주의 위치는 거의 파악하지만 대륙 간의 근접성에 따라 이해하고 있지는 못함	같은 기준의 사물을 가지고 측정해야 함을 알지만 결과를 어떻게 해석해야 할지 모름	손을 이용하여 수 세기가 가능함
1	5대양과 6대주의 명칭만 알고 구분하지는 못함	막대그래프를 해석할 수 있지만 결과물과 그래프 간의 상관성을 모름	5대양과 6대주의 위치는 파악하지만 동서남북의 개념은 모름	측정 도구가 같은 기준이 아니어도 같은 측정결과가 나올 것이라 생각함	10이 넘는 수를 세는 것에 어려움을 가짐
0	5대양과 6대주의 명칭을 알고 있지 못함	막대그래프를 해석하지 못함	동서남북을 구분하지 못하고 5대양과 6대주의 위치도 알고 있지 못함	객관적인 측정 도구가 아닌 다른 사물로도 측정이 불가능하다고 생각함	10 이하의 수를 세는 것도 어려워함

③ '5대양 6대주' 평가표(수 영역)

이름 : ○○○		생년월일 : 만 5세		관찰자(교사) : △△△	
활동차	부분과 전체	서열화	근접성과	분리	길이측정
4차 활동	5대양과 6대주를 구분하고 6대주의 주요 나라들을 구분함	결과물을 해석하여 직접 막대그래프를 만들어 볼 수 있음	동서남북을 구분하고, 5대양과 6대주의 위치를 근접성에 따라 이해하고 있음	같은 기준의 사물을 가지고 측정하고자 하며, 측정결과를 어떻게 해석해야 하는지를 알고 있음	머릿속으로 수 세기가 가능함
3차 활동	5대양과 6대주를 구분할 수 있음	결과물과 그래프 간의 상관성을 이해하여 제시된 막대그래프를 해석할 수 있음	동서남북을 구분하고, 5대양과 6대주의 위치는 거의 파악하지만 대륙 간의 근접성에 따라 이해하고 있지는 못함	같은 기준의 사물을 가지고 측정해야 함을 알지만 결과를 어떻게 해석해야 할지 모름	손을 이용하여 수 세기가 가능함
2차 활동	5대양과 6대주의 명칭만 알고 구분하지는 못함	막대그래프를 해석할 수 있지만 결과물과 그래프 간의 상관성을 모름	5대양과 6대주의 위치는 파악하지만 동서남북의 개념은 모름	측정 도구가 같은 기준이 아니어도 같은 측정결과가 나올 것이라 생각함	10이 넘는 수를 세는 것에 어려움을 가짐
1차 활동	5대양과 6대주의 명칭을 알고 있지 못함	막대그래프를 해석하지 못함	동서남북을 구분하지 못하고 5대양과 6대주의 위치도 알고 있지 못함	객관적인 측정 도구가 아닌 다른 사물도 측정이 불가능하다고 생각함	10 이하의 수를 세는 것도 어려워함
분석	5대양 6대주 프로젝트를 하면서 10 이하의 수 세기 개념에서 암산까지 할 수 있도록 변화하였으며, 막대그래프의 해석과 동서남북의 구분, 5대양 6대주 구분과 6대주의 나라들을 4~5나라 구분할 수 있게 되었다. 또 길이측정과 관련하여 떨어져 있는 거리를 이해함				

'5대양 6대주' 평가 점수표

활동차	날짜	부분과 전체	서열화	근접성과 분리	길이측정	수세기
1차	09. 10. 29	2	2			2
2차	09. 11. 05	3		2		
3차	09. 11. 12	3	3	2	2	3
4차	09. 11. 19	3		3	3	

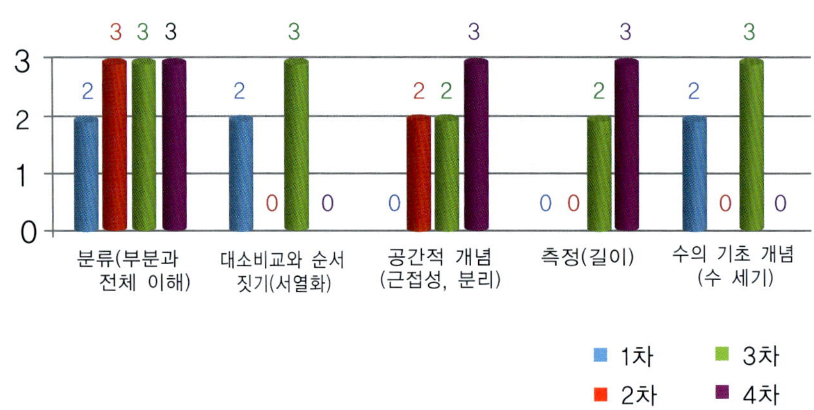

수 평가

평가결과 분석

1. 분류(부분과 전체에 대한 이해) : 분류는 1~3점으로 구분하여 1차에는 2점 정도로 5대양 6대주에 대한 개념은 있으나, 대부분에 대한 이해가 어려웠는데, 2차 활동부터 교사와 또래와의 상호작용을 통해 활동이 진행되는 과정에서 적절히 5대양 6대주에 대한 부분과 전체에 대한 이해가 높아졌으며 활동이 종료된 4주 후에는 세계 여러 나라에 대한 다양한 이해와 6대주의 주요 국가를 아는 정도의 지식과 관심이 높아졌다.

2. 대소비교와 순서 짓기(서열화) : 대양과 대륙의 크기 비교에서 모양이 일정한 비교가 아닌 다양한 모양에서의 대소비교가 다소 불안정하였으나 2~3차로 진행되는 과정에서 대소비교와 크기 순서로 서열화하는 그래프 보기를 잘할 수 있었다.
3. 공간적 개념(근접성, 분리성) : 지구본을 보거나 펼친 지구를 보고 공간적인 개념이 확실하지 않았는데, 4차 활동이 끝나고 나서 가까이 있는 곳과 멀리 떨어져 있는 곳의 구분이 확실해졌고, 대륙 간의 분리와 결합에 대한 공간 개념이 확실해졌다.
4. 수의 기초 개념(수 세기) : 수 세기가 1차는 10 이하에 머물렀는데, 3차 활동이 지나면서 10 이상의 수를 세고, 손을 이용하여 셈하던 유아는 머리 암산으로 활동하는 등 세기의 능력도 많이 발달됨을 알 수 있었다.

2) '윷놀이' 프로젝트

(1) 주제 선정 이유

윷놀이는 우리나라 명절에 하는 놀이로써 유아에게 게임에 대한 흥미와 수 전략 및 개념 등의 능력을 발달시켜 줄 수 있다. 특히 수 연산, 전략적 사고, 수 의미 등을 이해하는 데 도움이 되고 만 3~5세 유아를 대상으로 많은 유아가 함께 할 수 있어 사회성 발달에도 도움이 된다.

윷놀이

활동목표

- 윷놀이를 통해 수 개념, 분류, 전략 이해, 활동방법의 이해를 경험할 수 있다.
- 윷놀이에 흥미를 갖고 친구들과 게임규칙을 지키며 놀이할 수 있다

활동자료

윷 가락, 윷 판, 말 4(각 팀당) : 말의 개수는 조정한다.

활동방법

1. 윷놀이를 해 본 경험에 대해 이야기한다.
   - 윷놀이를 해 본 적이 있니?
   - 누구와 해 보았니?
   - 언제 해 보았니?
2. 윷놀이하는 방법에 대해 알아본다.
   - 윷 가락이 몇 개일까?
   - 윷 가락이 뒤집어지는 개수에 따라 이름을 알아보자.
     (도, 개, 걸, 윷, 모)
   - 윷 가락이 의미하는 동물에 대해 안다.
     (도는 돼지(豚), 개는 개(犬), 걸은 양(羊), 윷은 소(牛), 모는 말(馬)을 가리킨 말이다.)
     - 말 옮기기 : 한 편에 보통 4개의 말을 갖고 시작한다. 윷 가락을 던져 나오는 끗수만큼 말을 옮긴다.
     - 업고 가기 : 자기편 말이 있는 곳에 말이 또 하나 오게 되면 업어서 함께 이동할 수 있다.
     - 잡기 : 던지는 끗수에 닿는 밭에 상대편 말이 있으면 그 말을 잡을 수 있다.
     - 말 쓰기 : 던져 나온 끗수에 따라 말 옮기는 것을 말한다. 즉, 개가 나오면 자기 편 말을 두 칸 옮기고, 걸이 나오면 세 칸 옮긴다. 어떤 경우에는 새로 말을 달아야 하기도 하고 또 어떤 경우에는 상대방 말을 잡아야 하며 다른 경우에는 업어야 한다. 아무리 윷이나 모가 나와도 말을 잘못 쓰면 지게 되므로 전체 판의 흐름에서 자기편이 유리하도록 말을 사용해야 이길 수 있다.
     - 이기기 : 말을 한 바퀴 돌아 상대 말보다 먼저 1~4개의 말이 모두 나오면 이긴다.

3. 윷놀이할 때 지켜야 할 약속을 정한다.
    - 윷 가락이 윷 판 밖으로 나가면 기회를 잃는다.
4. 윷놀이할 편을 나누어 활동을 시작한다.
5. 윷놀이를 마친 후 어려웠던 점이나 아쉬웠던 점에 대해 이야기를 나눈다.

확장활동

- 1차 : ① 윷놀이를 해 본 경험에 대해 이야기 나눈다.
  ② 윷놀이를 하는 방법에 대해 알아본다.
  ③ 윷놀이를 할 때 지켜야 할 약속을 정한다.
  ④ 윷놀이할 편을 나누기 : 팀당 말을 1개 사용하기
  ⑤ 윷놀이를 마친 후 어려웠던 점이나 아쉬웠던 점을 이야기 나눈다.
- 2차 : ① 수수께끼 놀이
  ② 윷 가락을 던질 때 나온 모양의 이름을 함께 말하기
  ③ 윷놀이할 편을 나누기 : 팀당 말을 1개 사용하기
  ④ 백도(윷 가락 뒤에 검정 표시한 것 : 1개)의 의미 알기
  ⑤ 윷놀이를 마친 후 어려웠던 점이나 아쉬웠던 점을 이야기 나눈다.
- 3차 : ① 1, 2차 놀이를 인지, 반복하면서 게임을 한다.
  ② 백개(윷 가락 뒤에 검정 표시한 것 : 2개)의 의미 알기
  ③ 윷놀이할 편을 나누기 : 팀당 말을 2개 사용하기
  ④ 말 사용의 전략을 계획한다 : 팀별로
- 4차 : ① 1, 2차 놀이를 인지, 반복하면서 게임을 한다.
  ② 전략 사용하기 : 백윷 가락 선택하기(2개)
  ③ 윷놀이할 편을 나누기 : 팀당 말을 3개 사용하기
  ④ 말 3개의 사용 전략을 계획한다 : 팀별로
- 5차 : ① 1, 2차 놀이를 인지, 반복하면서 게임을 한다.
  ② 전략 사용하기 : 백윷 가락 선택하기(4개)
  ③ 윷놀이할 편을 나누기 : 팀당 말을 4개 사용하기
  ④ 말 4개의 사용 전략을 계획한다 : 팀별로

(2) '윷놀이' 활동과정의 상호작용 분석

유아와 윷놀이를 하면서 활동과정에서 나타난 대화적 상호작용을 기록하고 이를 분석하였다.

① 윷놀이를 해 본 경험에 대해 이야기를 나누었다.

T : 윷놀이를 해 본 적이 있니?

C : 네~

T : 언제 해 보았니?

C : 설날 때 윷놀이를 했어요.

T : 윷놀이를 했을 때 어땠니?

C : 재미있었어요.

T : 윷놀이를 하려면 무엇이 필요할까?

C : 윷 가락, 윷 판, 말이 필요해요.

T : 윷놀이를 어떻게 할까?

C : 윷을 던져야 해요.

② 윷놀이를 하는 방법에 대해 알아본다.

T : 윷 가락이 몇 개일까?

C : 4개예요.

T : 윷 가락을 던질 때는 어떻게 해야 할까?

C : 위로 던져요. 살살 던져요.

T : 윷 가락이 뒤집어지는 개수에 따라 이름을 알아보자.

T : 도는 몇 개가 뒤집어질까?

C : 1개

T : 도는 몇 칸을 옮겨야 할까?

C : 한 칸 옮겨요.

T : 개는 몇 개가 뒤집어질까?

C : 2개

T : 개는 몇 칸을 옮겨야 할까?

C : 2칸 옮겨요.

T : 걸은 몇 개가 뒤집어질까?

C : 3개

T : 걸은 몇 칸을 옮겨야 할까?

C : 3칸 옮겨요.

T : 윷은 몇 개가 뒤집어질까?

C : 4개가 모두 앞인 경우에요.

T : 윷은 몇 칸 옮겨야 할까?

C : 4칸 옮겨요.

T : 모는 몇 개가 뒤집어질까?

C : 4개가 모두 뒷면인 경우에요.

T : 모는 몇 칸을 옮겨야 할까?

C : 5칸 옮겨요.

T : 윷 가락이 의미하는 동물에 대해 알아보자.

T : 도가 의미하는 동물은 무엇이니?

C : 돼지

T : 개가 의미하는 동물은 무엇이니?

C : 강아지

T : 걸이 의미하는 동물은 무엇이니?

C : 양

T : 윷이 의미하는 동물은 무엇이니?

C : 소

T : 모가 의미하는 동물은 무엇이니?

C : 말

T : 윷이나 모가 나왔을 때는 어떻게 해야 할까?

C : 한번 더 윷 가락을 던져요.

③ 윷놀이할 때 지켜야 할 약속을 정한다.

T : 윷놀이할 때는 어떤 약속을 지켜야 할까?

C : 윷이 윷 판 밖으로 나가면 기회를 잃어요.

T : 윷 가락은 어떻게 던져야 할까?

C : 친구가 윷 가락을 맞지 않도록 천천히 던져요.

④ 윷놀이할 편을 나누어서 시작한다.

T : 두 팀으로 나누어서 하자.

T : 어떻게 팀을 나누면 좋을까?

C : 남자, 여자로 나누어서 해요.

- 윷 가락을 던져 나온 자리만큼 말을 옮긴다는 것을 알려준다.
- 도착 지점에 먼저 들어온 말의 팀이 이긴다는 것을 알려준다.

⑤ 윷놀이를 마친 후 어려웠던 점이나 아쉬웠던 점에 대해 이야기 나눈다.

T : 윷놀이를 해 보니 느낌이 어떠니?

C : 신났어요. 재미있었어요.

T : 어떻게 해야 잘 던질 수 있었니?

C : 살살 높게 던져야 해요.

T : 윷놀이하면서 어떤 점이 재미있었니?

C : 친구들과 함께 해서 즐거웠어요. 윷 가락을 던질 때 재미있었어요.

T : 아쉬웠던 점은 있었니?

C : 많이 던지지 못해 아쉬웠어요. 우리 팀이 져서 속상했어요.

T : 그랬구나. 교구활동 시간에도 할 수 있도록 제시해 놓을 테니까 할 수 있도록 하자.

분석

유아들은 윷놀이를 위한 준비물과 방법에 대해 이미 알고 있었다. 또래들과 윷놀이 게임을 함께 하는 것에 즐거움을 느끼고 게임의 승패에 대한 욕구도 높았다. 윷 가락 상태에 따른 윷의 의미와 진행 수에 대한 의미를 1:1 대응 개념으로 잘 습득하고 있었다. 예를 들어, 도는 윷 가락 1개가 뒤집어진 상태(돼지), 개는 윷 가락 2개가 뒤집어진 상태(개)임을 잘 알고 있었다.

(3) '윷놀이' 평가 준거

평가(채점기준)		1	2	3	4	5
연산	1:1 대응	윷 가락의 이름과 수의 대응을(도~모) 1개 정도 안다.	윷 가락의 이름과 수의 대응을(도~모) 2개 이상 안다.	윷 가락의 이름과 수의 대응을(도~모) 3개 이상 안다.	윷 가락의 이름과 수의 대응을(도~모) 4개 이상 안다.	윷 가락의 이름과 수의 대응을(도~모) 모두 안다.
	덧셈	3 이하로 더 할 수 있다.	5 이하로 더 할 수 있다.	7 이하로 더 할 수 있다.	10 이하로 더 할 수 있다.	10 이상으로 더 할 수 있다.
	뺄셈	백도의 의미를 전혀 모른다.	백도가 뒤로 돌아감의 의미만 안다.	백도의 −1 의미를 알고, −1이 뒤로 돌아옴을 안다.	백도의 −1 의미를 알고 적절히 사용한다	백도의 2개 사용의 의미를 알고 적절히 사용한다.
분류	구분	말과 팀의 구분이 어렵다.	말과 팀을 구분한다.	말과 팀을 구분하고, 1개의 말을 잘 사용한다.	말과 팀을 구분하고, 2개의 말을 잘 사용한다.	말과 팀을 구분하고, 2개 이상의 말을 잘 사용한다.
	윷 가락 의미와 수	윷 가락의 모양과 이름을 구분한다.	윷 가락의 모양과 이름을 구분하고, 모양과 수를 2개 이상 대응시킨다.	윷 가락의 모양과 이름을 구분하고, 모양과 수를 3개 이상 대응시킨다.	윷 가락의 모양과 이름을 구분하고, 모양과 수를 모두 4개 이상 대응시킨다.	윷 가락의 모양과 이름을 구분하고, 모양과 수를 모두 대응시킨다.
수 전략	다양한 전략	상대방 말을 잡는 전략을 사용한다.	말을 잡고, 빠른 길을 사용 할 줄 안다.	2개 이상의 말을 업고 빠른 길을 계획 할 수 있다.	다른 팀의 전략을 안다.	다른 팀의 전략을 알고 새로운 전략을 세운다.
	말 사용 전략	말 1개를 사용하여 계획한다.	말 2개를 사용하여 계획 할 수 있다.	말 4개를 사용하여 계획 할 수 있다.	자기팀 말 4개를 사용하여 계획하고, 남의 말의 전략을 알아차린다	자기팀 말 4개를 사용하여 계획하고, 남의 말의 전략을 알아서 대처한다.
	빠른 길	순서대로 진행 할 수 있다.	어느 곳이 더 빠른 길인지 비교한다.	도착점까지의 빠른 길을 선택할 수 있다.	1~2개 말의 전략을 세워 빠른 길로 가도록 계획한다.	여러 개의 말을 동시에 사용하는 전략을 세워 빠른 길로 가도록 계획한다.

평가(채점기준)		1	2	3	4	5
수 세기	윷 판	윷 판의 순서를 이해하고, 1~5까지 센다.	윷 판의 순서를 이해하고, 1~7까지 센다.	윷 판의 순서를 이해하고, 1~10까지 센다.	윷 판의 순서를 이해하고, 1~15까지 센다.	윷 판의 순서를 이해하고, 1~20까지 센다.
	윷 가락	윷 가락의 이름과 숫자를 1개이상 안다.	윷 가락의 이름과 숫자를 2개 이상 안다.	윷 가락의 이름과 숫자를 3개 이상 안다.	윷 가락의 이름과 숫자를 4개 이상 안다.	윷 가락의 이름과 숫자를 5개 이상 안다.

(4) '윷놀이' 평가 체크리스트(수 영역)

번호	유아 이름	연산			분류		수 전략			수 세기		총점
		1:1 대응	덧셈	뺄셈	구분	윷 가락 의미와 수	다양한 전략	말 사용 전략	빠른 길 찾기	윷 판	윷 가락	
1												
2												
3												
4												
5												
6												
7												
8												
9												
10												
11												
12												
13												
14												
15												
16												
17												
18												
19												
20												
평균점수												

평가결과 분석

윷놀이는 수와 윷 이름과의 1:1 대응, 더하기, 빼기의 기본 연산활동을 잘 할 수 있도록 준비된 놀이로써 다양한 전략을 사용하여 빠른 길로 먼저 도착하기위한 말의 사용은 팀의 협동력은 물론 수를 통한 논리 탐구적인 지능개발에 많은 도움이 되었다고 본다.

3) '칙칙폭폭 기차놀이' 프로젝트

칙칙폭폭 기차놀이

교육목표

- 기차는 여러 칸으로 연결되어 있음을 안다.
- 수 개념 이해를 통한 다양한 활동을 한다.
- 수 분류와 전략을 활동에 사용한다.
- 멀고, 가까움과 많고, 적음을 측정할 수 있다.

활동자료

- 숫자 기차와 동물 그림 자료 15개
- 일정한 크기의 빈 우유갑이나 작은 상자를 기차 모양으로 장식하고 1~3까지의 숫자를 적는다.
- 기차의 앞뒤에 자석을 붙여 서로 연결될 수 있도록 한다.

유의사항

1. 놀이를 통하여 1~5까지 수의 순서를 알고, 수의 규칙성을 이해할 수 있도록 반복적인 경험이 되게 한다.
2. 자석의 밀고 당기는 성질에 관심을 가지고 탐색하도록 격려한다.

핵심요소

- 탐구하는 태도 기르기 : 사물과 현상에 지속적인 관심 가지기

- 수학적 기초 능력 기르기 : 수 감각 기르기
- 과학적 기초 능력 기르기 : 물체와 물질에 대하여 알아보기

활동과정

1. 기차를 서로 연결하면서 자석의 성질을 탐색한다.
2. 기차에 적혀 있는 1부터 3까지의 수를 읽는다.
3. 수의 순서에 따라 기차를 연결해 본다.
4. 막대 자료로 만든 동물들을 숫자만큼 기차에 태운다.
   - 이 숫자를 읽어보자.
   - 이 칸에는 동물들을 몇 마리 태울 수 있니?

확장활동

- 1차 : 기차를 번호 순서대로 연결하기

① '칙칙폭폭 기차놀이' 를 해 본 경험에 대해 이야기 나눈다.

② '칙칙폭폭 기차놀이' 하는 방법에 대해 알아본다.

- 기차는 기찻길로만 다닌다.

③ '칙칙폭폭 기차놀이' 를 위해 한 팀은 기찻길을 만든다.

- 기찻길에 일정한 간격의 선을 긋는다. 또 한 팀은 기차를 만든다.
- 순서대로 기차를 연결해 본다.

④ 기찻길에 기차역을 설치한다.

- 기차역의 이름도 붙인다.

⑤ '칙칙폭폭 기차놀이' 를 마친 후 어려웠던 점이나 아쉬웠던 점을 이야기 나눈다.

- 2차 : 동물 수 더하기

① 기차놀이를 위한 다양한 동물(네 가지)을 제작한다.

- 한 종류를 다섯 마리씩 만든다.

② '칙칙폭폭 기차놀이' 를 하는 방법에 대해 알아본다.

- 더하기만 하는 기차놀이 : 동물 수
- 역에서 기다리는 동물 태우기 : 동물은 몇 마리 탔을까?

③ '칙칙폭폭 기차놀이'를 할 때 지켜야 할 약속을 정한다.

• 기찻길에 올라가지 않기

• 기차가 서면 태우기

• 몇 명을 태울 것인지 미리 전략 세우기

④ '칙칙폭폭 기차놀이' 편을 나누기

• 팀별로 수를 계산해서 숫자를 들기

⑤ '칙칙폭폭 기차놀이'를 마친 후 어려웠던 점이나 아쉬웠던 점을 이야기 나눈다.

- 3차 : 어린 동물과 어른 동물 구분하여 더하기(칩 사용)

① 1, 2차 놀이를 인지, 반복하면서 게임한다.

• 동물의 어린 동물 수와 어른 동물 수를 맞혀본다.

• 모두 더한 동물의 수를 맞힌다.

② 역에서 타는 수만큼 칩을 이용하기

(탈 때는 칩을 담고, 내릴 때는 칩을 꺼낸다.)

③ 기차놀이 편을 나누어 하기 : 놀이가 익숙하기 전까지

• 팀별 놀이로 수 활동을 한다.

④ 동물 태우기 전략을 계획한다 : 팀별로

- 4차 : 동물의 타고 내리기 : 덧셈과 뺄셈

① 1, 2차 놀이를 인지, 반복하면서 게임을 한다.

② 전략 사용하기 : 계산할 수 있는 수만큼 타고 내리기

③ 타고 내리는 역의 동물 손의 수는?

(어떤 전략을 사용하면 손의 수를 잘알 수 있나?)

④ 동물 수(손, 발 또는 어린, 어른) 전략을 계획한다.

• 칩의 사용 전략을 계획한다.

• 칩을 몇 가지 사용할 것인가?

⑤ 역과 역 사이의 거리를 비교해 본다.

• 칸 수로 비교하기

• 다른 방법의 재기를 사용하기

- 5차 : 타고 내린 동물의 종류별 수를 암산하기
  ① 1, 2차 놀이를 인지, 반복하면서 게임을 한다.
  ② 전략 사용하기 : 암산으로 동물의 수 더하거나 빼기
  ③ 개인별 활동에 참여하여 칩을 사용한 수 놀이하기
  ④ 개인별 활동에 참여하여 수 암산 놀이하기
  ⑤ '칙칙폭폭 기차놀이' 를 마친 후 어려웠던 점이나 아쉬웠던 점을 이야기 나눈다.

(1) '칙칙 폭폭 기차놀이' 활동과정의 상호작용 분석

유아와 '칙칙폭폭 기차놀이' 를 하면서 활동과정에서 나타난 대화적 상호작용을 기록하고 이를 분석하였다.

- 친구들과 함께 재활용품을 사용하여 기찻길, 기차, 기차역, 동물 승객들을 만듭니다.
- 유아들이 만든 것으로 세팅을 끝낸 뒤 유아들에게 활동방법을 소개합니다.
- 각 기차역에서 친구(승객)들을 태워줄 역장들을 정합니다.
- 안산역, 경기역, 고잔역 등 자신이 하고 싶은 역의 역장도 돌아가면서 합니다.
- 기관사를 정하고 기차는 교사의 지시에 따라 출발합니다.
  - 첫 번째 안산역에 도착하였습니다. 첫 번째 칸에 여자 다람쥐와 엄마 다람쥐가 함께 기차를 탑니다.
  - 몇 마리가 올라탔나요?
  - 두 명이요! / 한 명이요!
  - 두 명이라고 이야기한 친구는 왜 두 명이라고 생각했나요?
  - 여자다람쥐와 엄마다람쥐가 탔어요!
  - 한 명이라고 이야기한 친구는 왜 한 명이라고 생각했나요?
  - 잘 모르겠어요!
  - 그럼 다시 다음 역인 경기역으로 출발합니다.
  - 경기역에서는 두 번째 칸에 7살의 남자 호랑이 두 마리와 호랑이 선생님

이 탑니다.

- 기차 안에 타고 있는 사람은 모두 몇 명일까요?
- 세 명이요! / 다섯 명이요!!!/ 잘 모르겠어요! / 백 명이 탔어요!! 아주 많이요!
- 아니야~ 아까 두 명이니까 이번에 세 명이 타서 다섯 명이야!!
- 기차 안에 타고 있는 친구들을 꺼내 볼게요.
- 여자 다람쥐와 엄마 다람쥐, 남자 호랑이와 두 마리와 호랑이 선생님까지 모두 다섯 명이예요.
- 와~ 정답이다!!
- 그럼 첫 번째 칸과 두 번째 칸 중 어느 곳에 사람이 더 많이 타고 있었나요?
- 2번째 칸에 세 명이 타서 더 많아요! / 둘 다 똑같아요! / 잘 모르겠어요.
- 자~ 이제 다시 다섯 명의 친구들이 기차를 타고 다음 역으로 출발할 거예요.
- 터널을 지나 뿌리역에 도착했어요. 뿌리역에서 7살 남자 호랑이 두 마리가 내렸어요.
- 기차는 다시 출발해 고잔역에 도착했어요. 기차 안에는 모두 몇 명의 사람이 타고 있을까요?.
- 두 명이요! / 아무도 안 타구 있어요. / 아까 두 명이 내려서 세 명이예요. / 모르겠어요.
- 자~기차 안에는 엄마 다람쥐와 여자 다람쥐 그리고 호랑이 선생님까지 모두 세 명이 타고 있었네요.

- 이번에는 친구들을 대신해서 칩을 사용할 거예요.
  - 여기에 빨간색의 칩과 금색의 칩이 있어요. 남자와 여자를 구별해야 하는데~ 어떤 색을 여자로 정하면 좋겠어요?
  - 금색이요!! / 남자는 빨강으로 해요
  - 그럼 여자친구는 금색, 남자는 빨강으로 할게요.
  - 이제 기차가 다시 출발합니다. 기차는 안산역에 도착했어요. 안산역에서

할아버지 곰과 할머니 곰이 타셨어요.

- 그리고 다음 역에서는 10살 남자 강아지 한 마리와 7살 여자 강아지 두 마리가 탔어요.
- 기차 안에는 모두 몇 마리의 여자 동물이 타고 있을까요?
- 두 명이요! / 몰라요!
- 기차 안에는 모두 세 명의 여자 동물이 타고 있네요.
- 왜요?
- 7살 여자 강아지 두 마리와 할머니 곰 한 마리까지 모두 세 마리예요.
- 아~ 맞다~~ 할머니를 깜빡했어!!
- 자~ 그럼 이제 선생님은 칩을 기차에 태우지 않을 거예요. 우리 친구들이 각자 앞에 있는 칩을 가지고 선생님이 말하는 손님들을 자신의 손 위에 올려 놓아보세요. 옆의 친구에게는 보이지 않습니다.
- 네~
- 자~ 경기역에서 세 명의 남자 곰과 원장님 곰과 부원장님 곰이 타셨어요. 손에 올려 놓아보세요.
- 그리고 다음 역에서 체육 선생님 곰이 타셨어요. 기차 안에는 모두 몇 마리일까요?
- 여섯 마리요~!
- 자~ 마지막으로 칩을 사용하지 않고 선생님과 머릿속으로 계산하는 암산방법을 사용해 볼게요.
- 뿌리역에서 엄마와 아빠 그리고 2살 여자 강아지 한 가족이 탔어요.
- 고잔역에 도착해 7살 남자다람쥐 두 마리가 탔어요.
- 지금까지 모두 몇 마리가 탔나요?
- 다섯 마리요.
- 모두 다섯 마리가 탄 이 기차는 다시 출발해 안산역으로 돌아왔어요. 안산에서 강아지 한 가족이 내렸어요.
- 기차에는 모두 몇 명이 타고 있을까요?
- 두 마리요!

- 두 마리는 어른인가요. 어린이일까요?
- 남자 어린이 동물이예요!
- 맞았어요.
- 자~ 그럼 이 남자 동물 두 마리의 팔의 개수는 모두 몇 개인가요?
- 2개예요/ 8개!! / 아니야! 팔이 2개씩 있으니까 4개예요.
- 4개예요.

◦ 자~ 이제 기차역을 다 돌아보았으니 어디 역과 역 사이가 가장 가까운지 알아보기로 해요.

- 길이를 재는 방법에는 어떤 것들이 있을까요?
- 손바닥이요! / 자요! / 발로 할 수 있어요. / 여기 있는 사람으로 해요! / 칩으로도 할 수 있을 것 같아요.
- 그럼 우리가 지금 가지고 있는 칩으로 역의 길이를 재볼까요?
- 칩을 사용하여 길이를 재보니 어땠나요?
- 잘 모르겠어요. / 비슷해요. / 터널부터 경기역까지요! / 안산역부터 경기역이요! / 뿌리역에서 안산역이요!!
- 정답은 뿌리역에서 안산역이네요~ 칩이 모두 10개가 사용됐어요.

◦ 자~ 이제 우리 친구들이 함께 역할을 맡아 계속하여 놀이를 진행해 보세요.

(2) '칙칙폭폭 기차놀이' 평가표

평가(채점기준)		1	2	3	4	5
수 개념	수 세기	수를 1~5까지 셀 수 있다	수를 1~7까지 셀 수 있다	수를 1~10까지 셀 수 있다	수를 1~20까지 셀 수 있다	수를 20 이상까지 셀 수 있다
	덧셈	손을 이용하여 1~2를 더한다	손을 이용하여 1~4를 더한다	손을 이용하여 10 이하 수까지 더한다	손을 이용하여 20 이하 수까지 더한다	손을 이용하지 않고 20 이하 수까지 더한다
	뺄셈	손을 이용하여 1~2를 뺄 수 있다	손을 이용하여 5 미만의 수를 뺄 수 있다	손을 이용하여 10 미만의 수를 뺄 수 있다	손을 이용하여 20 미만의 수를 뺄 수 있다	손을 이용하지 않고 20 미만의 수를 뺄 수 있다
	1:1 대응	동물과 칩과 수를(1~5) 연결할 수 있다	동물과 칩과 수를(1~7) 연결할 수 있다	동물과 칩의 수를(1~10) 연결할 수 있다	동물과 칩의 수를(1~20) 연결할 수 있다	동물과 칩의 수를(1~20 이상) 연결할 수 있다
	더하기	칩을 사용하여 1~2를 더한다	칩을 사용하여 1~4를 더한다	칩을 사용하여 10 이하 수까지를 더한다	칩을 사용하여 20 이하 수까지를 더한다	칩을 사용하여 20 이상 수까지를 더한다
	암산 능력	칩을 사용하지 않고 1~2를 암산한다	칩을 사용하지 않고 1~4를 암산한다	칩을 사용하지 않고 10 미만을 암산한다	칩을 사용하지 않고 20 미만을 암산한다	칩을 사용하지 않고 20 이상을 암산한다
분류와 전략	칩 사용의 다양성	칩을 사용하기 어렵다	한 가지 칩을 사용한다	두 가지 칩을 사용한다	세 가지 칩을 사용한다	세 가지 이상의 칩을 사용한다
	분류	동물 2종류를 분류할 수 있다	동물 3종류를 분류할 수 있다	동물 4종류를 분류할 수 있다	동물 5종류를 분류할 수 있다	동물 5종류를 분류하고, 암수분류도 할 수 있다
	다양한 세기	동물 2종류 각각을 셀 수 있다	동물 3종류 모두 각각 셀 수 있다	2종류 동물 팔의 수를 셀 수 있다	3종류 동물 팔의 수를 셀 수 있다	3종류 동물 팔 이외의 부위도 셀 수 있다.
측정	거리	역과 역 사이에 거리가 있음을 안다	역과 역 사이가 구역마다 차이가 있음을 안다	역과 역 사이의 멀고 가까움을 안다	역과 역 사이가 멀고 가까움을 측정 도구를 사용한다	역과 역 사이가 멀고 가까움의 차이를 측정한다
	많고 적음	1~5까지 중 많고 적음을 안다	1~7까지 중 많고 적음을 안다	1~10까지 중 많고 적음을 안다	1~20까지 중 많고 적음을 안다	1~20 이상까지 중 많고 적음을 안다

(3) '칙칙폭폭 기차놀이' 평가 체크리스트(수 영역)

관찰 교사 : ____________

유아 연령 : ____________

번호	유아 이름	수 개념						분류와 전략			측정		총점
		수 세기	덧셈	뺄셈	1:1 대응	더하기	암산 능력	칩 사용의 다양성	분류	다양한 세기	거리	많고 적음	
1													
2													
3													
4													
5													
6													
7													
8													
9													
10													
11													
12													
13													
14													
15													
16													
17													
18													
19													
20													
평균점수													

평가결과 분석

'칙칙 폭폭 기차놀이' 활동은 유아들이 수를 더하고, 빼는 활동이 아주 어려운 활동인데도 불구하고, 직접 만든 활동 교구를 사용하여 놀이를 진행하다 보니, 수에 대한 관심이 높아졌을 뿐 아니라, 다양한 동물을 직접 그려서 사용하여 더욱 흥미로운 활동이었다.

수에 대한 유아들의 관심도 직접 태우고, 내리고 하면서 속이 보이지 않는 기차 속 동물의 수를 칩을 사용하거나, 남여를 칩의 색으로 구분하여 활동함으로써 놀이의 즐거움 속에서 수 활동을 할 수 있었다.

칩의 사용 전략과 역마다 도착했을 때 몰두하여 동물의 수를 확인하고 팔 · 다리의 수는 다양한 전략으로 알아내는 방법을 사용하였다.

또한 역과의 거리는 일정한 줄을 그어서 기찻길을 만들었지만 다양한 도구의 사용으로 거리를 측정하는 수의 논리성을 배울 수 있었다.

과학영역

5장

01. 과학영역의 개요

과학영역은 다양한 '화학과 물리', '동물과 식물, 광물' 등의 자연환경, '기계와 도구'에 대해 호기심을 가지고 지속적으로 탐구하는 태도를 기르며 이에 대한 기초 지식을 얻고 탐구하는 능력을 기르는 곳이다. 그리고 유아는 과학영역에서 경험을 통하여 탐구하며 다양한 과학적 기초 지식을 얻는다. 즉, 유아는 이곳에서 다양한 과학활동을 하면서 인과적, 기능적 관계의 이해능력과 시공간적 능력, 기계적인 물건에 대한 문제해결 접근능력, 소근육 발달을 이룰 수 있다(안영진 · 이숙정, 2009).

'화학과 물리'를 포함하는 물리과학은 물질적 사물과 물리적 체계의 진화를 다룬다. 이 분야는 관찰기술의 공통점 · 차이점에 대한 구분, 가설 형성과 실험을 통해 마치 과학자와 같은 성향을 형성하게 된다. 유아는 화학과 물리 실험활동을 통해 마치 과학자처럼 관찰결과와 수집한 데이터를 이용해 모든 현상을 지배하는 법칙을 도출할 수 있게 된다.

물리과학과 다른 분야인 자연과학은 생물체의 기원, 성장, 그리고 구조 등 생물체의 형태와 현상을 탐구한다. 과학과 기술의 역할이 더욱 중요해지는 오늘, 미래의 학교교실에서는 물리과학과 자연과학에 대한 비중이 늘어나고 있다. 특히 유아에게 있어 생명체와 자연환경을 소중하게 여기는 마음을 기르는 것이 중요한데, 이것은 다중지능 영역에서 '자연 이해' 지능영역에 속한다.

자연 이해 지능은 '동물과 식물, 광물'을 포함한 자연 세계에 흥미와 관심이 있으며 자신의 환경으로부터 최상의 것을 얻어내는 능력, 환경에 관심을 갖고 자연을 연구하는 능력 그리고 환경에서 생존하고 적응할 수 있는 능력을 말한다. 이러한 지능을 가진 사람들은 유기체의 세계 안에서 편안함을 느끼며 다양한 생물체들을 돌보고 기르며 민감하게 상호작용하는 재능을 갖는다. 그러한 잠재력은 최종적인 상태로 존재하기도 하며 사냥꾼, 낚시꾼, 농부, 정원사, 요리사에 이르기까지 갖가지 역할로 나타나기도 한다. 따라서 예술가, 시인, 사회과학자들, 자연과학자들의 패턴 구별 능력은 모두 자연 이해 지능의 근본적인 지각 기술에 토대를 두고 있다고 할 수 있다. 하바드 대학의 자연 이해 지능 학습센터에서는 이 영역의 능력을 기르기 위한 활동으로 견학, 소풍, 자연보호, 애완동물 키우기, 동식물 관찰하기 등을 하고 있다.

과학영역의 '기계와 도구' 영역은 유아가 생활 속에서 사용하는 다양한 생활도구에 대한 기본 지식과 안전한 사용법을 익히고 도구를 움직이는 힘에 대해 탐색해 볼 수 있다. 나아가 생활기계인 미디어 사용에 대한 올바른 지식과 태도를 습득하며 환경교육, 에너지교육을 함께 할 수 있다. 특히 스펙트럼 프로젝트에서는 유아의 조립활동(assembly activity)을 통해 인과관계, 기능관계와 같은 능력들을 도출해 낸다. 이 영역활동에서 탁월한 능력을 보이는 유아들은 사물들이 어떻게 기능하는지에 관심을 가지며 고장난 것을 고치려는 노력을 한다.

과학영역에는 생활 주변에서 흔히 볼 수 있는 자료 중에서 직접 만져보고 관찰하고 실험해 볼 수 있는 자료를 충분히 준비해 주어야 한다. 또한 관찰하기나 조사하기 등에 필요한 돋보기 등의 도구와 관찰하고 조사한 것을 그리거나 쓸 수 있는 기록 용지와 쓰기 도구가 비치될 수 있다. 과학활동은 진행되면서 주제와 연관되는 활동을 제공하는 것이 바람직하다. 즉, '동 · 식물과 자연' 생활 주제 중 '식물과 자연' 주제가 진행될 때는 여러 가지 씨앗 관찰하기, 당근이나 양파, 고구마 등의 식물 기르기, 다양한 열매와 나뭇잎 관찰하기 등의 활동을 제공할 수 있다.

과학영역은 다양한 사물을 관찰하고 동 · 식물과 간단한 도구 및 기계 등에 대해 호기심을 가지고 지속적으로 탐구하는 태도를 기르는 것이 바람직하다. 탐구활동은 유아가 주변 환경에 대한 개념을 내면화하기 위해 주어진 다양한 자료로

부터 정보를 조직하여 문제를 정의하고 탐색하며, 결과를 예상해서 추측해 보고, 타당한 해결방안을 모색해 보는 능동적인 문제해결 과정이다. 이를 위해 과학영역에는 생활 주변에서 흔히 볼 수 있는 자료 중에서 직접 만져보고 관찰하고 실험하여 볼 수 있는 자료를 충분히 준비해 주어야 한다.

이 영역은 조용하고 햇빛이 잘 들며 물을 쉽게 사용할 수 있도록 수도시설 가까이에 배치하는 것이 좋다. 또한 전기기구나 각종 실험기구를 안전하게 사용할 수 있도록 유아들의 왕래가 많지 않은 장소에 비치하는 것이 효과적이다.

02. 과학활동을 통한 개념화

스펙트럼 프로젝트 과학영역에서는 유아에게 다양한 과학활동을 경험하게 함으로써 과학적 개념의 형성을 돕는다. 스펙트럼 프로젝트의 활동들은 일반적으로 주어진 시간 내에 완성할 수 있는 활동(예 자석의 힘, 물과 기름의 혼합실험)과 주제를 중심으로 구성되어서 오랫동안 할 수 있고 자유로운 탐색과 실험을 할 수 있는 활동(예 새싹 기르기, 빵 만들기 프로젝트, 계절의 변화 관찰)이 있다. 이러한 스펙트럼 과학활동을 통해 과학적 개념을 형성할 수 있다.

1) 스펙트럼 프로젝트의 주요 과학활동 내용

과학영역은 '화학과 물리', '동물과 식물, 광물'에 해당하는 자연, 물리과학과 '기계와 도구'로 구분하여 유아에게 교육할 내용을 제시하고자 한다.

(1) 자연과 물리과학

1 관찰기술

- 재료의 특성을 알기 위해 한 가지 이상의 감각을 사용하여 자세히 관찰하기
- 주변 환경의 변화에 주의 기울이기(식물의 새싹, 나무의 곤충, 신비한 계절의 변화)
- 그림, 차트, 카드 등의 방법을 통한 기록의 흥미 보이기

② 공통점과 차이점에 대한 구분

- 재료나 사건 혹은 둘 다 비교, 대조하기
- 재료를 분리해서 표본들의 공통점과 차이점 알아내기(게와 거미의 비교, 대조)

③ 가설 형성과 실험

- 관찰에 기초한 가설 형성
- '만일 ~라면' 이란 질문하기, 사물들의 존재방식에 대해 설명하기
- 각 개인의 가설을 검증하기 위한 간단한 실험계획 세우기(예 작은 돌과 큰 돌을 물에 떨어뜨려 어떤 돌이 가라앉는가 관찰하기, 물 대신 물감으로 식물에 물주기

④ 자연과 과학 현상에 대한 이해와 관심

- 여러 가지 과학적인 주제들에 대한 폭넓은 이해, 자연스럽게 각자의 자연세계 경험에서 과학적 주제나 보고에 대해 아는 것을 제시하기
- 자연현상이나 자연사 책과 관련된 재료들에 대해 장기적인 관심 갖기

(2) 기계와 도구

① 인과적 · 기능적 관계의 이해

- 관찰에 기초한 관계의 추론
- 전체와 부분의 관계, 각 부분들의 기능, 기계와 조립의 이해

② 시각적 · 공간적 능력

- 어떤 물체나 단순한 기계를 구성, 재구성하는 능력
- 기계 각 부품 간의 공간적 관계의 이해

③ 기계적 물건에 대한 문제해결 접근법

- 시행착오 전략의 사용과 학습
- 기계적 문제해결을 위한 체계적 전략의 사용
- 정보의 비교와 일반화

④ 소근육 기술

- 기계의 작은 부분 조작하기
- 눈과 손의 협응력(예 망치로 못 박기)

2) 스펙트럼 프로젝트 과학활동 방법

스펙트럼 프로젝트의 과학활동을 위한 교수방법과 교사의 역할, 환경구성은 다음과 같다.

(1) 과학활동의 중심은 '질문하기'이다.

과학의 모든 활동은 질문하기가 주된 교수방법이다. 질문하기는 유아들의 호기심을 자극하여 새로운 방법으로 세계를 바라볼 수 있도록 해 준다. 질문은 유아들의 호기심이 시작될 때, 또는 호기심을 유발하고자 할 때, 실험이 진행되는 동안, 결과물을 바라볼 때 등 그 시점에 따라 유형이 달라져야 한다.

단계	발문 유형
인식단계	• 이것은 무슨 색이니? • 너는 무엇을 보았니? • 어떤 일이 일어났지? ~을 보아라(들어 보아라. 냄새를 맡아 보아라 등) • 그것이 어떻게 보였니?~을 자세히 이야기해 주겠니?
탐색단계	• 만약 ~라면 어떤 일이 생길까? • 네가 ~을 한다면 무슨 일이 일어날 거라고 생각하니? • 네가 직접 ~을 할 수 있겠니? • 이것을 가지고 어떤 것을 할 수 있을까?
조사단계	• 어떻게 하면 될까? • 그 다음은 어떻게 될까? • 다른 방법은 어떤 것이 있을까? • 왜 이렇게 되었다고 생각하니? • 어떻게 해서 생각을 가지게 되었니?
활용단계	• 만약 네가 ~을 바꿀 수 있다면 어떻게 하겠니? • 각기 다른 재료가 쓰인다면 어떤 일이 있을까? • 다음에 일어날 수 있는 일은 어떤 것이 있을까? • 그렇게 한다면 어떤 변화가 일어날까? • 이것을 어떻게 고치고 싶니? • 이것을 어떻게 하고 싶니? • 그것을 어떻게 더 나은 방법으로 할 수 있겠니?

예를 들어, 빵 만들기를 할 때, 적용할 수 있는 질문은 다음과 같다.

- 무슨 냄새가 나니? 밀가루가 어떻게 되었니?-(인식단계)
- 베이킹파우더를 넣으면 어떻게 될까?-(탐색단계)
- 빵이 왜 이렇게 부풀었다고 생각하니?-(조사단계)
- 밀가루를 어떤 모양으로 만들면 쿠키가 될까?-(활용단계)

(2) 유아는 타고난 과학자이다.

과학활동을 통해 교사는 유아가 타고난 과학자이며 여러 가지 면에서 과학자와 똑같은 행동을 하고 있다는 것을 유아들에게 알려 줄 수 있다. 그래서 유아들이 마치 자신이 과학자인 것처럼 주도적으로 학습을 이끌어가도록 돕는 것이 바람직하다.

(3) 실험기술 능력을 발달시킨다.

유아는 재료의 특성을 알기 위해 한 가지 이상의 감각을 사용하여 자세히 관찰하고 주변 환경의 변화를 탐색한다(식물의 새싹, 나무에 있는 곤충, 신비한 계절 변화). 유아가 실험하는 과정에서 실험기술 능력을 발달시키기 위해 차트, 순서 카드, 또는 다른 방법을 통한 관찰기록 활동을 제공하는 것이 좋다.

(4) 공통점과 차이점에 대한 식별능력을 발달시킨다.

유아는 재료나 사건 아니면 둘 다를 비교, 대조하기를 좋아한다. 또한 재료를 분리해서 표본들의 공통점과 차이점을 알아낸다(게와 거미를 비교, 대조).

(5) 가설을 세우고 실험을 한다.

관찰에 기초하여 가설 세우기나 만약에 ~라면(What if) 질문하기와 사물들이 존재하는 방식에 대해 설명하기 방법을 사용한다. 또한 각자의 가설을 검증하기 위한 간단한 실험계획 세우기를 할 수 있다.

(6) 자연 · 과학 현상의 이해와 흥미를 갖는다.

여러 가지 과학적인 주제들에 대한 광범위한 이해를 보인다(자연스럽게 각자의 자연 세계 경험에서 과학적인 주제나 보고에 대해 아는 것을 제시한다). 그리고 자연현상이나 자연사 책과 관련된 재료들에 대해 장기적으로 흥미를 갖는다.

(7) 과학적 태도를 발달시킨다.

유아의 과학적 탐구능력을 발달시키기 위해서는 관찰하기, 분류하기, 측정하기, 추론하기, 실험하기, 의사소통 하기와 같은 과학적 탐구과정을 통해 과학적 태도를 발달시킨다.

(8)교사는 유아의 탐구활동 안내자, 촉진자이다.

유아의 과학적 탐구활동은 주변 환경에 대한 호기심과 궁금증으로부터 출발한다. 유아는 문제상황을 조사하고 탐색할 1차적인 책임을 가지며 교사는 유아의 탐구활동을 안내하고 간접적으로 유아의 활동을 도와주고 촉진하는 역할을 수행한다.

(9) 가르치려 하지 말고 실제적인 활동을 통해 교육한다.

교사의 지시가 주가 되는 교육보다는 유아 스스로 우연한 기회를 통해 진행되도록 격려하는 것이 바람직하므로 과학적인 환경을 제공하도록 배려한다. 유아가 호기심을 갖는 여러 가지 과학활동에 직접 참여하며 논리적으로 원인과 결과보다는 흥미로운 관찰이 될 수 있어야 한다.

(10) 다양한 놀잇감과 교구 및 자료를 준비한다.

유아의 과학적 지식과 과정, 태도를 발달시키기 위해서는 과학영역의 환경이 잘 준비되어야 한다. 기본적으로 다음과 같은 자료들이 체계적으로 구비되는 것이 좋다.

- 동식물 기르기에 필요한 기구들 : 씨앗, 구근, 모종, 화분, 작은 물고기, 어항 등
- 여러 가지 측정 기구 : 온도계, 저울(눈금 저울, 천칭 등), 자, 계량컵, 계량스푼, 모래 시계, 해 시계, 달력, 날씨 판 등
- 여러 가지 표본들 : 조개껍데기, 나뭇잎, 흙, 돌, 곡식, 씨앗, 견과류 등

- 고장난 기계류 : 전화기, 계산기, 라디오, 믹서 등
- 기타 : 자석
- 요리용 도구 : 그릇류, 계량스푼과 계량컵, 요리 순서표 등
- 과학도서 : 동식물에 관한 책, 물, 바람, 흙, 도구 등에 관한 책
- 관찰 도구 : 돋보기, 거울, 시계, 손전등, 프리즘 등
- 관찰하고 조사한 것을 그리거나 쓸 수 있는 기록용지와 쓰기 도구

03. 과학영역 평가의 실제

유아는 경험적 과학활동을 통해 '실험기술 능력'과 '공통점과 차이점에 대한 식별', '가설 세우기와 실험', '자연현상의 이해와 흥미' 주요 능력이 발달된다. 여기서는 주제를 중심으로 프로젝트 활동을 하면서 유아가 지속적인 관심을 갖는 과학 강점영역을 알아보는 데 있다. 더불어 프로젝트를 하는 과정에서 유아가 발달하게 되는 과학능력의 발달 정도를 평가하는 데 목적이 있다. 이를 위해 과학활동을 많이 경험할 수 있는 주제인 '빵 만들기', '새싹채소 기르기', '요요놀이'로 평가의 실제를 제시하였다.

1) '빵 만들기' 프로젝트

예시 1. '빵 만들기' 프로젝트

'빵 만들기' 프로젝트 활동은 유아의 탐구능력을 발달시켜 주는 데 매우 효과적인 주제로서 '실험기술 능력', '공통점과 차이점에 대한 식별', '가설 세우기와 실험', '과학현상에 대한 이해와 흥미' 등 과학의 주요능력 대부분을 발달시켜 줄 수 있다. 즉, 물체와 물질의 변화과정에 관심을 갖게 하고, 빵을 만드는 데 사용되는 프라이팬, 오븐, 거품기 등 각종 도구와 기계의 사용법을 알 수 있다. 또한 빵을 만드는 과정에서 밀가루반죽이 되고 모양이 변하여 빵이 되면서 재료의 사전 · 사후 차이를 식별할 수 있다.
본 활동에서는 빵 만들기를 위한 다섯 가지 활동을 순서대로 제시하였고 각 활동을 하면서 평가할 수 있는 체크리스트와 관찰표를 제시하였다. 제시된 평가 도구는 '빵 만들기'와 비슷한 유형의 과학활동(예 부침개, 과자 만들기 등)에 활용할 수 있도록 고안되었다.

(1) 주제 선정 이유

유아기 유아, 특히 5세 유아는 다양한 경험을 통해 지식을 습득하는 것이 여러 발달능력을 돕는 데 적절하다. 이에 유치원에서 처음 수행하게 되는 프로젝트 활동은 유아들에게 보다 직접적인 경험을 하도록 도와 유아의 탐구·탐색 능력과 감각을 발달시키는 데 목적이 있다. 이번 '빵 만들기' 프로젝트는 유아들에게 물질의 특성과 변화(가루–고체–액체–열 가열 후 변화 등)를 인지시킬 수 있다.

(2) 주요 학습 개념

- 밀가루는 바람에 날리고 옷에 묻는다.
- 밀가루에 물을 섞어서 반죽을 하면 점성이 생긴다.
- 밀가루반죽으로 여러 가지 모양을 만들 수 있다.
- 밀가루에 물감과 같은 색소를 넣으면 색이 변한다.
- 밀가루는 청소기로 빨아들여진다.
- 밀가루반죽은 길게 늘이면 늘어나고 되돌릴 수 있다.
- 밀가루반죽을 불에 가열하면 부풀어 오른다.
- 밀가루로 빵이나 쿠키, 국수, 피자, 자장면 등의 음식을 만들 수 있다.
- 음식은 우리의 건강을 유지하는 데 필요하다.
- 베이킹파우더는 밀가루반죽을 부풀어 오르게 하는 성질이 있다.
- 이스트는 발효 성질이 있다.

(3) 교실환경 구성하기

유아들의 흥미가 유발되고 지속되도록 교실에 밀가루나 빵 관련 정보자료(책, 화보, 비디오테이프, 카세트, 인형 등)를 제공하였다. 그리고 미술과 과학 영역을 강화하여 밀가루, 밀가루반죽, 색 밀가루반죽, 모양을 변형시킬 수 있는 여러 가지 도구(찰흙칼, 빵칼, 모양 찍기, 자, 이쑤시개, 나무젓가락, 나무판, 블록, 스프링 등)를 배치하였다.

교실에 있는 밀과 보리를 관찰해요

(4) 본활동

1 사전 경험 이야기 나누기

'우리 반 유아들은 밀가루에 대해 얼마만큼 알고 있을까?' 반 유아들의 밀가루에 대한 사전 지식을 알아보기 위해 이야기를 나누었다. 반 친구들은 '우리가 손쉽게 먹는 빵, 과자, 라면, 국수, 피자 등 너무나 좋아하는 음식들이 밀가루로 만들어졌다'는 지식을 이미 알고 있었다. 그러나 몇 유아들은 밥도 밀가루로 만들었다는 잘못된 개념을 가지고 있어서 이를 바로 잡아주는 토의를 하였다.

T : 밀가루로 만든 음식에는 어떤 것들이 있을까?

C : 과자요, 밥이요.

T : 밥도 밀가루로 만들었을까?

C : 네에, 아니야, 밥은 밥으로 만든 거야.

T : 그럼 ○○는 밥이 밀가루로 만들어지지 않았다는 거니?

○○ : 네에~ 밥은 밀가루가 아니고 그냥 밥이에요.

T : 아~ 밥은 쌀로 만든 거야.

2 상상, 예측하기

반 친구들은 밀가루를 보고 만져본 경험은 있으나 이를 뿌려보고, 반죽하고 던져보고, 잘라보고, 발라보는 등의 놀이를 해 본 경험이 많지 않았다. 왜냐하면 가정에서는 부모님들이 밀가루에 대한 교육적 탐색활동을 충분히 해 줄 수 없는 상황이기 때문이다. 주로 유아들은 가정에서 밀가루 놀이를 충분히 할 수 없는 이유로 '혼난다' 라고 말하였다. 가정에서는 어린 연령의 자녀일수록 물질에 대한 탐색활동을 충분히 해줄 필요가 있다.

T : 너희들 밀가루를 가지고 이렇게 놀이해 본 적 있니?

C : 아니요, 우리 엄마한테 혼나요, 맞아요, 밀가루로 장난치면 맞아요, 나는 우리 엄마랑 밀가루반죽을 해본 적은 있는 데 던져보지는 못했어요,

T : 그랬구나, 밀가루를 밖에서 날려보니까 어때했니?

C : 재미있었어요, 눈처럼 날라갔어요, 바람이 내 손에 있는 밀가루를 모두 날아가게 했어요, 나는 입으로 후~ 부니까 눈에 들어갔어요, 원감선생님 옷에 묻어서 내가 털려고 했는데 내 손자국이 났어요, 하하하(모두들 웃는다)

③ 내가 만약 밀가루라면......

유아들의 상상력을 자극하기 위해서는 밀가루를 가지고 직접 바람이 부는 밖이나 교실에서 많은 밀가루를 가지고 온 몸으로 체험하면서 친해지는 것이 바람직하다. 유아들은 생각보다 밀가루와 다양한 방법으로 친해졌다. 호~하고 불어보고, 쿵 짝~하고 박수로 밀가루를 날리기도 하고, 바닥에 누워서 밀가루 수영도 했다. 그리고 얼굴에 하얀 밀가루로 화장도 했다. 너무나도 재미있고, 즐거운 밀가루 놀이활동을 하면서 그동안 하지 못했던 밀가루 탐색을 하였다.

그래서 "내가 만약 밀가루라면......"이라는 주제로 상상하기 놀이활동을 하였다.

밀가루 탐색하기

밀가루에서 수영을 해요

그래서 유아들의 상상력을 자극하기 위해서 밀가루가 깃털처럼 가볍게 하늘을 날 수 있는데 "만약 밀가루처럼 하늘을 날 수 있다면..."으로 활동제목을 바꿔서 다시 해 보았다. 유아들은 교사의 언어 형태에 따라 또는 교사의 의도를 파악하면서 교사의 질문에 대답하였다. 유아들은 밀가루가 되어 자신이 여행하고 싶은 장소를 말하면서 즐거운 상상의 시간을 가졌다.

T : 만약에 너희들이 밀가루라면 뭐가 되고 싶니?

C : 피자요, 빵이요, 과자요.

T : 선생님은 밀가루가 되면 하얀 깃털처럼 구름 위로 날아가 보고 싶어.

C : 난 바다에도 가고, 산에도 가고 싶어요. 아빠한테 가고 싶어요. 하늘 나라에 가보고 싶어요.

T : 왜 아빠한테 가고 싶어요.

C : 아빠가 좋아요.

교사는 5살의 어린 연령 유아들도 무한한 상상의 세계를 꿈꾸고 이를 언어로 표현할 수 있는 능력을 가지고 있으며 프로젝트도 유아의 언어발달을 강화시키는 방향으로 진행되어야 함을 깨닫게 된다.

④ 빵은 어떻게 만들어질까?

유아들은 과자가 밀가루로 만들어졌다는 사실을 알지만 그 과정에 대해서는 모르고 있었다. 특히 과자가 만들어지는 과정을 직접 경험을 통해 지식을 습득해 본 친구들이 반에 많지 않았다. 그래서 이와 관련된 토의를 한 뒤 제과점으로 견학을 가서 과자 굽는 과정에 대해 제과제빵사로부터 보다 정확한 지식을 배우는 시간을 가졌다. 특히 밀가루가 어떤 과정에 의해 만들어지는지 유아들이 질문하기도 했다. 또한 유아들은 과자가 만들어지는 과정과 여러 가지 모양에 대해서 많은 궁금증을 보였다.

T : 얘들아 밀가루에 대해 궁금한 게 있니?

C : 빵은 어떻게 만들어져요. 빵은 공장에서 만들어지는 거야. 그것도 몰라. 과자가 공장

에서 만들어지는 것은 알구 있다구. 근데 어떻게 만들어지냐고? 그러니까 공장에서 만들어진다고... 그래서 엄마가 마트에서 사오는 거야.

위의 유아-교사 간 대화에서 볼 수 있듯이 유아들은 궁금한 것들에 대해 질문을 하고 이를 친구에게 알려주기도 하면서 정보를 공유한다. 즉, 교사가 모든 정보를 유아들에게 알려줄 필요가 없으며 오히려 친구들끼리 대화로 상호작용하면서 문제를 해결해 가는 태도를 형성하도록 돕는 것이 바람직하다.

그러나 유아들이 알고 있는 사전 지식은 정확하지 않기 때문에 이를 돕기 위해 인터넷이나 전문가 초빙을 통해 알아보기로 하였다.

빵을 만들 때 필요한 도구들

5 제과점 견학하기

유치원 근처 지역에 있는 제과점의 도움으로 견학을 하여 밀가루로 만든 다양한 빵과 쿠키를 직접 만들어 보는 즐거운 시간을 가졌다. 반 친구들은 견학을 가기 전 제과제빵사에게 물어볼 질문목록을 준비해 갔고 그 곳에서 질문에 대한 대답을 들을 수 있었다.

- 반 친구들이 밀가루에 대해 궁금한 질문들
  - 밀가루는 어떻게 만들어져요?

- 밀과 보리는 어떻게 달라요?
- 밀가루가 어떻게 과자가 되나요?
- 과자의 모양이 달라요?
- 과자에 왜 구멍이 있어요?
- 밀가루가 왜 몸에 좋아요?

엄마와 함께 제과점은 많이 가 보았지만, 제과제빵사들이 반죽을 하고 빵 만드는 과정을 가까이에서 보는 것은 처음인지라 유아들의 눈이 초롱초롱 했다.

제과점에서 궁금했던 것을 질문도 하고 맛있는 쿠키도 직접 만들었어요
지금 생각해도 너무 맛있는 쿠키 또 만들고 싶어요

T : 우리가 오늘 제과점에 왜 왔을까요?

C : 맛있는 쿠키도 만들고, 빵 만드는 거 보려구요.

T : 우리 옆에 혹은 뒤에 보면 여러 가지 빵들이 구워져 나와 있어요? 냄새가 어때요?

C : 맛있는 냄새가 나요. 먹고 싶어요.

제과제빵사 : 저희 제과점에 오신 걸 축하합니다. 오늘은 맛있는 쿠키를 만들 거에요. 그런데 그 전에 혹시 궁금한 것이 있으면 아저씨에게 질문하세요.

C : 근데 왜 빵의 모양이 달라요.

제과제빵사 : 빵의 모양은 빵의 종류에 따라서 다르게 만드는데, 빵을 만들 때 틀의 모양에 따라 다르게 모양이 나오는 거야.

C : 근데 왜 빵을 봉지에 넣지 않고 그냥 두나요?

제과제빵사 : 빵이 구은 다음에 바로 봉지에 넣어 포장을 하면 포장지 안에 물이 생겨서 맛도 없고, 금방 상해서 다른 사람들에게 빵을 줄 수 없어요. 그래서 식은

다음에 포장을 하지요.

C : 밀가루는 맛이 없는 데 왜 빵은 달콤해요?

제과제빵사 : 빵이나 과자 그리고 쿠키를 만들 땐 소금, 버터, 설탕이 들어가는데, 그 중에 단맛을 내기 위해서 설탕을 조금 많이 넣어서 달콤한 거야.

현장에서 이루어지는 다양한 질문에 제과제빵사들은 친절하게 대답을 해 주셨다. 그리고 직접 만든 쿠키가 부서질까 조심조심하는 모습도 보였다. 유아들에게는 체험보다 좋은 수업은 없는 것 같다.

⑥ 밀가루반죽으로 만들기(자유주제)

유아들이 다양한 밀가루반죽 조형활동을 통해서 표현능력이 발달하는 것을 볼 수 있었다. 이것은 반 유아들이 점점 밀가루에 관한 지식들을 얻고, 이것을 의미 있게 기억하고 있음을 보여준다. 시작단계에서는 밀가루하면 과자만 생각했던 유아들이 밀가루의 다양한 쓰임새에 대해서 알아가고 있었다. 특히 밀가루반죽으로 다양한 만들기를 했을 때, 5세 유아들이 집중하기 힘든 30분이라는 오랜 시간이 부족할 만큼 즐거운 시간을 가졌다. 특히 자신의 작품을 가지고 나와서 이야기할 때는 자신감과 성취감을 느낄 수 있었다.

꿈틀~ 꿈틀~
기다란 뱀이예요

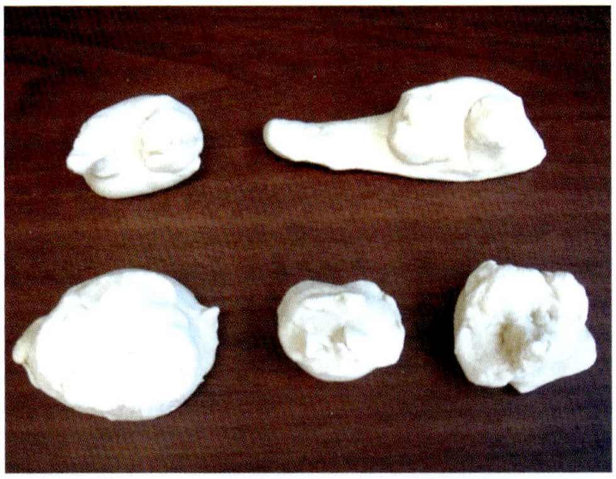

달팽이도 있고, 햄버거도 있고
거북이도 있어요

7 밀가루 풀 그림을 그려요

교사는 유아들이 밀가루를 이용한 다양한 표현활동을 경험할 수 있도록 준비해 준다. 밀가루 풀을 쑤어 색 물감을 혼합하면 핑거페인팅 재료가 된다. 유아들에게 핑거페인팅 재료가 만들어지는 과정에 대해 알려주었는데, 밀가루를 물에 개어보는 과정에서 밀가루가 뭉치는 모습, 물에 풀어지는 모습을 세심히 탐색하도록 격려하였다.

반 친구들은 처음엔 밀가루 풀을 손으로 만지는 것을 싫어하였지만 차츰 물질의 성질과 특성을 감각으로 알아가면서 자신의 생각이나 감성을 표현하는 데 집중하게 되었다. 어린 연령의 유아들에게는 다양한 재료를 이용해 자신의 느낌이나 생각을 표현하도록 도와주는 것이 창의성과 상상력, 표현력 발달에 도움이 된다. 항상 접하는 크레파스와 색연필, 사인펜으로 그리기를 하다가 다양한 색의 풀로 그림을 그리는 경험은 유아들에게 좋은 추억과 기억으로 남는다.

하얀 밀가루 풀에 알록달록 색깔을 넣었어요
빨간색을 넣으면 빨간색이 되고 노란색을 넣으면 노란색 풀이 됐어요
검정색 종이 위에 그렸다, 지웠다, 정말 신기한 마술 그림 같아요

8 냠냠 맛있는 요리활동

제과점 견학을 하고 와서 유아들은 요리활동을 무척이나 기다리고 즐거워했다.

그냥 만들어서 먹기만 하는 활동이 아니라, 밀가루와 물이 만나면 걸죽한 반죽이 됨을 알았다. 그리고 반죽을 뜨거운 팬 위에서 익히고, 단단해지는 과정을 보면서, 과학의 원리를 알 수 있었다. 그리고 반죽하는 과정에서 물을 너무 많이 넣었을 때 친구들이 "밀가루를 더 넣으면 될 것 같아요"라는 이야기를 했다. 즉, 유아들은 밀가루의 양과 물의 양에 따라 반죽의 농도와 점성 정도가 다름을 경험을 통해 알게 되는 기회가 되었다.

유아들이 프로젝트를 하는 시간이 많아질수록 유아들은 밀가루와 하나가 되어 밀가루를 이해하고 있다는 것을 알 수 있었다.

유아들과 핫케이크를 만들었는데 만드는 과정에서 탄성을 지르거나 박수를 치거나 웃거나 유심히 살펴보는 등 활동에 심취해 있음을 알 수 있다. 요리나 과학실험 등은 유아의 과학능력을 발달시키는 바람직한 활동이다. 유아들은 요리 활동을 하면서, 핫케이크 반죽이 불에 가열되면서 구멍이 뚫리고 점점 부풀어 오르는 모습, 익어가면서 고소한 냄새가 나는 것, 불의 세기에 따라 케이크 바닥이 검게 탈 수도 있고 맛있는 갈색이 될 수 있다는 것, 먹어보면 달콤한 케이크 맛이 난다는 것에 대해 머릿속 깊이 각인하였을 것이다.

T : 지금부터 커다란 팬 위에 반죽한 핫케이크를 넣어볼 거야.
얼마나 크게 할까? 이만큼? 아니면 더 크게 할까?

C : 선생님 크게 해요 피자만큼 크게요. 많이 먹고 싶어요.

T : 팬 위의 반죽이 어떻게 변하는지 한번 보자.

C : 선생님 보글보글 거품이 나요. 하얀 연기도 나요. 딱딱 소리도 나요.

T : 그런데 왜 보글보글 거품이 날까?

C : 맛있게 익으려고 그래요

T : 그럼 냄새는 어때?

C : 고소해요, 달콤해요, 빨리 먹고 싶어요.

T : 근데 반죽이 익으니까 색깔은 어떻게 변했니?

C : 갈색이요. 선생님 검정색이요.
야~ 그건 탄 거야! 먹으면 안돼, 그치요?

- 다시 만들어 보기

T : 지금은 맛있게 익었어요.

C : 우와~ 맛있겠다. (박수)

짝짝짝, 뽀글뽀글 거품이 나요

우리가 만들어서 더 맛있어요
세상에 하나뿐이라구요

⑨ 피자빵 만들기

밀가루로 만든 식빵을 이용해 피자를 만들 수 있음을 알고 햄, 옥수수, 피자치즈, 토마토소스 등을 넣어 맛있는 피자를 만들어 먹었다. 만드는 과정에서 여러 가지 실수가 있어 별로 맛이 없는 피자가 되었지만 반 친구들은 자신이 만든 요리라서 '맛있다' 라는 말을 반복하며 정말로 맛있게 먹었다.

C : 선생님 왜 이 피자는 네모예요.

T : 식빵이 네모 모양이라 네모난 피자가 되었지. 하하하

C1 : 그런데 왜 사 먹는 피자는 동그라미예요?

C2 : 그건 밀가루반죽을 동그랗게 하면 되는 거야. 맞아. 그럼 세모피자도 있겠네? (당황하며) 그런 거 없어...

T : 아~ 세모피자. 반죽을 세모 모양으로 만들어서 세모피자를 만들면 재미있겠구나. 하하하

C : 그치요... 세모피자도 있지요오... 하하하

1차 활동 : 살아 있는 이스트

교육목표

이스트는 베이킹파우더, 소다와 달리 작은 생물체로 적당한 조건에서 번식을 하는 발효제임을 안다.

활동자료

이스트(3~4봉지), 설탕, 밀가루, 소금, 사과 주스, 기록표, 풍선 4개, 1ℓ 짜리 병 4개, 그릇 4개, 계량컵, 깔대기

핵심요소

관찰하기, 측정하기, 가설 검증하기, 관찰 기록과 해석

활동과정

1. 4개의 똑같은 1ℓ 병에 설탕, 밀가루, 소금, 사과 주스라고 쓴다.
2. 그릇에 설탕 1/2컵, 따뜻한 물 1/2컵, 이스트 1/4컵을 넣고 잘 저은 후 깔대기를 놓고 설탕표시 병에 붓는다. 그리고 병 주둥이를 잘 묶어 그 병을 옆에 둔다.
3. 그릇과 깔대기를 깨끗이 닦는다. 밀가루 1/2컵과 따뜻한 물 1/2컵에 이스트 1/4컵을 넣고 잘 섞는다. 밀가루라고 표시된 병에 넣는다.
4. 소금 1/2컵과 물 1/2컵에 이스트 1/4컵을 넣고 잘 섞어서 소금이라고 표시된 병에 붓고 옆에 둔다.
5. 사과 주스 1/2컵에 이스트 1/4컵을 넣어서 잘 섞은 다음 사과 주스라고 표시된 병에 붓고 주둥이에 풍선을 잘 묶어 옆에 놓는다. (단 사과 주스는 냉장보관이 안 된 것이어야 한다)
   - 이스트를 부풀게 하는 음식은 무엇인지 예측해 본다.
   - 30분마다 4회 관찰하여 풍선이 부풀어 오른 정도를 기록해 본다.

T : 풍선 모양은 어떻게 변하고 있니? 가장 크고, 작은 풍선은?

T : 병 안에 들어 있는 것은 무엇이니? 무엇처럼 보이니?

T : 거품은 왜 생기지?

T : 빵 반죽에서 이스트가 밀가루, 설탕, 소금, 사과 주스와 섞이면 어떻게 될까?

이스트 반응 관찰표

종류	1회	2회	3회	4회
소금				
설탕				
밀가루				
사과 주스				

- 이스트를 넣은 후 풍선이 부푼 모습

소금

설탕

밀가루

사과 주스

2차 활동 : 베이킹파우더는 밀가루를 부풀게 해요

교육목표 • 막걸리와 이스트의 성질과 특징을 알 수 있다.
• 부풀어 오르는 원리를 이용하여 다양한 음식을 만들어 볼 수 있다.

활동자료 막걸리, 이스트, 소다, 밀가루, 물

핵심요소 • 과학탐구 지능 → 변화과정 관찰하기, 감각 알기, 맛 느껴보기
• 언어지능 → 상황에 맞는 느낌, 생각 표현하기

활동과정

- 도입

  • 술빵, 술떡을 먹어 본 경험을 이야기한다.

• 밀가루를 부풀게 하는 것(소다, 이스트, 베이킹파우더)에 대해 알아본다.
• 우리의 전통주 막걸리에 대해 알아본다.
• 막걸리와 이스트, 베이킹파우더와 소다의 차이점에 대해 알아본다.

<발효식품 막걸리와 이스트의 차이점>

1. 일정한 온도에서 발효시킨 막걸리와 작은 생물체로 적당한 조건에서 번식하는 이스트에 대해 알아본다.
2. 막걸리를 사용하여 만든 빵과 밀가루를 부풀게 하는 이스트를 사용한 빵을 비교, 관찰해 본다.

● 전개

• 우리들이 즐겨 먹는 빵의 재료와 부풀게 하는 재료를 확인하고 함께 알아보고 관찰한다.

------실험------

<살아 있는 발효제>

• 막걸리를 유아들이 관찰한다.
막걸리는 일정한 온도에서 발효시킨 우리의 전통주임을 알고 다양한 음식에 사용됨을 안다.
• 이스트를 유아들이 관찰한다.
이스트는 베이킹파우더, 소다와 달리 작은 생물체로 적당한 조건에서 번식하는 발효제라고 알려준다.

1. 베이킹파우더와 소다처럼 밀가루를 부풀게 하는 이스트를 소개한다.
2. 반죽한 2개의 덩어리(밀가루+막걸리+소다, 밀가루+이스트)를 시간의 차이를 두고 관찰, 알아보는 실험을 한다.
① 밀가루에 막걸리와 소다를 넣으면 어떻게 될 것인지 예측한다.
② 밀가루에 부풀어 오르는 이스트를 넣으면 어떻게 될 것인지 예측한다.
③ 만졌을 때의 느낌(후각, 시각, 촉각, 미각)을 알아본다.

구분	색깔	맛	촉감	냄새
이스트				
소다				
막걸리				

3. 반죽한 2개의 덩어리를 시간에 맞춰 관찰한다.
   - 1시간, 2시간, 5시간 경과 후

구분	1시간	2시간	5시간
이스트			
소다			
막걸리			

4. 2개의 반죽 덩어리가 어떻게 변화되었는지 알아본다.
   - 냄새의 변화, 색깔의 변화, 질감의 변화
5. 2개의 반죽 덩어리로 만든 빵의 변화를 알아본다.

● 마무리

- 막걸리를 사용하여 만든 빵과 밀가루를 부풀게 하는 이스트를 사용하여 만든 빵을 먹었을 때 어떤 느낌(맛, 냄새, 색)이었는지 이야기한다.
- 일정한 온도에서 발효시킨 막걸리와 작은 생물체로 적당한 조건에서 번식하는 이스트가 우리들이 먹는 음식에 사용됨을 안다.
- 우리 주변에서 볼 수 있는 다양한 발효식품을 알아보고 관찰한다.

(5) 평가

- 이 름 : ○○○
- 생년월일 : 20○○년 ○○월 ○○일
- 가족사항 : 아빠, 엄마, 나
- 장래희망 : 경찰관
- 좋아하는 것 : 게임 (컴퓨터)
- 잘 하는 것 : 축구, 농구 등 운동
- 자주하는 놀이 : 소꿉놀이, 자유선택 놀이
- 특 징 : ○○는 기억력이 좋고, 자신이 흥미 있어 하는 활동에는 높은 집중력을 보인다. 또한 다른 유아들에 비해 어휘력이 높아 자신의 생각을 정확히 밝히고, 다른 유아들에게 자신이 알고 있는 지식 등을 알려주며 다른 유아들과도 사이좋게 잘 지낸다.
- 강점지능 : 언어지능, 대인관계 지능

베이킹파우더 성질에 대한 평가표

유아명	○○○	평가 시기	20○○년 ○○월 ○○일
활동명	베이킹파우더가 빵을 정말 부풀게 했나요?		
평가내용	• 베이킹파우더의 성질을 안다. • 물질의 변화과정을 안다. • 양에 따른 물질의 변화를 안다.		
평가상황	요리활동		

체크리스트

평가내용	예	아니오	비고
1. 베이킹파우더의 성질을 인지하였는가?	V		
2. 물질의 변화를 세밀하게 표현하였는가?	V		
3. 물질의 전·후 변화를 비교할 수 있는가?	V		
4. 물질변화 관찰에 적극적으로 참여하였는가?	V		
5. 물질의 양에 따른 변화를 세밀하게 표현하였는가?	V		

서술평가

베이킹파우더가 빵을 부풀게 한다는 특징을 잘 알고 있기 때문에 교사가 빵 만들기의 재료를 말해 보라고 하니 '베이킹파우더'라고 대답한다. 또한 빵이 만들어진 후, 빵이 부푼 이유가 베이킹파우더 때문이라는 것을 이미 알고 있었다. 베이킹파우더를 세 번 넣으면 빵이 부풀 것이라는 것을 몸으로 표현하기도 했다. 베이킹파우더를 조금 넣으면 빵이 덜 부풀기 때문에 맛이 없을 것이라고 말하였다.

빵 재료탐색 일화기록

과학능력 / 유아 이름	가설설정	감각기관 사용	물질변화 인지
○○○	다른 유아보다 쉽게 가설설정을 하였다. 또한 '어떻게 될까?' 라는 교사의 질문에 스스로 생각한 것을 가장 먼저 대답하였다.	다양한 감각기관을 이용하여 재료를 탐색하였다. 손으로 만져보고 냄새도 맡아보고 밀가루나 베이킹파우더를 먹어보기까지 했다.	베이킹파우더가 물질을 변화시켰다는 것을 쉽게 받아들였다. 영수와 마찬가지로 베이킹파우더를 사용하는 모든 활동에서 물질이 변화된 원인을 잘 알고 있었다.

'빵 만들기' 과정 평가표

유아명	○○○	평가 시기	20○○년 ○○월 ○○일
활동명	빵을 만들었어요.		
평가내용	• 빵 만들기를 할 수 있다. • 자신의 생각을 글로 표현한다. • 재료의 특징들을 살려 표현한다.		
평가상황	요리활동		

체크리스트

평가내용	예	아니오	비고
1. 빵 만들기 순서를 이해하였는가?	V		
2. 빵 만들기 활동에 적극적으로 참여하였는가?	V		
3. 재료의 특성을 이해하였는가?	V		
4. 조리기구 사용법에 대해 잘 알고 있는가?	V		
5. 빵 만들기 활동을 통해 성취감을 가졌는가?	V		
6. 물질의 특성을 글과 그림으로 표현하였는가?	V		

서술평가

빵 만들기의 재료는 물론이고, 순서를 거의 알고 있었다. 교사는 약간의 도움으로도 빵을 완성할 수 있었으며, 자신감과 성취감을 '완성했다'라는 외침으로 나타냈다. 빵을 크게 만들기 위해 처음에는 베이킹파우더를 많이 넣겠다고 했지만, △△가 그러면 그릇이 작아진다고 지적을 하자 적당량만 넣었다. 다른 유아들은 만든 빵을 가족을 가져다 주겠다며 먹지 않았지만 ○○는 자신이 만든 빵맛이 궁금하다면서 먹고 가겠다고 하였다.

빵을 굽는 실험 일화기록

과학능력 / 유아 이름	적극적인 실험 참여	새로운 시도	성분에 대한 이해
○○○	차분히 앉아서 교사의 설명을 경청하기도 하고, 교사의 지도에 따라 적극적으로 실험에 참여하였다.	두 번째 빵 만들기 활동에서 빵을 크게 만들기 위해 베이킹파우더를 많이 넣으려고 했지만 △△의 지적으로 적정량만 넣었다.	이미 베이킹파우더라는 것은 알고 있었지만 3차 활동을 통해 빵을 부풀게 한다는 성질을 알게 되었다. 설탕을 넣으면 어떤 맛이 날지, 계란을 넣으면 색이 어떻게 변하는지, 등을 말로 표현하였다.

2) '요요' 프로젝트

(1) 주제 선정 이유

프로젝트를 도입하기 전에 유아들의 관심사를 알아보기 위해서 유아들과 이야기 나누기를 하였다. 유아들에게 가장 좋아하는 것이 무엇인지 물어 보았는데 몇몇 유아들이 요요와 동전을 말하였다. 알고 보니 이것은 최근 텔레비전에서 방영하고 있는 「마법전사 미르가온」이라는 어린이 프로그램에 나온 물건이다. 여러 명의 유아들은 요요를 가지고 있다며 보여주었고, 텔레비전에서 나왔던 모습을 흉내 내기도 하였다. 그러나 유아들은 요요라는 장난감을 다루는 데에 능숙하지 못한 모습을 보였다. 요요를 위아래로 올렸다 내렸다를 반복하지 못하였고 단순히 요요의 실을 잡고 요요를 아래로 굴려 내리는 것에만 집중하였다. 유아들은 요요라는 장난감에 상당한 호기심을 가지고 있었으나 이것을 크게 표출하지 못하였다. 이에 요요를 주제로 프로젝트를 진행함으로써 요요를 다양하게 경험하고 탐색하며 연구하는 시간을 갖고자 했다.

(2) 주요 학습 개념

오늘날 원에서는 여러 가지 이유로 유아들에게 기계나 도구를 분해하고 내부를 검사해 보는 활동은 잘하지 못한다. 아마도 기계와 도구라는 주제 자체가 위험 요소가 많거나 수업 자료를 준비하는 데 번거롭기 때문일 것이다. 그러나 요요는 구하기도 쉽고 조립, 분해하는 데 안전할 것으로 판단되어 이를 주제로 하여 요요가 어떻게 구성되었는지, 요요의 구성 요소와 조립된 방식에 초점을 맞춰 관찰함으로써 기능적인 관계의 이해가 가능하도록 한다.

- 요요를 분해하여 구성 요소를 관찰한다.
- 분해한 기계를 재조립하여 공간적 능력을 발달시킨다.
- 활동을 통해 눈과 손의 협응력이 이루어지고, 정교한 소근육 기술이 발달된다.
- 요요의 탄력과 원심력, 중력을 이용해 상 · 하, 좌 · 우 운동의 원리를 안다.

(3) '요요' 주제 조직망

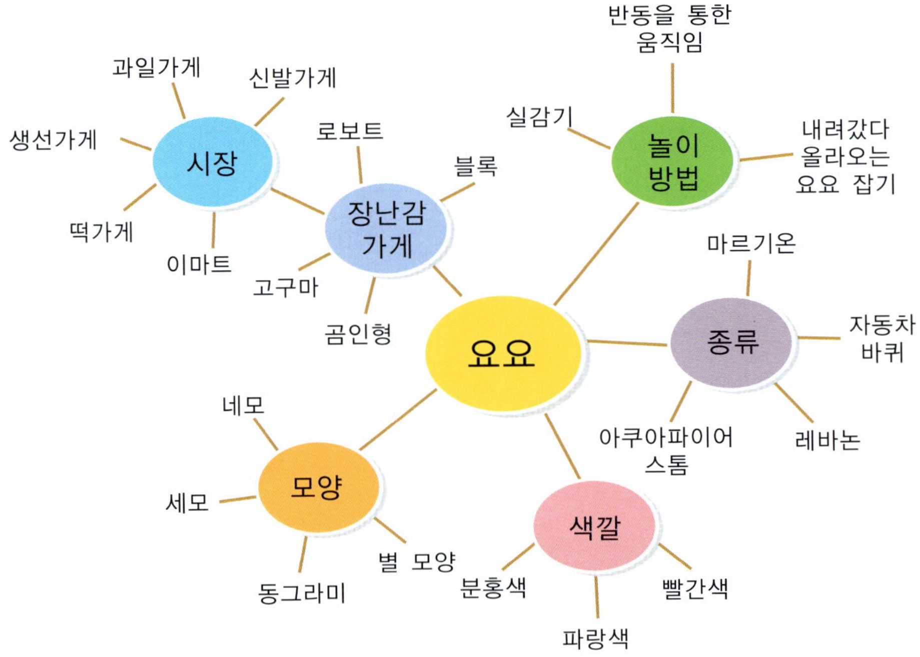

(4) 본 활동

요요 프로젝트는 스펙트럼 프로젝트 활동의 조립활동을 많이 다룰 수 있는 주제이다. 이에 교사는 요요 프로젝트 활동을 하면서 유아의 조립활동을 촉진시키기 위한 조언을 다음과 같이 할 수 있다.

'요요' 조립활동 조언의 유형

• 일반적 조언

"전부 분해하고 다시 전부 재조립할 수 있는지 볼까?"
"이것은 퍼즐과 같은 거야. 각 부분을 떼어내고 다시 전부 붙이는 거란다."
"이 요요에서는 분해할 수 있는 부분이 있단다. 그게 무엇인지 찾을 수 있겠니?"
"또 분해할 수 있는 부분을 찾을 수 있을까?"
"자세히 보세요. 분해할 수 있는 다른 부분을 찾을 수 있겠니?"
"여기서 무얼 하려고 하니?"
"또 결합되어 있는 게 있는지 보렴. 모든 부품들을 하나하나 보렴. 부품들이 어디로 가야 할 것 같니?"
"어떤 부분을 제일 먼저 분해하면 좋을까?"
"어디서부터 시작해야 제일 좋을까?"
"앞과 뒤를 보렴. 떨어져 나올 것 같은 부분이 있니?"
"저 부품은 어디에 붙여야 할 것 같니?"
"맞추기 위해서 이 부품을 움직이거나 고정시킬 수 있는 다른 방법이 있을까?"
"이 부품들이 결합할 수 있는 다른 방법이 있을까?"

• 구체적 조언

"(손잡이에 있는) 구멍들을 보렴. 한 구멍이 다른 구멍보다 더 크니?"
"이것을 돌려보는 것은 어떨까? 이것을 떼어내어 보는 것은 어떨까?" (주요 고정장치나 다른 부품을 가리키면서)
"이 부품을 떼어내면 어떻게 될까?"
"이게 무엇인지 보자." (시범 삼아 주요 고정장치나 다른 부품을 돌려본다.)

1 요요에 대한 사전 경험 나누기와 요요 체험하기 : 서술식으로 풀어쓰기

① 유아의 관심영역과 강점을 파악하기 위해 체크리스트를 작성한다.
② 어떤 것에 흥미를 보이는지 이야기 나누며 조사한다.
③ 장난감으로 브레인스토밍한다.
④ 유아들의 브레인스토밍 종합결과, 요요로 주제 선정한다.
⑤ 내가 알고 있는 요요를 사전에 표상한다.
⑥ 요요를 해 보았던 경험에 대해 이야기 나눈다.
⑦ 요요를 어떻게 하는지 모델링으로 시범을 보인다.
⑧ 유아들이 직접 경험한다.

교사가 요요를 움직이는 시범을 보인 후, 유아들과 어떻게 하면 더 재미있게 요요놀이를 할 수 있을지 생각해 보았다. 그러나 여러 가지 이야기를 나누면서 요요에 대한 궁금증은 더욱 커져 갔고, 다음 시간에 요요에 대해 더욱 자세히 알아보기로 하였다.

2 요요 탐색하기

① 멘터 활용이 불가피하여 동영상 자료를 제시한다.
② 다양한 모양의 요요를 탐색(동그란 요요, 세모난 요요, 네모난 요요)한다.
③ 요요를 만들기 위해 필요한 재료를 원에서 찾아본다.
④ 찾아온 요요 재료를 가지고 직접 만들어 본다.

유아들과 동영상을 보며 요요를 어떻게 다루는지에 대해 관찰하였다. 요요를 하기 어려워하는 유아들도 동영상을 보며 더 잘하고 싶다는 자극을 받게 되었다. 여러 가지 모양의 요요 모양을 탐색한 후, 각각의 요요를 가지고 움직임을 관찰하였다. 그 결과, 유아들 스스로 요요의 모양이 다르더라도 움직임의 변화는 없다는 것을 깨닫게 되었다.

여러 가지 모양의 요요

요요 만들기

유아들은 자신들이 만들 요요 재료를 원에서 직접 찾아보았다.

T : 우와~ 어디 보자~! 우리 친구들이 어떤 재료를 준비해 왔는지 한번 볼까?

C1 : 저는 네모 블록 요요 만들려고 2개 가져왔어요.

C2 : 요요 모양이랑 비슷해서 이걸로 가져왔어요. 이쁜 요요 만들 거에요.

C3 : 세모 모양 요요 만들고 싶어서 세모 모양 찾아왔어요.

C4 : 저는 동그란 요요를 만들 거에요.

자신들이 가져온 재료로 직접 요요 만들기를 시도해 보았다. 그러나 생각대로 쉽게 만들어지지 않자, 교사에게 계속적으로 도움을 요청하거나 불만을 표현하였다. 그리하여 다음 시간에 나만의 요요를 만들기 위한 재료에 대해 더욱 자세히 알아보기로 하였다.

3 요요 분해하기

① 요요가 어떻게 움직이는지에 대해 이야기 나눈다.

② 요요를 자세히 관찰한 후, 분해한다.

③ 분해한 요요의 부품을 그림으로 표현(분해활동 1차 표상)한다.

④ 분해한 요요의 부품을 종류별로 분류한다.

⑤ 분해한 요요를 재조립한다.

⑥ 요요 2차 표상한다.

유아들이 직접 요요를 분해해 보았다. 유아들이 요요를 분해한 결과, 두 원 사이에 뾰족한 나사가 있다는 것을 알게 되었다.

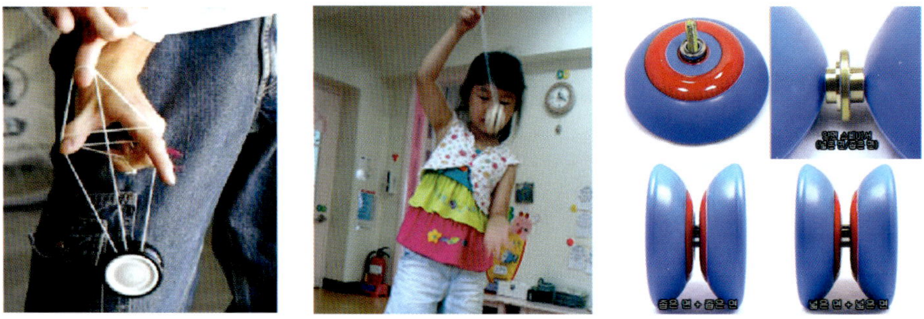

요요의 모습

요요를 분해한 후, 각 부분에 대해 더욱 깊이 탐색하기 위해서 부품을 대고 그대로 따라 그려보았다. 요요를 분해하고, 부품의 종류에 따라 분류해 보았다. 요요가 어떤 것으로 이루어지는지 확인하고, 각각의 요요 모양은 다르지만 요요를 이루고 있는 부품의 종류와 개수는 같다는 것을 알게 되었다.

분해한 요요를 순서대로 짝 짓기

OO의 요요 재조립하기

분해해 보았던 요요를 다시 조립했다. 요요의 각 부분을 순서에 맞게 끼워 넣으면서 조립하는 모습을 볼 수 있었다.

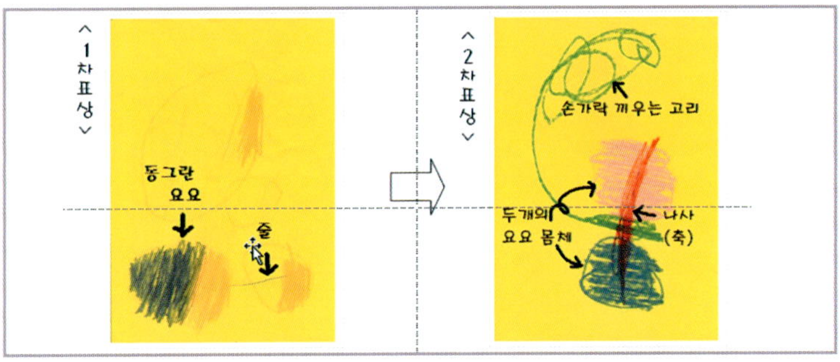

○○의 요요 1차 표상 ○○의 요요 2차 표상

○○는 1차 표상에서 요요의 〈몸체와 줄〉만을 기억해서 그렸다. 요요를 직접 분해하고 자세히 탐색하는 과정에서 요요가 몸체와 캡으로 이루어졌다는 것을 확실히 인식해서였는지 다른 색깔로 그렸다. 또한 줄 감는 틈새에 실이 감겨 있는 것과 손가락을 끼우는 부분까지도 자세히 표현하였다.

4 나만의 요요 만들기

① 요요로 만들 수 있을 것 같은 재료를 탐색한다.

② 유아 스스로 자신만의 요요를 만든다.

③ 요요가 잘 움직이지 않는 이유에 대해 이야기 나누고 원인을 찾아 수정한다.

④ 더 멋진 요요로 꾸민다.

⑤ 완성된 요요를 재미있게 가지고 논다.

튼튼한 요요를 만들기 위해 조립

유아들이 교사의 도움 없이 스스로 만들었을 때는 잘되지 않았다. 그래서 저번시간 요요를 분해하고 조립하던 기억을 떠올리며 교사와 함께 준비된 재료로 다시 만들어 보았다. 그리고 난 후, 잘못된 부분을 수정한 뒤 다시 완성하였다.

(5) 평가

유아의 발달 정도를 체계적으로 관찰하기 위해 관찰법을 사용하여 평가한다. 관찰법은 사람을 관찰하거나 그 사람에게 질문하는 방법으로 유아 상호작용의 속도나 정도, 계속적인 변화 등을 관찰하여 정확하게 해석하고 기록할 수 있는 평가법이다. 활동관찰표를 사용하여 유아가 활동을 진행하면서 보이는 행동의 정도를 수치로 나타낸다.

- 이 름 : ○○○(남)
- 생년월일 : 20○○.○○.○○
- 가족관계 : 부모님
- 좋아하는 것 : 마법전사 미르가온, 요요
- 강 점 : 신체운동 지능, 언어지능

자신이 완성한 요요를
작동시키는 형욱

조립활동 관찰지

이 름 ______________　　　　관찰자 ______________

나 이 ______________　　　　날 짜 ______________

	분쇄기1	분쇄기2	각 항목 총점
	1	1	_____
부분/전체 상관관계	2	2	_____
	3	3	_____
	1	1	_____
문제해결	2	2	_____
	3	3	_____
	1	1	_____
세부항목 주의력	2	2	_____
	3	3	_____
	1	1	_____
섬세한 운동신경	2	2	_____
	3	3	_____
			총점
각 분쇄기 당 총점	_____	_____	_____

설 명

조립활동 채점기준

A. 부분과 전체의 상관관계 인식

1. 유아가 주요 고정장치부터 분해한다는 사실을 모르거나 주요 고정장치를 어디에 조립시켜야 하는지 모르는 경우. 예를 들어, 유아가 주요 고정장치를 기계 위에 놓거나 거꾸로 끼우려 하는 경우
2. 유아가 주요 고정장치를 인식하고 주요 부품부터 재조립하는 것을 알지만 다른 부품을 조립 · 분해하는 데 초기에 어려움을 겪는 경우(예를 들어, 처음에 유아가 부품을 거꾸로 끼우거나 틀린 위치에 끼우려 하는 경우)
3. 유아가 분쇄기를 별 어려움 없이 아주 쉽게 분해, 재조립하고 부품(손잡이와 같은)이 어디로 가야 하는지 쉽게 인식하는 경우

B. 문제해결

1. 유아가 맞지 않는 부분에 억지로 부품을 끼워 맞추려 하는 경우, 쉽게 포기하고 실패하면 다른 일로 옮겨가는 성향이 있는 경우, 부품을 잘못 조립했거나 빠뜨린 부품이 있을 때 어떻게 해야 할지 몰라하는 경우
2. 유아가 억지로 끼워 맞추려 하지만 결국에는 다른 방법을 강구하는 경우, 부품을 잘못 끼웠거나 빠뜨렸다는 사실을 알았을 때 사태를 어떻게 해결해야 할지 어느 정도 생각이 있는 경우
3. 유아가 시행착오 없이, 혹은 실수를 쉽게 인식하고 해결하는 경우

C. 세부항목에 대한 주의력

1. 유아가 하나 이상의 부품을 빠뜨리고, 또 손잡이가 부드럽게 돌지 않거나 분쇄기가 덜컥거리고 흔들려도 시정을 안 할 경우
2. 유아가 모든 부품을 조립했지만 손잡이가 부드럽게 돌지 않아도 시정을 안 하는 경우, 분쇄기 오작동은 유아가 부품을 충분히 조이지 않았거나 너무 세게 조여서 손잡이가 쉽게 돌지 않을 때 발생
3. 유아가 부품 하나 빠뜨리지 않고 완벽히 분해, 조립한 경우 모든 부품이 제대로 조립되었고 손잡이가 부드럽게 돌아가는 경우

D. 섬세한 운동신경

1. 유아가 분쇄 연동 장치를 다루는 데 어려움을 겪고 분쇄기 본체에 결합시키는 데 어려움을 겪는 경우, 유아가 분쇄 연동장치나 손잡이를 잡고 있는 데 어려움을 겪는 경우
2. 유아가 나사를 다루고 조립하는 데 어려움을 겪는 경우, 유아가 부품을 조립하면서 분쇄기를 잡고 있는 데 어려움을 겪는 경우
3. 유아가 모든 부품과 분쇄기를 수월하게 다루는 경우, 덮개와 손잡이를 끼울 때 분쇄 연동장치를 쉽게 다루었지만 너무 세게 쥔 나사를 다룰 때 도움이 필요할 수도 있다

요요 조립활동 과학능력 체크리스트

유아 (나이)	부분/ 전체 상관 관계	문제해결			세부항목 주의력			섬세한 운동신경			총점
		줄 길이 조정 능력	내려간 요요가 올라 오지 않는 문제	줄이 꼬였을 때의 문제 해결 능력	내려간 요요를 끌어올 릴 때 주의력	요요를 분해했을 때	관심 정도	요요 중심에 있는 작은 축을 발견할 수 있는 세심한 관찰력	요요의 바퀴 돌리기	내려간 요요의 줄	
송○○	4	1	1	1	1	2	1	5	5	5	26
이◇◇	4	1	2	1	3	5	5	5	3	5	34
이△△	3	1	1	1	3	1	1	3	3	3	17
최□□	5	1	5	4	3	1	5	5	3	5	37

1=아주 아니다 2=조금 아니다 3=보통이다 4=조금 그렇다 5=아주 그렇다

평가결과 분석

○○는 2차부터 활동을 함께하게 되었는데, 활동 전에는 낯선 우리들에게 거부감을 보이고 무섭다고 울기까지 했으나 활동주제가 요요라는 것을 알고 다른 유아들이 즐겁게 활동을 하자 큰 관심을 보이며 적극적으로 활동에 참여하게 되었다. 일단 마음을 열고 나서부터는 교사와의 상호작용과 친구들과의 상호작용에도 뛰어난 언어지능을 보여주었다. 친구들이 활동진행 상황을 이해 못하거나 모르고 있을 때는 “요요에는 뾰족한 이어주는 것이 있어~”라고 말해 주는 등 활동을 더욱 흥미롭고 효과적으로 진행할 수 있도록 활동의 핵심적인 역할을 해주었다. ○○ 덕분에 다른 유아들까지도 요요를 놀이하는 재미에만 치우치지 않고 요요의 구조나 원리에 관심을 가질 수 있었다. 똑같은 자료를 제공하여도 받아들이고 그것을 표현하는 능력에 있어 발달되어 있는 모습을 보여주었는데, 그 예로 동영상을 보여주었을 때, “빠르게 움직여서 꼭 회오리 같아요.”라고 말을 하였으며, “더 빠르게 해볼 수도 있을 거 같아요.”라고 하며 활동에 뛰어난 집중력까지 보여주었다.

사회영역

6장

01. 사회영역의 개요

미래의 열린사회에서는 다양한 문화를 수용하고 서로 다른 의견을 조정하며 공동의 목표를 위해 협력하는 능력이 요구된다. 인간사회는 관습과 제도 위에 세워졌으며, 인간은 상호 간의 통합에 대한 느낌을 유지하고 발달시켜 나감으로써 점차 사회화되어 간다. 유아는 사회화되어 가는 과정에서 자율성과 독립성을 키워 나가고 인간관계를 배우며, 나아가서 사회생활이 가능해진다. 특히 이 시기에 이루어진 습관은 평생을 통해 지속되며, 자신에 대한 긍정적 관점이나 가치 · 성공감 등의 경험은 다른 사람을 인정하고 받아들이는 데 중요한 기초가 된다. 이러한 맥락에서 유아는 자신에 대한 긍정적 관점을 바탕으로 감정과 욕구를 조절하며, 가족이나 다른 사람과의 상호 이해, 협동과 같은 공존의 기초를 다짐으로써 사회적 능력을 개발해 나가게 된다.

다시 말해 사회성이란 공동체 사회 속에서 타인과 더불어 살아가는 데 자신의 생각과 행동을 조절하여 남과 더불어 사는 방법을 익히고, 사회현상에 대하여 합리적으로 대처해 나갈 수 있는 기초 능력을 배양함으로써 민주시민의 자질을 가지게 된 것이라고 말할 수 있다.

최근 유아교육자들의 관심을 받고 있는 구성주의적 교육 이론에 의하면 지식은 외부에서 주어지는 것이 아니라 유아의 경험을 통해서 구성되는 것이라고 하였으며 유아의 지식구성을 돕기 위해 한 자기 주제에 대해 장기간에 걸쳐 탐색하면서 유아에게 의미 있는 구체적인 경험을 통해 유아 스스로 지식을 구축 및 재구축하도록 하는 프로젝트 접근법을 교수학습 활동의 대안으로 제시하고 있다.

또한 다중지능(MI)이나 감성지능(EQ)등이 학계는 물론 세간의 주목을 받고 있다. 미국 하버드 대학교 교수인 Gardner(1983)는 기존의 지능에 대한 이해를 넘어서서 첫째, 지능을 사회 속에 직면해 있는 문제를 해결하는 지적능력으로 보았고, 둘째, 풍부한 환경과 자연스러운 상황에서 그 문화권이 가치를 두고 있는 산물을 창조해 내는 능력으로 새롭게 정의하였다.

Gardner와 그의 동료들(1998)은 다중지능 이론에서는 사회적 지능, 사회적 이해, 또는 사회성 영역이라고 부르는 영역을 자기 자신과 다른 사람 그리고 그들의 상호작용을 이해하는 능력으로 정의하였으며, 사회적 유능성은 다른 사람들과 상호작용하고 분석적으로 반성하는 과정에서 나타나는 것으로 보았다. 그리하여 유아들이 매일 하는 활동을 통해서 자기 자신과 다른 사람들과의 사회적 관계를 어떻게 이해하는지를 나타낼 수 있는 활동을 고안하고 교사를 위한 관찰의 틀을 고안하였다.

Gardner와 그의 동료들이 개발한 스펙트럼 프로젝트 접근법과 사회적 구성주의 이론에 기초한 프로젝트 접근법의 공통점은 유아가 실제 생활에 관련된 주제를 가지고 장기간에 걸쳐서 하나의 주제를 탐색하도록 한다. 그럼으로써 유아가 의미 있는 지식을 구축하고, 그 과정에서 문제해결 능력, 사회적 상호작용 능력, 창의적 사고능력을 길러줄 수 있다고 전제하여 유아들의 사회적 능력발달을 위한 활동방법을 제시하고 있다.

1) 사회적 지능과 사회적 능력

Gardner와 그의 동료들이 제시한 다중지능 이론에 의하며 모든 사람들은 독특한 지능의 특성을 가지고 있고 이 지능들이 발달하는 것도 다르다고 한다. 이는 유전과 환경의 영향을 받고 있는 것으로 보이며 풍부한 교육적 경험은 각각 개인들의 관심과 능력의 특별한 구성적 발달에 중요한 근원이 된다고 본다. 다중지능이론가들은 인간의 지능을 논리-수학적 지능, 언어적 지능, 음악적 지능, 신체-운동적 지능, 공간적 지능, 대인관계 지능, 개인 이해 지능의 일곱 가지 영역으로 나누었다. 다중지능 이론에 기초하여 각 영역에서 유아들의 능력을 개발시켜주기 위한 교육과정과 평가의 대안적 접근으로 연구되고 있는 스펙트럼 프로젝트는 여덟 가지 영역(언어, 수학, 운동, 음악, 과학, 기계와 도구, 사회적 이해, 시각적 예술)의 학습활동으로 구성되어 있다. 이중 사회적 이해란, 일곱 가지 지능들 중 대인관계 지능과 개인 이해 지능을 발달시키기 위한 활동들로 대인관계 지능과 개인 이해 지능영역을 통합하여 사회적 지능이라고 부르기도 한다. 사회적 능력, 사회적 이해 또는 사회적 지능이라는 용어는 대인관계 지능과 개인 이해 지능을 포괄하는 개념이며 사회성과 사회적 지능의 개념을 비교해 보면 사회성 발달과 사회적 지능발달의 관계를 살펴볼 수 있다.

심리학자들이 제시하고 있는 유아의 사회성에 대한 정의는 다음과 같다.

- 사회규칙에 순응하고, 반사회적인 행동을 하지 않는 행동
- 감정이입, 동기, 또래와의 협동적 상호작용과 같은 긍정적인 행동
- 다른 사람에게 성공적으로 영향을 미치거나 인기라는 단어로 정의되는 사회적 유능감 혹은 효율성
- 인지적 이해(자신과 다른 사람의 관점 및 도덕적 윤리규칙들에 대한 인지적 이해)

개인 이해 지능과 대인관계 지능을 포괄하는 개념으로써 사회적 지능에는 다음과 같은 내용들이 포함되어 있다.

1 개인 이해 지능(자신의 이해)

- 자신의 능력, 기술, 흥미 그리고 차이점 영역을 확인한다.
- 자신의 느낌, 경험 그리고 성취를 반영한다.
- 자신의 행동을 이해하고 이해하기 위해 이러한 반성적 생각들을 표현한다.
- 영역 내에서의 차이점 또는 개인적으로 잘하는 원인이 되는 요인에 대한 통찰력을 보여준다.

② 대인관계 지능(다른 사람에 대한 이해)

- 또래 그리고 그들 활동에 대한 지식을 시범 보인다.
- 다른 사람과 친밀한 경향이 있다.
- 다른 사람의 생각, 느낌 그리고 능력을 인지한다.
- 활동에 기초하여 다른 사람에 대하여 판단할 수 있다.

2) 사회적 이해활동에 대한 개요

사회적 이해활동은 유아의 사회성 학습과 유아에게 잠재되어 있는 사회적 지능을 알아내는 촉진제 역할을 하도록 고안되었다. 우리는 개인 이해와 대인관계를 포괄하여 '사회적 지능'이란 어휘를 사용하였다. 대인관계 지능은 사람과 사람 사이에서 생기는 감정과 사람의 기질, 동기 그리고 의지 등을 알아내는 능력을 말한다. 개인 이해 지능은 ① 자기 자신을 알아내는 지식, ② 유아 자신의 인지적 능력, 결점, 희망 그리고 감정, ③ 자기 자신을 아는 것에 기초하여 반응할 줄 아는 능력, ④ 자신의 행동을 인내하고 이해하는 것에 따라 감정을 표현할 줄 아는 능력을 말한다. 유아의 행동적 측면에만 초점을 맞춘 사회성 발달을 위한 실험적 연구에 비해(나누기, 상호작용하기, 화를 내는 것보다는 말로 화를 표현하기 등) 스펙트럼 접근은 사회적 관계와 그 속에서 유아 자신의 역할을 유아들이 어떻게 지각하고 이해하는지 밝히고자 하는 시도이다.

우리는 기본적으로 유아의 사회적 지능을 나타낼 수 있는 능력을 세 가지 관점(자기 자신의 이해, 다른 사람의 이해, 문화적으로 평가된 사회적 역할 유형)에서 보았다. 사회적 역할 유형에서는 유아가 또래와 상호작용할 때, 촉진자로서의 행동, 리더로서의 행동, 돌보는 사람 또는 친구로서의 행동 중 어떤 형태를 보이는지 관찰할 수 있다.

서로 다른 문화적 가치와 사회적 역할 유형에 대해 관심을 가지는 것은 중요하다. 사회적 이해활동은 유아들에게 각자가 어떤 점이 유사하고 어떤 점이 다른지 탐색하도록 격려한다. 그리고 이러한 것들은 교사와의 활동이나 문화적 다양성을 조사하고 토론하는 토대가 된다.

02. 사회활동을 통한 개념화

사회적 성숙은 넓은 범위의 잠재적 역할을 목표로 한다. 효과적인 치료자들은 사고, 감정, 타인에 대한 행동분석을 통해 그들의 사회적 기술을 나타낸다. 즉, 탁월한 지도자, 협상자, 관리인들은 타인과의 상호작용 속에서 그들의 능력을 드러낸다는 것이다. 이러한 모든 전문가들은 그들의 능력을 드러내 보이기 위해 타인을 필요로 한다. 다시 말해서 사회적 능력이란 조심스럽게 통제된 변인과 함께 구조화된 과제로 손쉽게 평가될 수는 없다. 대신에 관계가 지속적으로 발전하고 집단과 맥락이 계속해서 변화하는 세계를 이해하고 그 속에서 상호작용하는 유아의 능력을 검증할 평가 도구가 필요하다. 사회적 활동영역은 환경에서 그들을 관찰하기 위한 범주 틀(개념 틀)을 선택하여 발전되었다.

이 범주 틀의 일부는 교사들이 또래와의 지속적 상호작용을 모니터하는 데 사용할 수 있는 관찰 가능한 행동 목록이다. 관찰 가능한 행동의 유형은 유아가 교실상황에서 특정한 사회적 역할을 수행하거나 수행하려고 노력하는지를 결정하는 데 사용될 수 있다. 그러나 타인과의 관계에서 수줍어하거나 주저하는 몇몇 유아는 여전히 사회적으로 자각할 수도 있다. 그들 자신과 타인에 대한 유아의 이해를 돕기 위하여 우리는 다음 활동을 설계하였다. 이러한 활동 모델은 교사들이 유아 교실에서 상호작용의 본질을 반영, 확장, 대조하여 평가할 수 있게 한다.

1) 또래 상호작용 검사 목록

또래 상호작용 검사 목록의 목적은 세 가지로 살펴볼 수 있다,

- 또래 상호작용을 분석하는 데 사용될 수 있는 도구를 제공하기
- 유아들이 또래들과의 상호작용 과정에서 전형적 유형의 범위를 기술하기
- 우리 문화에서 일관되게 가치를 두는 긍정적인 사회적 역할영역에서의 강점을 보이는 유아를 찾아내기

평가하기 위하여 교사들은 취학 전 유아들의 또래 간 상호작용이 전형적으로

가지는 특성에 대한 행동과 응답의 넓은 범위를 기술하는 검사 목록을 사용한다. 이 시기의 유아들이 또래와의 관계에서 능력과 흥미의 중요한 변화를 경험함에도 불구하고, 유아 개개인의 행동에 대한 일관된 유형을 식별할 수 있다.

사실상 행동의 일관된 유형이 없어서 다른 또래와 이러한 역할을 지속할 수 있는 유아가 거의 없음에도 불구하고, 3~4세가 되면 유아들이 그 나라의 문화에서 바람직하다고 여겨지는 사회적인 역할의 모습들을 보여준다는 것을 알았다. 예를 들어, 어떤 유아는 울고 있는 친구의 기분을 풀어주기 위해 노력하거나 놀이에 참여하도록 다른 유아를 설득시킨다.

놀이에 대한 취학 전 유아들에 대한 관찰을 바탕으로 볼 때, 이러한 행위들이 성인사회에서도 가치 있는 네 가지 사회적 역할로 기술될 수 있음을 알았다. 지도자, 촉진자, 독립적 참여자, 협동적 참여자이다. 각 유아의 역할을 찾고자 노력하고 약간의 사회적 지원을 필요로 하는 유아들을 교사들이 찾는 데 도움이 되도록 중간범주인 과도기적 유아를 포함시킨다.

일반적 정의와 특징적 행위의 목록으로 각각의 역할을 기술하였다. 또래 상호작용 검사 목록은 각 연령대 유아들 사이에서 각각의 역할을 구분하는 데 도움을 준다. 대부분 이 연령대 유아들의 사회적 발달을 기술하는 행위들은 검사 목록에 포함되지 않는다.

유아의 행위는 관련된 행동 유형과 상호작용하는 유아들에 의해 다양해질 수 있기 때문에, 유아의 사회적 상호작용에 대한 평가는 단일한 관찰 시점으로 제한될 수 없다. 또래 상호작용 검사 목록을 완성했을 때 교사들은 유아에 대한 다중적 관찰과 누적된 지식을 그려내야 한다.

사용된 접근은 특정한 행위들과 더욱 일반적인 유형 양쪽 측면에서의 주의를 포함한다는 점에서 유아들이 또래들과 상호작용한 다른 측정들과 다르다. 유아들의 상호작용에 대한 논의는 종종 '대장 같은' 또는 '조용한' 것과 같이 일반적 특징에 초점을 둔다. 이러한 단계에서 파악할 때, 교사들은 중요한 예외를 간과하거나 유아에게 나타나는 특정한 능력을 인식하는 데 실패할 수도 있다. 반면, 교사들이 특정 행위만을 자각한다면 일반적으로 의미 있는 유형과 역할들의 존재에 대한 시각을 잃게 될 수도 있다.

또래 상호작용 검사 목록을 위한 평가의 절차는 네 가지 기본 단계로 구성된다.

- 교사 자신이나 다른 교사와 함께 각각의 유아를 위한 상호작용 검사 목록을 기록한다.
- 행위가 사회적 역할들 가운데 하나에 대응하는지, 그렇지 않은지를 결정하는 데 요약지를 사용한다.
- 유아가 대체로 긍정적 상호작용을 하는가의 여부와 유아가 약속된 역할을 수행하는 데 성공적인가의 여부를 결정한다.
- 교사의 평가를 확신하기 위해서 부가적으로 공식적 또는 비공식적 관찰을 지시한다.

또래 상호작용 검사 목록에 기록된 행위들의 평가를 위해 [표 6-1]을 참고한다. 이 표에서 특정 행위들은 가치가 부여된 사회적 역할에 따라 범주화된다. 역할을 수행하면서 유아가 행동 유형의 틀을 만드는가의 여부를 결정하기 위하여 사회적 역할의 정의와 행동 특성을 고려한 유아의 개별 요약지를 검토한다. 이러한 역할들 가운데 하나의 역할을 일관성 있게 수행하는 유아는 환경과 또래들에 상관없이 특징적인 행동을 보인다. 일반적으로 말해서, 유아가 한 가지 역할에 여섯 가지 행동 특성 가운데에 네 가지 행동 특성을 일관성 있게 보인다면 그 역할은 또래와의 상호작용 양식을 정확하게 나타내는 것이다. 한 유아가 다양한 역할에 대한 행동을 보인다면, 그 유아와 또래와의 상호작용은 한 가지 역할의 측면에서만 통합되지 않는다. 모든 역할들을 행하는 몇몇 행동도 고려해야 한다. 몇몇의 유아들에게 있어서 다양한 역할 수행은 또래에 대한 지향의 변화를 가리킨다.

교사가 유아의 행동 유형을 특정한 사회적 역할로 고정되었다고 결정한다면, 다음에는 유아가 교실에서 구성적이며 가치가 부여되는 방식에 있어서의 역할을 사용하고 있는지의 여부를 평가해야만 한다. 해석을 확증하기 위하여 교사는 관찰하면서 다음 질문들을 명심하고 유아들과 상호작용한다. 이 유아들이 실제 지도자로서 봉사하는가? 유아들이 성공적인 촉진자인가? 유아들이 효과적인 독립적 참여자인가? 유아들이 역할을 찾고자 애쓰는가? 다른 유아들이 어떻게 그들의 노력에 응답하는지를 주목한다. 시간이 있다면 교사는 이 유아들 중 한두 명을 관찰 대상으로 하여 수업 후에 즉시 검사 목록을 다시 작성한다.

개별적 요약지를 검토하고 좀 더 구체적이고 심화된 관찰을 지시한 후에 교사는 유아 각자가 또래와의 상호작용을 기술하는 서술적 요약(표 6-2 참조)을 작성하고 싶을 수도 있다. 교사는 요약지를 작성할 때에 또래 유아와의 전형적 행동에 대한 두세 가지 사례를 고려하며 이러한 관찰은 중점을 요약하는 데 도움이 된다. 요약지는 부모와 의사소통을 할 때 교실에서 유아에 대한 교사의 관찰로부터 나온 상호작용적 유형과 예를 대신해서 초점을 둔다.

[표 6-1] 또래 상호작용 검사 목록

관찰자		날짜	
유아명		연령	

역할	검사 목록	빈도				
		1	2	3	4	5
협력적 참가자	모방이나 구두 체크를 통해 다른 유아의 활동과 연결 짓는다.					
	대부분 활동을 시작하기보다는 다른 유아들의 지도에 응답한다.					
	놀이 가운데 다툼이 일어났을 때에 기꺼이 타협하거나 그 영역을 떠난다.					
	다른 사람들이 관련되어 계속해서 놀이를 하는 경향이 있다.					
	다른 유아들이 다른 영역에서 놀 때, 부드럽게 상호작용을 시작하면서 그들을 따른다.					
	다른 유아들에 의해 찾아낸다.					
촉진자	놀이 가운데 다툼이 일어났을 때에 중재한다.					
	놀이를 함께 하자고 다른 유아들을 부른다.					
	종종 다른 유아들의 생각을 확장 · 상승시킨다.					
	다른 유아와 협력한다.					

역할	검사 목록	빈도				
		1	2	3	4	5
촉진자	다른 유아들과 기술이나 정보를 공유한다.					
	다른 유아들이 도움이나 주의가 필요할 때, 도움을 주고 배려를 한다.					
지도자	활동에 참여한 다음에 다른 유아들을 이끈다.					
	다른 유아들의 행동을 지시하는 경향이 있다.					
	유아들에게 역할을 할당한다.					
	다른 유아들로부터 조력을 직접적으로 요구하며 받아들인다.					
	유아들이 하는 것에 대하여 유아에게 피드백을 제공한다.					
	놀이하는 동안 다른 유아들보다 항상 더 많은 말을 한다.					
독립적 참가자	다른 유아의 행동보다는 자신의 활동에 더 많은 관심을 기울인다.					
	그런 행동이 자신의 활동을 방해할 때에 대부분 다른 유아의 요구에 응답하지 않는다.					
	자신의 생각을 수행함에 있어서 고집이 세다.					
	놀이를 할 때, 재료에 일차적 초점을 둔다.					
	자주 혼자서 놀이한다.					
	놀이영역의 선정은 친구들의 선호도에 따르기보다는 활동에 대한 흥미를 반영한다.					
과도기적	솔선해서 이끌지만 항상 성공하는 것은 아니다.					
	다른 유아들의 놀이를 관찰하는 데 많은 시간을 보낸다.					
	다른 유아들이 하는 것을 통제하려고 약간의 노력을 기울인다.					
	다른 유아들에게 수용적 존재인지 아닌지에 대한 관심을 표현한다.					
	다른 유아의 요구를 따르는 데에 종종 어려움을 느낀다.					
총 평						

[표 6-2] 또래와의 상호작용을 기술하는 서술적 요약의 예

지도자로서의 힘을 보이는 유아
A는 수년간 지도자의 역할을 가정해 왔다. A는 자부심이 강하고, 고집이 있으며 자신의 생각을 수행하는 것을 매우 즐긴다. 거의 매일 아침, A는 집단활동을 지시한다. A와 함께 '술래잡기' 놀이를 하는 유아들에게 "이봐, 네가 술래야!"라고 소리를 친다. A가 큰 블록을 가지고 놀기로 결정하며 배, 로켓 또는 다른 교통수단을 만들 때에 도와줄 또래를 구한다. A는 혼자서 놀 때도, 종종 다른 유아들이 관심을 가지며 A의 활동에 동참한다.
촉진자로서의 힘을 보이는 유아
B는 그의 모든 친구들과 쉽고 편하게 논다. 그는 참을성이 있고 협상에 기꺼이 응하며, 다른 사람의 관심에 민감하다. 그는 다른 유아들에게 "너랑 함께 놀 수 있니?"라고 묻기 위해 다가간다. 그는 그의 활동에 참여하도록 다른 사람들을 초대한다. 그가 활동에 지쳤을 때, 그는 그의 동료에게 알리고 그들도 이동할 것인가의 여부를 묻는다. 그는 자신의 계획을 수정하고 서로에게 흥미있는 활동을 발견할 만큼 충분한 융통성을 가지고 있다. 그러나 자신의 흥미를 쉽게 접거나 무시하지는 않는다. 논쟁이 있을 때 B는 종종 해결책을 찾아내는 유일한 유아이다. B가 사용 중인 아치 모양의 블록 가운데 하나를 다른 유아가 가져갔을 때 B는 그것을 친구에게 돌려달라고 요구한다. 친구가 돌려주지 않을 때 B는 친구가 가져간 것과 같은 또 다른 블록을 찾아내어 그것을 친구에게 준다.
독립적 참여자로서의 힘을 보이는 유아
C는 친구가 많음에도 불구하고 종종 혼자서 노는 것을 좋아한다. C는 자신감에 차 있으며 놀이 친구를 찾는 데 관심을 기울이지 않고 혼자 앉아 있는 것이 관찰되기도 하며 자주 그렇게 앉아 있곤 한다. C가 다른 친구들과 놀 때, C는 주위를 도는 사회적 행위보다는 재료들에 초점을 맞춘다. 어느 날 C와 세 명의 다른 여자 유아들은 운동장 주변을 서성이고 있었다. 갑자기 C는 "나는 여기서 놀겠어."라고 말했다. C는 막대기를 집어들고 조약돌을 긁기 시작하였다. 그리고 "나는 돌을 찾고 있어."라고 설명한다. C는 놀이에 대하여 폭넓은 창의적인 생각을 가지고 있다. 만족할 행동을 완성하기 전에 주의를 포착하기는 어렵다. C가 혼자서 놀고 있는 동안 그녀는 종종 다른 유아들의 요청을 무시할 것이며 때때로 그들이 C에게 함께 참여할 수 있는가의 여부를 다른 사람이 물을 때 '아니오'라고 말할 것이다.

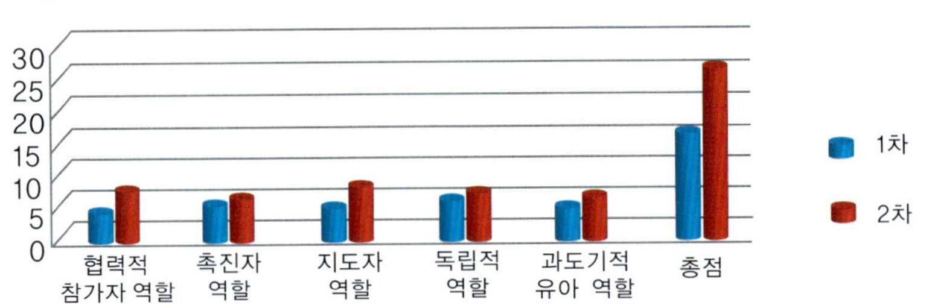

또래 상호작용 검사 전·후 비교의 예

2) 교실영역 관찰 기록지 및 요약지

교실 내의 사회적 사건과 경험들을 관찰, 반성, 분석하여 유아의 능력을 평가하는 동시에 사회적 역할에 대한 유아 스스로의 자각을 조사하는 교실영역 관찰기록지의 예는 다음과 같다. 학령 전 유아의 언어적 성숙은 매우 다양하므로 교실영역 관찰기록지를 유아와 함께 대면하여 작성할 경우 유아에게 과도한 언어상의 요구를 원하기보다는 사회 분석적 기술을 검토하도록 한다.

교실영역 관찰기록은 또래들의 간섭 없이 유아들이 사회적 주제의 범위를 반영하도록 한다. 자기 자신, 타인, 그리고 관계성에 대한 지식을 표현하는 질문은 의도적으로 이러한 또래집단의 가장 적절한 범주로써 유아의 행동과 상호작용에 초점을 둔다.

교실영역 관찰기록지

이 름 ______________ 관찰자 ______________

나 이 ______________ 날 짜 ______________

1. 교실에서 놀이하며 가장 많은 시간을 보내는 영역은 어디인가요?
   그 영역이 좋습니까? 그 이유는 무엇입니까?
   그 영역에 이미 친구들이 많이 있다면 어떻게 할까요?
   다른 영역을 선택한다면 어떠한 영역을 선택할 것인가요?

2. 교실영역에 대한 사진이 있습니다.
   가장 좋다고 생각하는 영역은 어디인가요?
   그 이유는?
   가장 좋다고 생각하는 영역에서 가장 좋아하는 활동은 무엇인가요?
   가장 활동하기 어려운 영역은 어디인가요?
   그 이유는?

3. 다른 친구들이 놀이하기 좋아하는 영역을 이야기해 봅시다. 그 영역에서 자주 놀이하는 친구는 누구인가요? (영역 / 친구 이름)
   tip 만일 친구를 한 명만 이야기하면 "다른 친구는 없나요?"라고 물어본다.

4. 학급에서 특별한 친구가 누가 있는지 알아봅시다. 특별한 친구를 세 명 이야기하고 그 친구와 함께 주로 놀이하는 영역을 물어본다. (친구 이름 / 영역)

5. 학급에서 다른 친구들이 놀이하는 것을 지켜보는 데 가장 많은 시간을 쓰는 친구가 누구인지 이야기해 봅시다.

6. 학급에서 거의 혼자 노는 것을 좋아하는 친구가 누구인지 이야기해 봅시다.

7. 질문 4의 특별한 친구 중 가장 특별한 친구는 누구인지 말해 주세요. 무엇이 그 친구를 특별한 친구로 여기도록 했나요?

8. 질문 7의 가장 특별한 친구가 장난감 때문에 다투고 있다고 생각해 보세요.
   여전히 그 친구가 가장 특별한 친구인가요?

9. 학급에서 다른 친구들을 도와주는 친구가 누구인지 이야기해 봅시다.

10. 학급에서 대장 행세를 하며 종종 다른 친구들에게 무엇을 해야 할지를 말하는 친구가 누구인지 이야기해 봅시다.

11. 어느날 선생님이 친구들에게 놀이시간에 차례로 선생님이 되어보라고 말씀하셨다고 생각해 보세요.
    누가 먼저 그 날의 선생님이 되기를 바라나요?
    왜 그 친구를 선택했나요?

교실영역 관찰요약지

유아 (나이)	자기 자신에 대한 이해			다른 사람에 대한 이해					사회적 역할에 대한 이해						총계
	질문1 2점	질문2 2점	자신에 대한 총계	질문3 1점 ~ 6점	질문4 1점 ~ 6점	질문5 2점	질문6 2점	다른 사람에 대한 총계	1점 : 이유를 대답하지 않을 때 2점 : 전형적인 답변 3점 : 익숙하지 않은 답변					사회적 역할에 대한 총계	
									질문7	질문8	질문9	질문10	질문11		
A	2	2	4	5	6	2	2	15	2	1	2	2	2	9	28
B	2	1	3	5	6	1	2	14	2	2	2	2	2	10	27
C	2	2	4	5	6	2	1	14	1	1	2	3	2	9	27
D	2	1	3	4	5	2	2	13	2	2	2	2	2	10	26
E	2	1	3	4	5	2	2	13	2	2	2	2	2	10	26
F	2	2	4	5	6	2	1	14	1	1	2	3	2	9	27
G	2	1	3	5	6	1	2	14	2	2	2	2	2	10	27
H	2	2	4	5	6	2	2	15	2	1	2	2	2	9	28

03. 사회영역 평가의 실제

1) '나의 꿈' 프로젝트

(1) 주제 선정 이유

'나의 꿈' 프로젝트는 유아들에게 희망을 주고 유아들이 자신의 미래 모습을 생각해 볼 수 있어서 유아들과 함께 활동하기에 좋은 주제라 생각한다. 또한 유아들이 장래 희망, 직업, 미래 나의 모습 등에 대해 알아보고 생각해 볼 수 있는 적절한 주제로 개인 이해 지능의 향상에 미치는 효과 또한 기대할 수 있다.

(2) 활동 목표

- '나의 꿈' 프로젝트를 통하여 내가 잘하는 것, 되고 싶은 것을 알 수 있다.
- '나의 꿈'을 계획하고 알아보며 미래 자신의 행복한 삶을 계획해 볼 수 있다.
- '나의 꿈' 프로젝트를 통해 자신에 대해 더 자세히 알며 자신감을 갖고 긍정적이고 밝은 마음을 지닐 수 있다.

첫 번째 이야기

꿈에 대해 유아들과 이야기를 나누며 꿈에 대한 유아들의 개념을 브레인스토밍 한다.

T : 얘들아, 꿈이라는 것이 무엇일까?
어떤 것을 꿈이라고 하지?

C : 잠잘 때 꾸는 꿈, 커서 하고 싶은 거…

T : 맞아. 우리가 잠잘 때 꾸는 꿈도 있고, 한결이가 이야기한 것처럼 우리 친구들이 이 다음에 커서 되고 싶은 것을 꿈이라고 하기도 해.

C : 아~

T : 선생님하고 오늘 이렇게 친구들이랑 꿈 이야기도 하고 우리 친구들의 장래희망도 알아

보는 재미있는 활동들을 할 거야.

C : 와~ 신나요!!!

T : 친구들은 커서 어떤 사람이 되고 싶어요?

C1 : 저는 선생님이 되고 싶어요. 아빠도 되고 싶고요.

T : 와~ ○○은 선생님이 되고 싶구나.

맞아. 유아들을 가르치는 멋진 선생님이 되면 좋겠다.

C2 : 선생님, 저는 엄마가 될래요.

C3 : 저는 소방관아저씨도 되고 싶고 경찰관 아저씨처럼 멋있는 사람이 되고 싶어요.

T : 우와~ 우리 친구들 꿈이 너무 너무 멋져요.

그럼 나는 이 다음에 커서 되고 싶은 꿈을 친구들에게 소개해 보자.

두 번째 이야기

유아들의 생각에 대해 이야기를 나누어 보고 자유로이 나온 개념들을 유목화 시킨 후 구체적 활동으로 '꿈 비행기 만들어 보기' 활동을 진행한다.

T : 자, 지금까지 너희들과 함께 꿈에 대해 이야기를 해 보았는데, 이제부터는 선생님이랑 꿈 비행기를 만들어 볼 거야.

C : 우와~ 나 비행기 만들 수 있어요.

T : 그래? 비행기를 색종이로 예쁘게 접어서 날려볼 건데 비행기를 접을 수 있는 친구들은 혼자 접어도 괜찮고 또 못 접는 친구들은 선생님이 도와줄게요. 그런데 이 비행기는 그냥 비행기가 아니야.

C1 : 알아요. 꿈 비행기잖아요.

T : 그래 맞아. 예쁘게 비행기를 접어서 아까 우리가 이야기한 꿈을 적어보고 예쁘게 꾸며 주자. 알겠지?

C2 : 선생님 비행기 접을 줄 몰라요.

T : 우선 여러분이 맘에 드는 색종이를 하나씩 고르고 선생님이 접는 방법을 알려줄게요. 따라 해 보세요.

(비행기를 접고 사인펜으로 자신의 꿈을 비행기 안에 쓴다. 색종이로 비행기를 예쁘게 꾸민다)

T : 꿈 비행기가 다 완성됐나요?

C : 네~ 선생님 우리 비행기 날려봐요.

T : 그래 우리 친구들 모두 일어나서 비행기를 날려보자.

누가 누가 더 멀리 꿈 비행기를 날리는지 한번 해 볼까?

C : 네~ 좋아요!!!

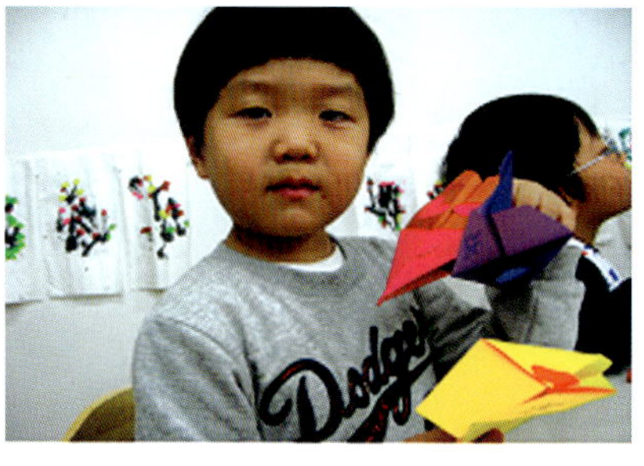

프로젝트를 시작하는 활동의 두 번째 경험 이후 유아들의 개인 이해 지능 및 사회 적응력과 관련된 문항에 다음과 같은 체크리스트를 작성하여 본다. 이는 프로젝트 활동의 진행과정과 마무리 후 다시 재평가하여 활동을 통한 유아의 개인 이해 지능 및 사회 적응력의 변화를 상호 비교하여 볼 수 있다.

개인 이해 지능

번호	문항	전혀 아니다	거의 아니다	가끔 그렇다	자주 그렇다	거의 항상 그렇다
1	유치원에서 친구나 교사를 돕는다.					
2	친구들 사이에서 어떤 문제가 생겼을 때 원만하게 해결하는 것이 어렵다.					
3	부모나 교사의 기대를 이해하는 것이 어렵다.					
4	자신의 감정과 기분을 통제할 수 있다.					
5	자신이 몰두하는 활동과정 중에 해야만 하는 일이 있을 때 바꿔서 한다.					
6	지적당하기 전에 자신의 실수를 고치려고 한다.					
7	다른 또래에 비해 집중력이 있다.					
8	하고 있는 일이 완성될 때까지 그 일에 몰두하여 완성한다.					
9	슬프거나 실망스러울 때 자신에게 용기를 줄 수 있는 방법들을 스스로 찾을 수 있다.					
10	스스로 결정을 내리거나 계획을 잘 세운다.					
11	혼자 있을 때 활동을 스스로 찾아 즐겁게 한다.					
12	다른 또래에 비해서 과제를 혼자서 준비하고 정리하며 잘 완성한다.					

사회 적응력 관련 문항		1	2	3	4	5
적응력	모방이나 구두 체크를 통해 다른 유아의 활동과 연결 짓는다.					
	놀이하는 동안 다른 유아들보다 항상 더 많은 말을 한다.					
	다른 유아들과 기술이나 정보를 공유한다.					
	유아들에게 역할을 할당한다.					
	다른 유아와 협력한다.					
적극성	활동에 참여한 다음에 다른 유아들을 이끈다.					
	놀이를 함께 하자고 다른 유아들을 부른다.					
	솔선해서 이끌지만 항상 성공하는 것은 아니다.					
	다른 유아들의 행동을 지시하는 경향이 있다.					
	다른 유아들에게 수용적 존재인지 아닌지에 대한 관심을 표현한다.					
	다른 유아들에 의해 찾아낸다.					
감정 조절	놀이 가운데 다툼이 일어났을 때에 중재한다.					
	놀이 가운데 다툼이 일어났을 때에 기꺼이 타협하거나 그 영역을 떠난다.					
	다른 유아들로부터 조력을 직접적으로 요구하며 받아들인다.					
	자신의 생각을 수행함에 있어서 고집이 세다. 자주 혼자서 놀이한다.					
	다른 유아의 요구를 따르는 데에 종종 어려움을 느낀다.					
이타성	종종 다른 유아들이 생각을 확장 · 상승 시킨다.					
	대부분 활동을 시작하기보다는 다른 유아들이 지도에 응답한다.					
	다른 사람들이 관련되어 계속해서 놀이를 하는 경향이 있다.					
	다른 유아들이 하는 것을 통제하려고 약간의 노력을 기울인다.					
	다른 유아들이 다른 영역에서 놀 때 부드럽게 상호작용을 시작하면서 그들을 따른다.					
	유아들이 하는 것에 대하여 종종 유아에게 피드백을 제공한다.					
	다른 유아들이 도움이나 주의가 필요할 때 도움을 주고 배려를 한다.					

사회 적응력 관련 문항		1	2	3	4	5
집중력	다른 유아의 행동보다는 자신의 활동에 더 많은 관심을 기울인다.					
	놀이를 할 때 재료에 일차적 초점을 둔다.					
	놀이영역의 선정은 친구들의 선호도에 따르기보다 활동에 대한 흥미를 반영한다.					
	그러한 행동이 자신의 활동을 방해할 때에 대부분 다른 유아의 요구에 응답하지 않는다.					
	다른 유아들의 놀이를 관찰하는 데 많은 시간을 보낸다.					

세 번째 이야기

이야기 나누기 활동을 통해 다양한 직업을 알아보고 동화 읽기 활동을 통해 나의 꿈을 이루기 위한 노력에 대해 유아들과 함께 알아보는 시간을 마련한다.

T : 우리 『아기 나무의 꿈』 동화책을 읽었지요? 아기 나무가 꿈을 이루기 위해 어떤 노력을 했다고 했지?

C1 : 뜨거운 해님을 참았고... 또...

C2 : 아! 추위도 참았어요.

T : 맞아. 이렇게 아기 나무는 멋지게 어른 나무가 될 때까지 힘들지만 참고 노력을 했어.
자, 지금부터 아기 나무가 꿈을 이루기 위해 노력했던 것처럼 우리 친구들도 노력해야 할 점을 한 가지씩만 여기에 쓸 거야.
그런데 우리 처음 만났을 때 꿈을 이루기 위해 노력해야 할 점을 이야기했었는 데 기억나니?

C1 : 네! 밥 많이 먹어야 해요.

C3 : 음. 건강해야 해요.

T : 맞아. 꿈을 이루기 위해서는 밥도 많이 먹고 또 튼튼하고 건강해야 하지.

C2 : 그리고 또 책도 많이 읽어야 해요.

T : 우와~ 맞아 우리 도현이가 아주 멋진 대답을 해 주었어.

채도 많이 읽고 공부도 열심히 해야 우리가 이루고 싶은 꿈을 꿀 수 있어요.

자, 지금부터 여기에 노력해야 할 점을 쓰고 아기 나무가 어른 나무가 되기까지 어떠한 노력을 했는지 순서에 맞게 연결해 보세요.

C : 네~

마지막 이야기

유아들 꿈에 대해 도움을 주고자 진행하였던 활동을 마무리하며 주변의 인물 중 닮고 싶은 인물들에 대해 이야기를 나누고 감사의 마음을 전하도록 한다.

T : 우리 지금까지 꿈에 대해 알아보면서 우리 주위에 있는 멋지고 훌륭한 직업을 가진 사람들을 많이 봤어요.

C1 : 아빠가 제일 멋져요.

C2 : 소방관아저씨도 멋지고 훌륭해요.

T : 맞아, 이렇게 우리 주위에는 우리를 도와주는 많은 분들이 있어요.

그럼 선생님이 이번에는 그림 카드를 준비해 왔는데 함께 볼까?

C : 네~ 좋아요.

T : 자, 이 사람은 무엇을 하고 있을까?

C1 : 의사선생님이 고쳐주고 있어요.

T : 맞아 의사선생님이 아픈 환자에게 약도 지어주시고 주사도 놔주시고 아프지 않게 돌봐

주고 계셔 그치?

C2 : 목욕하고 있어요.

T : 맞아 목욕시켜 주고 있어. 그런데 이 사람은 몸이 불편한 사람이야~ 이 예쁜 언니가 이렇게 아프고 몸이 불편한 사람을 위해 힘들지만 목욕을 시켜주고 있는 거야!

(모두 그림 카드로 이야기를 나눈다)

T : 이렇게 우리 주위에는 좋은 사람들이 많이 있고 좋은 일을 할 수 있는 직업도 굉장히 많아. 우리 친구들도 꿈을 갖고 있잖아. 열심히 노력해서 이렇게 멋진 사람들이 되세요.

2) '웃어요 치즈' 프로젝트

웃어요! 치즈!

대상연령 만 4세

교육목표

- 다양한 감정을 표현할 수 있다.
- 나의 감정을 인식하고 표현할 수 있다.
- 디지털 카메라를 활용하여 사진 찍는 경험을 해 본다.

핵심요소

- 나를 알고 사랑하기 : 나의 감정 알고 조절하기
- 예술적 표현 즐기기 : 창의적 표현 즐기기
- 과학적 기초 기르기 : 간단한 도구와 기계 활용하기

활동자료 디지털 카메라, 삼각대, 거울, 여러 가지 표정의 잡지나 신문, TV

활동과정

1. 거울을 보고 여러 가지 표정에 대하여 이야기 나누기한다.
   - 애들아 거울을 볼 때 표정이 어떠니?
   - 찡그린 표정은 어떤 표정일까?
   - 웃는 표정은 어떤 표정일까?

2. 여러 표정 사진을 보고 이야기 나누기한다.

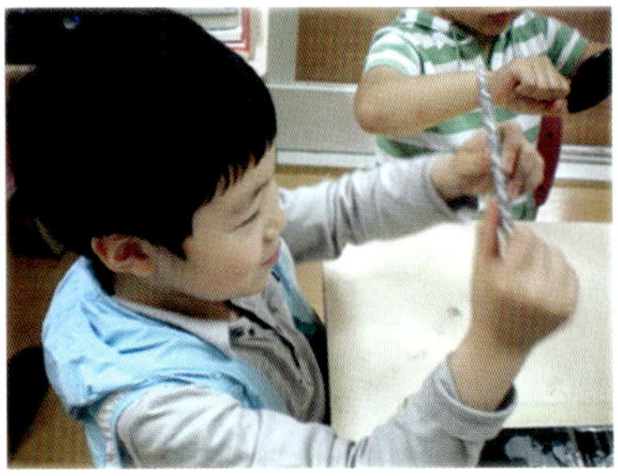

- (웃는 표정) 이 표정은 어떤 표정 같아?
- (놀라는 표정) 이 표정은 어떤 표정 같아?
- (행복해 하는 표정의 사진) 어떨 때 행복하다는 표정이 나올까?
- 입은 어떻게 될까?
- 몸으로도 표현해 볼 수 있을까?

3. 자신이 마음에 드는 사진을 골라 그 표정을 지어보고 사진을 찍는다.
   - 어떤 사진이 마음에 드는지 우리 골라볼까?

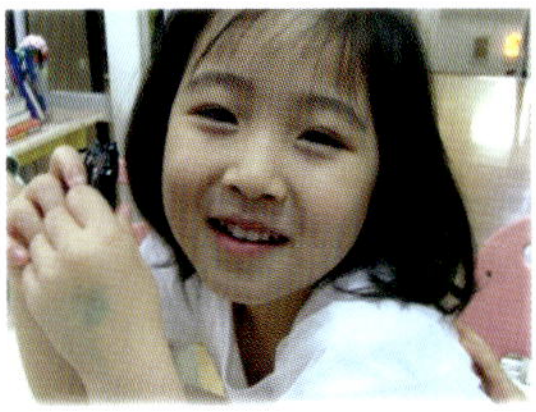
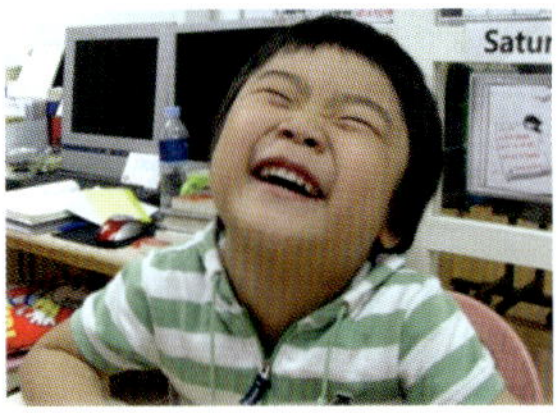
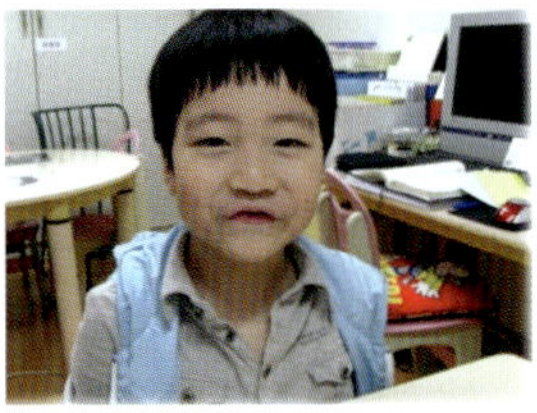

4. 찍은 사진을 유아들과 같이 본다.

- 사진과 친구의 표정이 비슷한 것 같니?
- 어떤 점이 비슷하니?

5. 디지털 카메라의 사용법을 알려준 뒤 유아들이 서로 사진을 찍어보는 활동으로 마무리한다.

활동평가

유아들과 표정 카드를 보고 이야기를 나누었는데, 유아들이 웃는 표정, 우는 표정은 쉽게 이해하였지만 무표정 등 세세한 표정을 이해하는 것에는 어려움이 있었다. 활동이 진행됨에 따라 점차 적극적으로 임하였다.

체크리스트의 예

영역	내용	체크
기본생활 습관	1. 정리정돈을 할 수 있다. (장난감, 작업)	V
	2. 규칙(차례, 약속)을 잘 지키는 편이다.	V
	3. 교사의 지시를 잘 이해하고 따른다.	V
	4. 고마워, 괜찮아, 미안해 등의 말을 적절하게 사용한다.	
	5. 물건을 소중히 다루고 아껴 쓴다.	V
부적응 행동	1. 자기의 의사를 잘 표현하지 못한다.	
	2. 다른 사람과 말할 때 마주 보지 못한다.	
	3. 다른 사람과 이야기할 때 '예, 아니오'라고만 대답한다.	
	4. 친구들에게 자기의 감정이나 의사를 나타내지 못한다.	
사회정서 발달	1. 자신의 감정을 말로 표현할 수 있다.	
	2. 새로운 환경이나 교구에 흥미를 보인다.	V
	3. 성격이 명랑하다.	V
	4. 감정이 쉽게 바뀌는 편이다.	
	5. 문제상황이 생겼을 때 혼자서 잘 해결한다.	V
친사회성 발달	1. 다른 사람의 감정을 이해하고 그에 맞는 말이나 행동을 한다.	V
	2. 친구와 나누어 쓸 수 있다.	
	3. 친구에게 양보할 줄 안다.	V
	4. 다른 사람의 부탁을 들어준다.	V

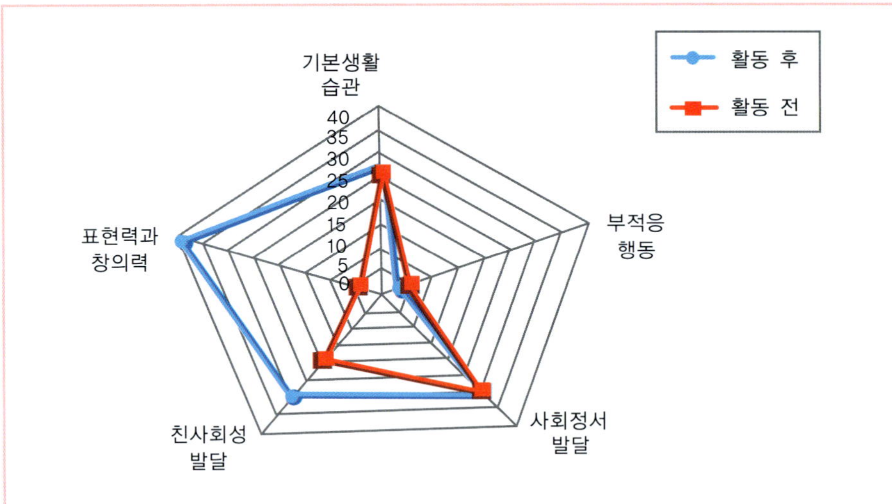
기본생활
습관
40
35
30
25
20
15
10
5
0
부적응
행동
사회정서
발달
친사회성
발달
표현력과
창의력
활동 후
활동 전

기본생활 습관

시각예술 영역

7장

01. 시각예술 영역의 개요

유아들의 미술표현 발달과정에 대한 연구는 많은 학자들에 의해 이루어져 왔지만 두드러진 관점은 유아의 전반적인 발달이 미술표현에 영향을 미친다고 보았던 Lowenfeld(1947), 그리고 전 세계 유아들의 그림을 폭넓게 수집하여 특히 만 6세까지의 표현발달을 아주 섬세하게 밝힌 Kellogg(1969), Gardner(1980) 등의 연구가 대표적이다.

그러나 1980년대 들어서면 Piaget의 인지발달 단계에 대한 표준화된 단계 이론을 부정하는 관점이 등장한 것과 마찬가지로 미술교육에서도 Wilson과 Wison, Kindler 등에 의해 표현발달에 대한 비판적인 주장이 등장한다. 즉, 유아들의 표현발달은 성숙에 의해 발달해 간다기보다는 오히려 그들을 둘러싼 사회문화적인 영향에 의해 표현발달의 양상이 달라진다는 것이다.

Wilson(1982)의 경우는 유아들의 자발적인 표현발달에 관심을 가져 학교 교실에서 산출된 그림보다는 유아가 스스로 그린 그림들을 관찰하여 유아들의 표현발달에 더 관심을 보였다. 같은 맥락에서 Artkinson(2007)은 유아들이 사용하고 있는 서로 차이가 있는 표현 전략에는 개개인의 해석이 들어 있기 때문에 재현의 잣대에 의해 획일적인 관점으로 평가할 것이 아니라 해석학적 이해가 바탕이 되어야 하고, 그것이 표현의 다양성과 창의성을 열어주는 길이라고 했다. 따라서 연령별 표준발달 수준보다는 유아들의 표현이 어떤 과정을 거쳐 발전해 가는가에 대한 계통적 배열에 주목해야 한다. 왜냐하면 같은 연령이라고 하더라도 표현의 발달 수준과 그 과정이 서로 다르기 때문이다. 그러므로 표현의 계통적 배열에 중점을 둔 이해가 필요하고, 이는 무엇보다 유아의 현 상황을 해석하는 데에 필요한 도구로써 더 가치가 있다.

시각예술 활동을 한 후 평가할 수 있는 가장 적절한 평가방법으로는 포트폴리오 평가가 있다. 포트폴리오란 유아들 자신이 만들어낸 작품을 날짜의 흐름에 맞춰서 지속적으로 모아두는 작품집을 의미한다. 학교에서 유아들이 하는 다른 활동처럼 구조화된 프로그램을 포함해서 포트폴리오는 시각예술 영역에서 평가를 위한 중요한 수단이다. 왜냐하면 유아는 특정영역에서 향상에 앞서, 앞으로 한 발짝 나올 수 있고 두 발짝 뒤로 갈 수도 있기 때문이다. 그러므로 교사는 어린 유아들의 예술능력을 정확하게 평가하기 위해서는 오랜 시간에 걸쳐 수집된 많은 샘플을 볼 필요가 있다. 한 사람이 그린 하나의 그림만으로 인간을 묘사하는 유아의 능력을 알아내기는는 충분하지 않기 때문이다.

교사는 유아 작품에 전체 범위를 포함했다고 확신하기 위해서는 모든 예술품을 수집할 필요가 있다. 이렇게 작품집이 꾸준하게 쌓이게 되면 변화와 발전을 스스로 파악할 수 있고, 쉽게 평가할 수 있다는 장점이 있다. 또한 교사들이 유아들의 독특한 관심과 스타일을 한눈에 확인할 수 있도록 돕는 데 유용하다. 어떤 유아들은 실제에 기반을 둔 그리기(사실화)를 더 좋아하는 반면, 다른 유아들은 자신들의 상상에서 나온 작품(상상화)을 더 좋아하기도 한다. 묘사하기에 있어서 어떤 유아들은 특정 대상과 형태 그리기를 선호할 수 있기 때문이다.

특히 유아들은 자신의 작품을 만든 순서대로 보관을 하게 되면, 스스로 자신의 변화를 한 눈에 볼 수 있어 생각과 표현의 성장을 쉽게 알 수 있다. 또한 장점과 단점을 스스로 파악하고 느낄 수 있어 앞으로의 발달과정에 긍정적인 영향을 줄 수 있다.

스펙트럼 예술활동들은 유아들이 다른 방법으로는 시도할 수 없는 예술과제들의 범위를 완성할 것이다. 자유탐구와 제공된 활동들 모두를 포함하는 유아들의 포트폴리오는 세 가지 범주에서 평가된다. 묘사의 수순은 이들 요소들을 공간적으로 보다 큰 디자인으로 통합할 수 있도록 상징을 만들 수 있는 능력이다 (Feinburg, 1879). 탐구의 정도는 유연성, 생산성, 창의성, 다양성이 유아의 디자인과 묘사적 그리기에서부터 예술 재료들의 사용에서 나타는 정도까지를 말한다(Feinburg, 1988, 1990; Gardner, 1980; Goodman, 1988; Strauss, 1978). 마지막으로 예술성의 수준은 감정을 묘사하고 특정 효과를 산출하고 예술작품을 장식하기 위해 선 · 형태 · 색깔과 같은 예술의 다양한 요소들을 이용할 수 있는 능력을 말한다(Feinbug, 1988, 1990; Gardner, 1980; Goodman, 1968, 1988; Winner, 1982).

02. 시각예술 활동을 통한 개념화

1) 그림이 형성되는 발달과정

(1) 난화기 : 2세 미만

난화기란 인간은 기본적인 그리기 능력을 선천적으로 타고나는 것을 의미하는 것으로 2세 미만의 유아들이 그린 난화는 기본적인 선 구성이기 때문에 어떤 그림에서도 볼 수 있다.

Kellogg의 난화에 대한 이해를 돕는 20종류의 유형 분류

점, 수직선과 수직 복선, 수평선과 수평 복선, 곡선과 곡 복선, 꼬부랑, 선과 닫힌 선, 지그재그선, 고리선과 겹고리선, 나선, 내부를 채운 동그라미, 동그라미 복선, 퍼지는 원, 교차된 원, 불완전한 원 등이다.

(2) 도형의 발현

유아들이 도형을 그릴 수 있기 전 수많은 낙서를 통해 자연스럽게 배태되어 나오는 것으로 원, 네모, 삼각형 등이 나타나기 시작하는 것을 말한다. 이 형태는 낙서들과 섞여 있어 아직 도형이라고 부르기는 어려우나 난화 속에 도형의 형태가 배태된 형태를 발현적 도형(=초보도형)이라고 부른다.

(3) 도형(3세)

이 시기에는 선으로 십자를 긋고 원, 삼각형 및 기타 형태의 윤곽을 그리게 됨으로써 도형을 만든다. 도형이란 유아들의 난화로부터 배태된 발현적 도형에서 나오고 이러한 형태는 자발적인 것으로 그리기 동작과 특정 형태를 좋아하는 유아의 성향과 상호작용한 결과이다.

Kellogg(1969) 도형의 여섯 가지 유형

- 타원형(원 포함)
- 사각형(정방형 포함)
- 삼각형
- 십자
- 대각십자
- 다양한 폐곡선

(4) 연합과 집합(3~4세)

도형을 그리게 되면 유아들은 도형을 2개 혹은 3 이상 겹쳐 그리거나 나란히 늘어놓는 구성을 만드는데, Kellogg는 이를 연합과 집합으로 이름 붙였다. 여섯 가지 유형을 가지고 만들 수 있는 연합과 집합은 무한히 많고 보통 유아들은 3~4세 사이에 연합과 집합을 자주 그리게 된다. 이 시기에 개인적인 스타일이 형성되는데, 기본적인 난화, 도형, 디자인 그림을 그리는 방식과 관계가 있어 성인들 개인의 필적을 식별하는 것과 같이 나름의 스타일을 개발하게 된다. 도형의 집합은 그 형태에 따라 만다라형, 태양형, 방사선형으로 구분할 수 있는데, 이 집합들은 특별히 전체적인 균형이 뛰어난 형태들이다.

(5) 얼굴집합과 두족인

인물그림에 대한 최초의 이미지는 3세나 4세경에 난화와 도형을 결합하여 그린 얼굴 형태의 집합이다. 일부 유아들은 태양형의 집합에 눈과 입을 동그라미로 그려넣어 만들기도 하는데 이렇게 얼굴 집합을 그리게 되면 머리에서 바로 뻗어나온 팔과 목에서 바로 뻗어나온 다리를 가진 사람 형태가 나온다. 이는 앞서 만다라에서 보여주었던 형태로 균형이 강조된 사람이다.

(6) 몸통이 있는 인물(6세)

6세가 되면 인물의 형태는 이제 몸통을 달고 드러나는데, 몸통의 형태는 타원형, 원, 삼각형, 사각형 등으로 아주 다양하다. 그러나 팔과 다리는 싱글라인으로 표시된다. 몸통이 나타나는 초기에는 팔이 귀에서부터 뻗어나오는 형태도 볼 수 있고, 때에 따라 몸통을 싱글라인으로 그리는 막대형 사람도 나타나는데, 이러한 경우는 유아들의 초기 그림 형태라기보다는 성인이나 다른 그림을 묘사하면서 배운 간편하게 사람을 그리는 이종의 전략 중 하나로 볼 수 있다. 7세에 가까워질수록 유아들은 얼굴에 몸통이 있고 양팔과 양다리를 더블라인으로 그린 인물도식을 그리기 시작하고 다양한 형태의 변모과정을 거친 후에는 독특한 형태의 자기 나름의 인물도식을 만든다.

(7) 초기 회화

유아들의 그림에서 사람을 제외한 그림은 주로 동물, 집, 꽃, 나무, 해와 구름, 나비와 새 등의 자연 그리고 탈 것 등이 주를 이룬다. 4~5세의 초기 동물은 직립의 상태로 그려지고 머리에 귀를 그린 것만이 동물임을 나타낼 뿐 사람의 형태와 유사하다. 이후 몸통을 수평의 타원형으로 타원의 아래에 네 다리를 그린 엎드린 동물의 형태가 나타나고 7세에 가까워질수록 동물들의 네 다리는 더블라인으로 그려진다. 그리고 4~5세에 도형의 집합으로 구성되는 집은 삼각지붕에 사각의 벽체를 지닌 것이 흔하지만 시간이 지날수록 더 복잡한 형태로 발전되어 창문을 층별로 배치하거나 빌딩 등의 형태를 나타내기도 한다.

유아들이 사람 다음으로 즐겨 그리는 대상은 꽃과 나무인데, 꽃과 나무의 원시적인 형태는 유아들이 그려왔던 도형, 연합과 집합(태양형, 방사선형) 등에서 나타난다.

2) 표현 특성에 따른 발달과정

(1) 상징기 : 2~8세

① 2~4세 : 비대상화

4세를 전후로 비재현적 표현이 의미 부여에 의한 재현적 상징으로 바뀌는데, 2~4세 동안은 낙서−초보도형−연합−단순한 집합−더 복잡한 집합으로 발달하며 순수 조형인 비대상화를 그리는 시기이다.

초기에는 뒤엉킨 낙서들로 화면을 채우고 반복적인 원을 그리면서 낙서를 통해서 도형과 비슷한 형태들이 생기기 시작한다. 이것을 초보도형이라 하고 삼각형, 마름모, 사각형 순서로 발달한다. 도형을 그릴 수 있게 되면 두세 개씩 포개 그리거나 나란히 배치해 연합과 집합을 구성하게 된다.

4세에 가까워질수록 짜임새 있는 구성력을 보이는 비대상화는 단순한 도형을 시작으로 선천적인 균형감에 의해 좌우대칭을 이루면서 구축되어 간다.

② 4~6세 : 의사소통 가능한 상징

동그란 얼굴에 선으로 그린 팔다리가 붙어서 사람을 의미하기 시작할 때에 자신이 그린 형태와 대상에 관계를 지어 의미를 붙이면서 외부 세계에 관심을 갖는다. 어떠한 대상을 그릴 때 한 가지에만 집중하는 경향이 있어 대상들을 공간이 허락하는 대로 나열해서 그리기 때문에 대상의 객관적인 크기나 비례, 위치에 상관없이 공간을 주관적으로 처리한다. 그리고 색을 칠할 때 대상과 무관한 색을 사용해서 독특한 느낌을 준다.

③ 6~8세 도식적 상징

유아들이 자기 나름의 도식을 발명해 내는 시기는 7세경이라 할 수 있다. 도식은 기하학적인 도형으로 구성되고 맨 처음 인물도식을 발명하게 된다. 이때는 이전보다 표현이 더 용이해 그림 그리기가 원활해지고 공간에 대한 객관적인 질서에 눈을 뜨며 놓여 있는 차례대로 그리는 위상기하적인 표현이 나타난다. 물체를 종이의 밑바닥에 붙여 그리면서 객관적인 공간을 구사한다. 또한 자기 마음대로 사용하던 색도 물체가 지니고 있는 고유의 색으로 칠하게 되어 색의 아름다움에도 눈 뜨게 된다.

(2) 재현기 : 8~12세

① 8~10세 : 사실적 재현의 시도

사물의 외형적 사실성에 눈 떠 실물과 가깝게 그리려고 노력한다.

이때는 서투른 사실적 접근과 함께 명암이나 질감에 대하여 알게 되지만 표현 방법이 미숙하여 무늬로 대체하여 그린다. 평면에 여러 가지 무늬가 나타나는 그림을 그리고 장식성이 뛰어나며 중첩을 구사하게 된다. 또한 대상을 입체적으로 표현하게 되는데, 세부적인 표현에 열중하다 보면 전체적인 비례나 균형이 안 맞을 때가 많다.

② 10~12세 : 사실적 재현

사실적인 모방주의의 표방과 논리적 사고발달에 의한 비판적인 시각으로 자율성을 상실한 나머지 모방이나 복사를 더 편하게 느낀다. 지각능력에 비해 표현능력이 부족해 유아가 좌절하게 되고 그림을 통하여 자기의 감정표현을 안 하려고 한다.

3) 시각예술 활동을 위한 환경구성

교사들은 교육과정에서 다양한 그리기 도구와 조각 도구 및 재료를 제공하여 다양한 활동을 할 수 있도록 돕는다. 어떤 유아는 물감보다는 마커로 더 잘 그릴 수 있고 어떤 유아는 철사보다 점토를 사용하는 것에 더 익숙할 수 있다. 따라서 어떤 것을 표현하는 데 있어 유아가 더 잘 표현할 수 있는 재료를 선택할 수 있는 환경을 제공해 주는 것이 바람직하다. 이에 다음과 같이 시각예술 활동을 위한 준비물과 환경설정 방법을 제시한다.

- 크레파스(오일 파스텔) : 다양한 색을 이용해서 스크래치, 프로타주, 크레파스로 문지르기, 찍기, 크레파스 녹이기, 다양한 크기의 크레파스로 색칠(유아들에게 끝부분이나 측면을 사용하게 함), 배틱(배수성의 원리)
- 물감(수채화물감, 아크릴물감, 포스터물감) : 구슬 그림, 핑거페인팅, 롤러 그

림, 데칼코마니, 빨대를 이용한 꽃 그림, 스펀지 그림, 손도장 그림, 발바닥 그림, 천 그림, 상상화 그리기, 색깔 혼합하기, 실 그림, 정물화 그리기, 나뭇잎 그림, 추상화 그리기, 풍경화 그리기, 다양한 표면을 가진 재료들-자연물, 점토류, 조개껍데기, 종이로 된 가방(종이백), 달걀상자, 돌 등 어떠한 사물에 구애받지 않고 그림을 물감의 종류와 특성에 따라 그릴 수 있다.

- **콜라주** : 부직포, 모루, 펠트, 천, 깃털, 소라껍데기, 조개껍데기, 실크, 면, 벨벳, 씨앗, 모피조각, 색종이, 잡지, 한지, 신문, 달력, 골판지, 헝겊, 단추, 빨대, 종이 클립, 코르크, 이쑤시개, 실, 뜨개실, 마카로니, 스파게티, 비즈, 투명구슬, 병뚜껑, 휴지, 수수깡, 철사, 그림을 그릴 수 있는 모든 종이, 벽지 견본과 포장지, 패턴이 들어간 종이, 망사, 그물, 레이스, 방울, 솜, 자연물(나뭇잎, 꽃잎, 나뭇가지, 모레, 돌, 톱밥 등), 여러 가지 색깔 셀로판지등의 투명하거나 반투명한 재료 등 주변에서 볼 수 있는 모든 사물은 콜라주의 재료가 될 수 있다.
- **종이** : 다양한 형태를 만들 수 있는 종이접기, 조각, 가면, 모빌, 꼭두각시, 꽃 등을 만들고 종이를 찢거나 잘라서 어떠한 형태에 붙이는 활동으로는 모자이크가 있다. 그리고 그리기 활동을 통해 종이 각각이 지니고 있는 흡수성, 투명성, 질감 등의 특성을 인식할 수 있다.
- **3차원적 작품 재료** : 밀폐되고 방수되는 보관함에 저장된 찰흙(청자토, 백자토 등), 칼라믹스, 지점토, 유점토, 스컬피, 세공용 점토, 밀가루점토, 철사, 스티로폼, 작은 상자, 모빌, 다양한 자연물(곡식류 등), 나뭇조각, 이쑤시개, 아이스크림 막대기, 풀, 등 다양하게 재활용된 재료들을 사용한다.

03. 시각예술 영역평가의 실제

시각예술 영역의 활동은 기간이 짧은 프로젝트 중심 접근법으로 실시하였다. 스펙트럼 활동은 모두 3개를 실시하였는데, '나는 어떤 동물일까요?', '사자 그리기'와 '명화 이어 완성하기', '다양한 꽃과 잎'에 대한 활동을 하였다.

이 활동을 한 뒤 표현, 탐구, 예술성의 수준을 관찰과 체크리스트, 서술로 평가하였다. 이를 위한 시각예술 평가규준은 다음과 같다.

시각예술 점수규준

탐구의 정도			
요소	1단계	2단계	3단계
색깔	아동은 각자의 그림에서 기본적인 단색으로만 표현한다. 색상 또한 그림의 작은 변화와 함께 일관성 있게 단색을 사용한다.	색깔과 함께 하는 간단한 놀이에 다양한 색깔들을 사용할 수 있다. 색깔 대비와 색깔 혼합의 다채로움과 느낌을 나타낸다.	한 면을 한 가지 색으로 채우려는 노력과 사물의 색과 일치시키기 위해 색의 중첩을 시도하기도 한다.
변화	• 패턴과 디자인에 작은 변화나 움직임이 없이 반복되며 매우 제한된 배열로 나타난다. • 표현된 형태에 변화가 아주 적거나 없는 상태로 나타낸다(그림들을 보면 같은 시간에 똑같은 방법으로 그린 것처럼 같다).	• 그림의 배열순서(점, 선, 원, 타원과 모형들)에 따라 표현하거나 배치된 것을 뒤섞어 표현한다. • 표현된 내용은 패턴, 제목, 주제의 알맞은 형태로 존재한다.	• 디자인 안에서의 선과 모양은 주체적으로 다양한 형태로 변형하여 사용한다(열고 닫기). • 사물이 가지고 있는 모양이나 색에 구애받지 않고 스스로 모양과 색을 만들어낼 수 있다.
역동성	선, 모양, 모형(형태)은 매우 경직된 방법의 표현으로 일관성 있는 묘사이다. 그림이 기본적인 기하학적 형태의 사선으로 조각 맞추기 또는 길 찾기 활동으로 활용된다. 그림에 변화와 반복이 나타난다.	선, 모양, 모형(형태)의 묘사나 표현, 디자인이 활동적이며 생기 있게 사용되어진다. 그림들은 부드럽고 자유로우며 자발적으로 나타난다.	선, 모형과 색깔을 활용해 규칙적인 움직임, 균형과 조화를 선명하게 표현한다. 그림에서 활동적인 모습이 등장한다.
표현수준			
요소	1단계	2단계	3단계
기본 형태	가로선, 세로선, 사선이 따로따로 분리되어 존재한다. 이것은 서로 섞여서 표현되기 때문에 알아볼 수 없다.	일정한 기하학적인 형태(원, 직사각형, 삼각형)들이 나타나 뚜렷한 모양을 갖추고 있지는 않다.	도형의 윤곽이 뚜렷하게 느껴지나 도형을 그림의 기초로 사용하기 시작한다.

표현수준			
요소	1단계	2단계	3단계
기본 형태	사람이나 집 등의 물체들은 불완전하다(올챙이의 두드러진 부분을 빼먹는 것).	물체의 주요한 형태가 나타나기 시작하고 묘사된 그림이 출현한다(팔, 다리, 그리고 사람의 눈 ; 동물의 귀와 눈과 입 ; 창문을 표현하는 간단한 사각형, 사람의 손가락, 눈썹, 신발, 옷 ; 창문의 사각 십자).	그림에 일정한 틀이 생기기 시작한다.
	물체들 내에서나 물체들 간의 크기들이 일관되지 못하다(사람의 몸보다 머리가 더 크거나, 아기가 엄마보다 더 큰 것).	실제 안에서는 본질적으로 일관성 있는 비율(prpor-tion)이 그림에서는 일관성이 없이 나타난다.	비율이 물체와 그림 간, 그림 내의 실제와 근접하고 일괄적이다(손이 발보다 작고, 사람이 집보다 작다).
색상	색상은 두서없이 사용되고, 그림 안에서 표현되어지는 물체와 어떤 관련도 없다.	실제적이고 사실적인 색상을 나타내기 위해 적어도 두세 가지의 복합적인 색을 사용한다. 사물이 가지고 있는 색상 이외의 색을 사용하는 예는 극히 드물다.	선호하는 색이 생기고 즐겨서 표현한다.
공간적 통합	그림의 요소들이 모호하게 떠 있다. 물체나 형체들이 위아래로 비스듬히 산재하여 주변으로 흩어져 나타난다.	기본선에 대한 인식이 적다. 그래서 물체와 그림이 동일하게 표현되지 않거나 종이의 특정부분에만 그린다(한쪽 구석, 혹은 종이의 중앙 등).	물체들은 서로 관련 있게 전체가 한 장면으로 표현된다. 하늘과 땅이란 기본선을 쓸 수 있다. 꼭대기, 바닥, 안팎의 뚜렷한 구분이 나타난다.

예술성의 수준			
요소	1단계	2단계	3단계
표현	그림에 감정이 나타나질 않는다. (예 사람 표정에서 감정을 읽을 수 없다). 그림에서 어떤 감정적 반응이나 태도도 드러내지 않는다.	어느 정도의 모호함이 있지만, 선이나 형태를 통해 감정이나 기분을 드러내는 능력은 분명히 있다. 그림에서 '생기 있음', '슬픔' 혹은 '힘 있음'을 읽을 수 있다.	강한 기분의 정확한 묘사(예 웃고 있는 태양, 울고 있는 얼굴)와 추상적 특징들(예 어두운 색깔이나 늘어진 선들이 슬픔을 표현)을 나타낼 수 있다. 친구의 그림을 보고 그것을 읽어낼 수 있다.

예술성의 수준			
요소	1단계	2단계	3단계
충만감	선에서의 변화(만약 있다면)는 그림을 그릴 당시의 정신적인 영향을 반영한다.	묘사적 그림(예 머리카락이나 눈)에서 하나 혹은 두 개의 특정 요소를 묘사하는 것뿐 아니라 선의 변화들을 디자인에서 특정 효과로 구성해서 사용한다.	자신의 생각을 표현하기 위해 표현방법을 복합적으로 시도하거나 도구를 섞어서 쓸 줄 안다.
역동성	미적 감각이 분명하지 않다. 그림에 정교한 꾸밈이나 정교함이 거의 나타나지 않는다. 다양한 색채가 사용되지만, 그림의 수준을 높이는 데 이용되지는 않는다. 그것은 주로 기능적이다(예 무지개).	꾸밈이 과장되거나 만화 같지만, 색은 꾸밈의 목적을 위해 정교하게 선정된다(예 화장한 얼굴에 여분의 원). 개개의 형태는 어떤 미적 감각과 조화를 나타낸다.	그림은 다채롭고 균형이 잡혀 있고, 리듬감이 있다. 미학적 자기-표현의 과정에서 의미 있는 방식으로 참여하는 자신을 보여준다. 자신만의 미적 기준과 선호하는 장면이 있어 매 그림에 반복적으로 등장한다.

1) '나는 어떤 동물일까요?' 프로젝트

유아들에게 털이 긴 동물에 관한 이야기를 들려주고, 동물 사진을 보여주면서 그 동물들이 가지고 있는 특징이 무엇인지 이야기해 본다. 종이와 그리기 도구를 나눠주고 사자를 그리도록 한 후 사자의 털을 표현할 수 있는 매체를 교실의 매체들과 연결하여 표현해 준다. 완성된 사자를 모아 유아들 개개인의 다양한 표현들을 감상하고 이야기하는 시간을 갖는다.

사자 그리기

에피소드

"나는 어떤 동물일까요?" 활동을 하기 전 유아들과 문화적 자료를 통해 다양한 동물의 털에 대해서 이야기를 나눈다. 털에 대한 표현을 어떤 매체로 꾸미면 좋을지 선택하는 과정에서 ◇◇는 다양한 털실이 들어 있는 바구니를 들어 보이며 "이것도 털이잖아요. 이것을 잘라서 붙이면 좋을 것 같아요."라고 이야기를 한다. ○○는 한참을 고민하며 주변을 관찰하다가 무엇이 좋을지 생각하는 중에 마침 딱 맞는 것을 찾았다는 표정으로 "선생님~ 이건 어때요?"라고 씩씩하게 물어온다. ○○가 고른 것은 바로 깃털이었다.

교사가 사자에 대한 문화적 자료를 보여주며 사자의 털은 무엇으로 표현하면 좋을지 이야기를 나누는 과정에서 ◇◇는 "사자는 갈색이잖아요~ 그러니까 갈색 털실로 붙이면 좋을 것 같아요!!" 라고 말하면서 갈색 털실만 골라 자리에 앉는다.

○○에게 왜 깃털로 하면 좋을지 물어보는 교사의 질문에 깃털로 얼굴을 간질이며 "깃털은 부드러운데 사자 털도 부드러울 것 같아요"라고 대답한다. "그리고~ 사자는 갈색인데, 주황색이랑 갈색이 비슷하니까 이걸로 하면 어때요?" 라며 만족스러운 표정을 짓는다.

사자의 다른 특징에 대해서 대화를 나누는 과정에서 대부분의 유아들은 사자는 무섭고, 뾰족한 이빨을 가지고 있다고 말을 해 준다. ◇◇는 직접 사자의 표정을 흉내 내며 "사자는 무서워요. 이빨이 뾰족하고 발톱도 있어요!! 어흥~" 직접 신체표현도 해 보며 소리도 내고 친구들과 재미있게 사자의 표정에 대해서 보여주기도 했다.

○○는 또 다른 매체를 스스로 골라오며 "사자가 사는 곳에는 풀도 있으니까 꽃도 있으면 좋을 것 같아요." 이야기하며, 꽃 모양의 스팽글 매체를 붙여준다.

작품이 완성된 후 평가하는 과정에서도 ◇◇와 ○○는 스스로 고른 매체가 만족스러웠는지 계속 손으로 만져가며 진짜 사자 같은 느낌이 든다는 이야기를 하며 재미있어 하였다.

사자의 갈기를 다양한 매체를 이용하여 만들어 주는 활동

시각예술 관찰지

이름	○○○	나이	4세
관찰자(교사)	△△△, □□□	날짜	20○○. ○○. ○○
주제	나는 어떤 동물일까?		

그리기	○	색칠하기	○	입체, 조형	○

<table>
<tr><th colspan="3">묘사수준에 대한 점수</th><th colspan="2">특이사항</th></tr>
<tr><td>기본 형태</td><td>색채</td><td>공간적 통합</td><td colspan="2" rowspan="3">사실적인 색이나 형태를 사용하려 노력했으나 깃털을 매체로 표현함으로써 얼굴이 몸에 비해 크게 표현되어 비율적으로 맞지 않음</td></tr>
<tr><td>3</td><td>3</td><td>3</td></tr>
<tr><td>2</td><td>2</td><td>2</td></tr>
<tr><td>1</td><td>1</td><td>1</td><td>소계</td><td>7점</td></tr>
<tr><th colspan="3">탐구의 정도에 대한 점수</th><th colspan="2">특이사항</th></tr>
<tr><td>색채</td><td>변화</td><td>역동성</td><td colspan="2" rowspan="3">주제인 사자에 대해서 표정이나 털의 묘사는 좋으나 다른 주변 환경의 묘사가 나타나지 않음. 주황, 갈색 계통과 하늘색이 대비를 이룸으로써 주제가 명확히 보임</td></tr>
<tr><td>3</td><td>3</td><td>3</td></tr>
<tr><td>2</td><td>2</td><td>2</td></tr>
<tr><td>1</td><td>1</td><td>1</td><td>소계</td><td>4점</td></tr>
<tr><th colspan="3">예술성 수준에 대한 점수</th><th colspan="2">특이사항</th></tr>
<tr><td>표현</td><td>충만감</td><td>역동성</td><td colspan="2" rowspan="2">정확한 표정 묘사와 함께 사자 털에 대한 매체 선정도 재미있게 표현됨</td></tr>
<tr><td>3</td><td>3</td><td>3</td></tr>
<tr><td>2</td><td>2</td><td>2</td><td>소계</td><td>8점</td></tr>
<tr><td>1</td><td>1</td><td>1</td><td>총계</td><td>19점</td></tr>
<tr><th colspan="5">일반적인 평가</th></tr>
<tr><td colspan="5">단조로운 그림에 변화를 주려고 꽃 모양 스팽글을 교사가 유도하지 않아도 스스로 찾아 붙여주었다. 주변 환경을 꾸며주지 않아 전체적으로 단순한 느낌은 있으나, 색상 대비로 인해 주제가 명확히 보이며 안정적인 구도로 그림에 편안함이 느껴진다.</td></tr>
</table>

시각예술 관찰지

<table>
<tr><td>이름</td><td colspan="2">◇◇◇</td><td>나이</td><td colspan="2">4세</td></tr>
<tr><td>관찰자(교사)</td><td colspan="2">△△△, □□□</td><td>날짜</td><td colspan="2">20○○. ○○. ○○</td></tr>
<tr><td>주제</td><td colspan="5">나는 어떤 동물일까?</td></tr>
<tr><td>그리기</td><td>○</td><td>색칠하기</td><td>○</td><td>입체, 조형</td><td>○</td></tr>
<tr><td colspan="3">묘사수준에 대한 점수</td><td colspan="3">특이사항</td></tr>
<tr><td>기본 형태</td><td>색채</td><td>공간적 통합</td><td colspan="3" rowspan="3">그림의 일정한 틀은 있지만 주관적 표현이 강해서 중요하게 생각하는 부분을 중앙에 크게 묘사함. 그래서 공간에 대한 뚜렷한 인식은 있으나 공간구성 능력은 부족함</td></tr>
<tr><td>3</td><td>3</td><td>3</td></tr>
<tr><td>2</td><td>2</td><td>2</td></tr>
<tr><td>1</td><td>1</td><td>1</td><td>소계</td><td colspan="2">8점</td></tr>
<tr><td colspan="3">탐구 정도에 대한 점수</td><td colspan="3">특이사항</td></tr>
<tr><td>색채</td><td>변화</td><td>역동성</td><td colspan="3" rowspan="3">사물의 움직임이나 변화보다는 빈 공간에 나열적으로 그림을 그림</td></tr>
<tr><td>3</td><td>3</td><td>3</td></tr>
<tr><td>2</td><td>2</td><td>2</td></tr>
<tr><td>1</td><td>1</td><td>1</td><td>소계</td><td colspan="2">5점</td></tr>
<tr><td colspan="3">예술성 수준에 대한 점수</td><td colspan="3">특이사항</td></tr>
<tr><td>표현</td><td>충만감</td><td>역동성</td><td colspan="3" rowspan="2">사자의 털을 매체를 이용해 표현하는 데 있어 적절한 색상과 질감을 찾아서 표현</td></tr>
<tr><td>3</td><td>3</td><td>3</td></tr>
<tr><td>2</td><td>2</td><td>2</td><td>소계</td><td colspan="2">7점</td></tr>
<tr><td>1</td><td>1</td><td>1</td><td>총계</td><td colspan="2">20점</td></tr>
<tr><td colspan="6">일반적인 평가</td></tr>
<tr><td colspan="6">“나는 어떤 동물일까요” 활동을 하는 데 ◇◇는 사자의 털을 갈색 털실로 표현하며 사실적인 색과 비슷한 느낌의 질감을 표현해 주려 노력하였다. 사자에 대한 무서운 감정표현도 직접 행동으로 표현하며 신체표현 활동도 스스로 하는 등 자발적으로 활동했다.
아직 주관적인 표현이 강해서 주제인 사자를 너무 크게 그려 기본 공간의 개념(하늘, 땅)은 있으나, 공간의 구성능력은 부족하고 빈 공간에 나무나 개미, 구름 등을 나열적으로 표현하였다.</td></tr>
</table>

◇◇◇의 '사자' 작품

○○○의 '사자' 작품

2) '명화 이어 완성하기' 프로젝트

활동을 시작하기 전에 유아들에게 세잔느의 인물화가 반쯤 잘려나간 그림을 보여주고 사라진 부분을 상상해 보게 한다. 어떤 표정이었을지 각자 생각해 본 다음 그 표정에 어울리는 색은 무엇인지 이야기해 본다. 세잔느가 살던 시대에 유행하던 화풍에 대한 이야기를 해 주고 세잔느와 비교가 되는 동시대 작가들의 작품을 보여주면서 배경색과 중요하게 사용된 색들에 대하여 알아보고 각자 잘려나간 그림의 나머지 부분을 그릴 수 있도록 표정과 얼굴색, 배경색 등을 생각한 후 종이와 크레파스를 나눠줘서 그림을 완성시킨다. 완성된 그림을 모아서 세잔느의 원작 그림을 보여준다. 유아들은 자신의 작품과 원작을 비교해 보면서 명화에 대하여 더 쉽게 알 수 있고 반쪽 그림을 채우면서 사고의 확장을 경험할 뿐만 아니라 세잔느의 특징을 자연스럽게 감상하게 된다.

세잔느의 「빨간 조끼 입은 소년」 이어 그리기

에피소드

유아들과 함께 명화 감상하는 시간을 가지며 세잔느가 살던 시대에 유행하는 그림을 보여주었다. 유아들 모두들 쉽게 접해 보지 못했던 작품들이라 관심 있게 집중해서 자료를 보았다. 세잔느가 그렸던 그림에 반이 잘려 있는 인물화를 보여주며 나머지 부분은 어떤 모습일지 물어본다. 세훈이는 "이 사람은 옆을 보고 있는 것 같아요."라는 이야기에 교사는 다시 옆에 무엇이 있을 것 같으냐고 물어본다. "옆에 싫어하는 사람이 있어서 째려보는 모습인 것 같아요"라고 이야기를 하자

주변에 있던 친구들이 같이 웃음바다가 되었다.

○○은 명화 그림이 낯설었는지 계속 소극적인 모습을 보여준다. 교사의 질문에도 모르겠다는 표정으로 일관하다가 ◇◇의 이야기에 같이 웃으며 조금씩 관심을 보이기 시작하였다.

각자 작업할 세잔느의 작품을 고르는 과정에서 혜원이도 친구들과 함께 신중하게 고르는 모습을 보여주며 조금씩 적극적으로 활동에 참여하였다.

◇◇은 친구들의 웃음에 기분이 좋았는지 안 좋아하는 사람을 째려보는 모습이라고 이야기하며 기분이 안 좋겠다는 이야기를 다시 한번 해 주었다. 그래서 색을 마구 섞어서 색칠했을 것이라며 자신도 색을 칠할 때 다양한 색으로 거칠게 색칠하길 원하였다.

○○도 ◇◇의 이야기를 들으며 자신이 고른 인물화의 반쪽 모습을 생각하며 신중하게 그려주는 모습이었다. "얘는 생각하고 있는 것 같아요~"라며 사뭇 진지하게 얼굴을 그려간다. 하지만 몸을 그리는 데 있어서 어려웠는지 처음엔 "여기도 빨간 옷을 입었으니까 여기도 빨강잖아요."라며 조금씩 상상해서 그리려고 하다가 이내 힘들어졌는지 빨리하고 끝내고 싶어하는 모습을 보였다. 교사의 유도에도 "잘 모르겠어요. 어려운 것 같아요"라며 다시 소극적인 모습을 보여주었고, 평소 색칠하기를 힘들어 했던 모습이 다시 나타났다.

반면 ◇◇은 최대한 세잔느가 사용했던 색을 비슷하게 사용하려고 노력하며, 하나하나 꼼꼼히 관찰하는 모습을 보여주었다.

세잔느 인물화 1

세잔느 인물화 2

시각예술 관찰지

<table>
<tr><td colspan="2">이름</td><td>◇◇◇</td><td colspan="2">나이</td><td colspan="2">4세</td></tr>
<tr><td colspan="2">관찰자(교사)</td><td>△△△, □□□</td><td colspan="2">날짜</td><td colspan="2">20○○. ○○. ○○</td></tr>
<tr><td colspan="2">주제</td><td colspan="5">명화 이어 그리기</td></tr>
<tr><td>그리기</td><td>○</td><td>색칠하기</td><td>○</td><td>입체, 조형</td><td colspan="2"></td></tr>
<tr><td colspan="3">묘사수준에 대한 점수</td><td colspan="4">특이사항</td></tr>
<tr><td>기본 형태</td><td>색채</td><td>공간적 통합</td><td colspan="4" rowspan="3">세잔느가 그린 그림과 색상이나 형태 등을 비슷하게 표현하려고 많은 노력을 함</td></tr>
<tr><td>3</td><td>3</td><td>3</td></tr>
<tr><td>2</td><td>2</td><td>2</td></tr>
<tr><td>1</td><td>1</td><td>1</td><td colspan="2">소계</td><td colspan="2">8점</td></tr>
<tr><td colspan="3">탐구 정도에 대한 점수</td><td colspan="4">특이사항</td></tr>
<tr><td>색채</td><td>변화</td><td>역동성</td><td colspan="4" rowspan="3">반이 잘려나간 부분에 대한 재미있는 상상을 해 주며 인물화가 느끼는 감정까지 그림에 표현하고 싶어함</td></tr>
<tr><td>3</td><td>3</td><td>3</td></tr>
<tr><td>2</td><td>2</td><td>2</td></tr>
<tr><td>1</td><td>1</td><td>1</td><td colspan="2">소계</td><td colspan="2">7점</td></tr>
<tr><td colspan="3">예술성 수준에 대한 점수</td><td colspan="4">특이사항</td></tr>
<tr><td>표현</td><td>충만감</td><td>역동성</td><td colspan="4" rowspan="2">최대한 비례를 맞추려고 노력함</td></tr>
<tr><td>3</td><td>3</td><td>3</td></tr>
<tr><td>2</td><td>2</td><td>2</td><td colspan="2">소계</td><td colspan="2">8점</td></tr>
<tr><td>1</td><td>1</td><td>1</td><td colspan="2">총계</td><td colspan="2">23점</td></tr>
<tr><td colspan="7">일반적인 평가</td></tr>
<tr><td colspan="7">◇◇은 안 좋아하는 사람을 째려보는 모습이라고 생각하며 기분이 안 좋다는 이야기를 해 주었다. 그래서 색을 마구 섞었다는 이야기를 하며 자신도 색을 칠할 때 다양한 색을 거칠게 색칠하였다. 그림에 대칭을 이루며 비율이 알맞게 표현되었고, 표정 또한 최대한 비슷하게 옆을 째려보는 표정으로 묘사해 주었다. 세잔느의 그림과 비슷한 색, 비례, 표정을 그리려고 노력함으로써 그림에 안정감과 자연스러움이 느껴진다.</td></tr>
</table>

시각예술 관찰지

이름	○○○	나이	4세
관찰자(교사)	△△△, □□□	날짜	2○○○. ○○. ○○
주제	나는 어떤 동물일까?		

그리기	○	색칠하기	○	입체, 조형	

묘사수준에 대한 점수			특이사항	
기본 형태	색채	공간적 통합	표정은 비슷하게 묘사하려고 노력하였으나 몸의 표현은 정확하지 않고 모호하게 그림	
3	3	3		
2	2	2		
1	1	1	소계	4점

탐구 정도에 대한 점수			특이사항	
색채	변화	역동성	색상은 기본적인 단색으로 표현되었고, 세잔느 그림에 나타나 있는 색보다는 자신이 하고 싶어하는 색을 주로 사용함	
3	3	3		
2	2	2		
1	1	1	소계	3점

예술성 수준에 대한 점수			특이사항	
표현	충만감	역동성	세잔느 그림에 확장된 표현을 하기보다는 빈 공간을 채우기 위해 단색으로 색칠함. 색에 대한 변화가 없고 충분한 상상이 이뤄지지 않아 그림이 단조로움	
3	3	3		
2	2	2	소계	3점
1	1	1	총계	10점

일반적인 평가
평소 색칠하는 것을 힘들어했던 ○○은 이번 시간에도 역시나 색칠하기 힘들어하는 모습을 계속 보여줬다. 자신이 좋아하는 활동은 굉장히 적극적고 흥미를 보이는 반면 싫거나 어려운 활동은 시도조차 하지 않으려고 한다. 그래서 처음 얼굴표현에 있어서는 비슷하게 하려고 노력했으나, 몸의 표현에 있어서는 굉장히 힘들어하며 빨리 끝내고 싶어했다.

명화의 반쪽 모습을 상상하여 완성하는 활동

3) '다양한 꽃과 잎 그림' 프로젝트

자연물에 대한 아름다움을 느낄 수 있는 활동으로 봄이 되면 주변에서 흔히 보이는 꽃과 잎을 이용하여 작품을 만든다. 활동을 시작하기 전에 밖에 나가서 떨어진 꽃잎을 관찰하며 손에 받는 등 다양한 방법으로 놀이를 한다. 떨어진 꽃과 주변의 자연물을 주워서 종이 위에 올려놓고 꽃과 잎으로 어떤 형태를 만들지 구성한다. 각자가 꽃잎과 나뭇잎을 구상한 후 투명 시트지를 덮어 고정을 시켜 작품을 전시한다. 활동에 참여한 유아들끼리 서로 구상한 작품들을 보며 감상하는 시간을 갖는다. 이 활동을 통해서 자연과 생활에서의 아름다움(예술적인 요소)을 찾을 수 있고 자연물의 특성을 알고 자연물을 활용하여 조형활동을 할 수 있다.

다양한 꽃과 잎을 이용한 그림 그리기

에피소드

꽃이 피는 화창한 봄날 유아들과 산책을 나간다. 다양한 꽃과 잎사귀의 모양을 보며 오늘 활동할 수업내용에 대해서 자연스럽게 이야기를 나눈다.

○○는 길쭉한 풀을 보며 "선생님~ 이거 꼭 파 같아요! 엄마가 요리할 때 봤어요." 그러자 옆에 있던 친구가 먹는 척을 하며 "맛있겠다~ 냠냠"하며 자유롭게 발상을 하고 신체표현을 해 준다.

다른 친구들은 떨어진 꽃잎이 많이 없자 꼭 필요한 꽃과 잎사귀를 꺾으며, "미안해~"이야기를 해 준다. 자연스럽게 자연에 대한 소중함과 미안한 마음을 느끼게 해 주는 계기가 되었다.

◇◇는 "꽃에서 냄새가 나요~ 선생님! 아~ 냄새 좋다."라고 이야기를 하니 친구들이 다 함께 꽃향기를 맡는다. 교사가 어떤 냄새가 나냐는 질문에 "잠자리가 좋아하는 냄새예요."라고 ◇◇가 대답을 한다. 그러자 옆에 있던 친구 하나가 "아니야~ 벌이 좋아해!"라고 이야기 하자 갑자기 유아들은 벌과 잠자리 중 누가 꽃향기를 더 좋아하는지 궁금해졌는지 교사에게 질문을 한다.

"선생님~ 벌이랑 잠자리 중에서 누가 꽃향기를 더 좋아해요?"라는 질문에 교사가 꽃향기는 벌과 잠자리, 사람들 모두 좋아한다는 이야기에 유아들 모두 고개를 끄덕이며 산책활동을 마무리한다.

교실 안- 산책활동에서 가져온 꽃과 잎사귀, 나뭇가지, 돌 등 자연물을 꺼내며 무엇을 만들어 볼지 이야기를 나눈다.

○○는 "선생님 나 언제 사마귀 본 적 있어요!! 그때 이런 초록색이었어요"라며 자신의 기억을 더듬어본다. 교사가 "사마귀는 어떻게 생겼니? 더 기억나는 것이 있니?"라는 질문에 "네~!! 기억나요. 나 사마귀 만들어야지."라며 벌써부터 흥분한 모습이다.

◇◇는 "나는 토끼 좋아하는데... 이걸로 토끼 만들면 안돼요?"라며 자신이 좋아하는 동물이 초록색이 아닌 것을 걱정하는 눈치다. 교사가 "물론 토끼를 만들어도 좋지~ 토끼는 어떻게 생겼을까?"라며 호응을 해 주니 신나서 "어~ 귀가 길어요. 이렇게 긴 풀로 귀를 만들면 되잖아요!!" 대답을 한다.

◇◇는 산책했을 때의 대화가 기억이 났는지 "토끼가 풀밭에서 꽃냄새 맡는 모습이예요~ 꽃냄새가 좋아서 잠자리가 놀러 왔어요!! 근데 잠자리가 어떻게 생겼더라..." 갑자기 고민에 빠진다. 옆에 있던 한 학년 선배 언니가 "나 잠자리 그릴 수 있는데... 알려줄까?"라는 말에 둘은 잠자리를 멋지게 그려낸다.

○○는 "난 사마귀가 꽃을 먹으려고 해요."라며 꽃을 손이 있는 곳에 붙여준다. "사마귀가 왜 꽃을 먹으려고 할까?"라는 교사의 질문에 태호는 "꽃냄새를 맡으니까 배가 고파졌어요~ 나도 아까 꽃냄새 맡을 때 배가 고팠거든요."라며 이야기하니 모든 유아들이 한바탕 웃는다.

산책하며 꽃과 잎을 관찰하고 수집하는 모습

시각예술 관찰지

<table>
<tr><td>이름</td><td colspan="2">◇◇◇</td><td>나이</td><td colspan="2">4세</td></tr>
<tr><td>관찰자(교사)</td><td colspan="2">△△△, □□□</td><td>날짜</td><td colspan="2">20○○. ○○. ○○</td></tr>
<tr><td>주제</td><td colspan="5">명화 이어 그리기</td></tr>
<tr><td>그리기</td><td>○</td><td>색칠하기</td><td>○</td><td>입체, 조형</td><td></td></tr>
<tr><td colspan="3">묘사수준에 대한 점수</td><td colspan="3">특이사항</td></tr>
<tr><td>기본 형태</td><td>색채</td><td>공간적 통합</td><td colspan="3" rowspan="3">형태가 뚜렷이 나타나고 공간에 대한 개념이 명확함, 공간의 구조가 안정적임</td></tr>
<tr><td>3</td><td>3</td><td>3</td></tr>
<tr><td>2</td><td>2</td><td>2</td></tr>
<tr><td>1</td><td>1</td><td>1</td><td>소계</td><td colspan="2">8점</td></tr>
<tr><td colspan="3">탐구 정도에 대한 점수</td><td colspan="3">특이사항</td></tr>
<tr><td>색채</td><td>변화</td><td>역동성</td><td colspan="3" rowspan="3">주어진 재료를 다양하게 탐구하지 못하고 매우 제한된 배열로 나타냄</td></tr>
<tr><td>3</td><td>3</td><td>3</td></tr>
<tr><td>2</td><td>2</td><td>2</td></tr>
<tr><td>1</td><td>1</td><td>1</td><td>소계</td><td colspan="2">4점</td></tr>
<tr><td colspan="3">예술성 수준에 대한 점수</td><td colspan="3">특이사항</td></tr>
<tr><td>표현</td><td>충만감</td><td>역동성</td><td colspan="3" rowspan="2">작품에 대해 충분한 표현이 이루어져 완성도가 있어 보이나 경직된 표현으로 역동성이 느껴지지 않음</td></tr>
<tr><td>3</td><td>3</td><td>3</td></tr>
<tr><td>2</td><td>2</td><td>2</td><td>소계</td><td colspan="2">5점</td></tr>
<tr><td>1</td><td>1</td><td>1</td><td>총계</td><td colspan="2">17점</td></tr>
<tr><td colspan="6">일반적인 평가</td></tr>
<tr><td colspan="6">자신이 그리고 싶어하는 토끼가 녹색이 아니라 걱정이 되었지만 곧 개의치 않고 그리고 싶은 토끼를 멋지게 표현해 주었다. 색에 대한 고정관념에서 벗어나 스스로 의미를 부여하고 만들기를 해 주는 좀 더 성숙된 모습을 보여주었다. 산책길에서 나누었던 이야기도 기억을 해서 멋지게 잠자리를 그려주는 모습 또한 좋았다.
그러나 제한된 배열로 좀 더 새로운 형태를 창조하지 못했다는 점은 아쉬움으로 남는다.</td></tr>
</table>

시각예술 관찰지

<table>
<tr><td>이름</td><td colspan="2">○○○</td><td>나이</td><td colspan="2">4세</td></tr>
<tr><td>관찰자(교사)</td><td colspan="2">△△△, □□□</td><td>날짜</td><td colspan="2">20○○. ○○. ○○</td></tr>
<tr><td>주제</td><td colspan="5">명화 이어 그리기</td></tr>
<tr><td>그리기</td><td>○</td><td>색칠하기</td><td>○</td><td>입체, 조형</td><td></td></tr>
<tr><td colspan="3">묘사수준에 대한 점수</td><td colspan="3">특이사항</td></tr>
<tr><td>기본 형태</td><td>색채</td><td>공간적 통합</td><td colspan="3" rowspan="3">정확한 형태력이 나타난 것은 아니지만 자연물을 이용하여 만든 사마귀의 모습이 재미있게 표현됨</td></tr>
<tr><td>3</td><td>3</td><td>3</td></tr>
<tr><td>2</td><td>2</td><td>2</td></tr>
<tr><td>1</td><td>1</td><td>1</td><td colspan="2">소계</td><td>6점</td></tr>
<tr><td colspan="3">탐구 정도에 대한 점수</td><td colspan="3">특이사항</td></tr>
<tr><td>색채</td><td>변화</td><td>역동성</td><td colspan="3" rowspan="3">색 사용이나 모습의 변화 없이 매우 제한적으로 반복되어 사용되었으나 사마귀의 동작은 역동성이 느껴짐</td></tr>
<tr><td>3</td><td>3</td><td>3</td></tr>
<tr><td>2</td><td>2</td><td>2</td></tr>
<tr><td>1</td><td>1</td><td>1</td><td colspan="2">소계</td><td>4점</td></tr>
<tr><td colspan="3">예술성 수준에 대한 점수</td><td colspan="3">특이사항</td></tr>
<tr><td>표현</td><td>충만감</td><td>역동성</td><td colspan="3" rowspan="2">주제의 표현 자체가 굉장히 독특하며 디자인적인 감각을 느낄 수 있음</td></tr>
<tr><td>3</td><td>3</td><td>3</td></tr>
<tr><td>2</td><td>2</td><td>2</td><td colspan="2">소계</td><td>5점</td></tr>
<tr><td>1</td><td>1</td><td>1</td><td colspan="2">총계</td><td>15점</td></tr>
<tr><td colspan="6">일반적인 평가</td></tr>
<tr><td colspan="6">○○는 자연물을 보고 자신이 보았던 사마귀를 기억하는 것이 가장 좋았다.
또한 자신의 감정을 사마귀에게 이입하는 모습도 재미있었다.
주변 환경에 대해서 좀 더 세심하게 그려줬다면 더 좋았겠지만, 주제표현만으로도 재미있고 역동성이 느껴진다. 사마귀의 모습이 만화 속 캐릭터처럼 귀엽고 독특하다.</td></tr>
</table>

자연물을 이용하여 여러 가지 모양을 만들고 있는 모습

음악 영역

8장

01. 음악 영역의 개요

사람들은 노래 부르기, 악기연주, 공연, 레코드, 춤추면서 음악 듣기 등을 통한 다양한 방식으로 음악 영역을 경험한다. 어린 시절부터 유아들은 집에서 라디오나 TV를 통해 음악을 듣는다. 유아는 본능적으로 움직이고 흥얼거리면서 좋아하는 노래를 거듭해서 듣거나 따라 부르기를 매우 좋아한다. 또한 악기의 반주에 맞추어 노래를 부르기도 하며 장단을 맞추거나 몸을 움직인다. 유아는 이러한 활동을 통해서 음악의 형태, 박자, 속도 등을 알게 되고 사물의 뜻과 감정, 인간관계 등을 배움으로써 인격을 형성하는 첫걸음을 걷게 된다.

대부분의 유아들은 자발적으로 노래를 만들고, 친숙한 음조로 짧은 박자를 반복함으로써 노래하기를 시작한다. 3, 4세에 이르면 대체로 자발적인 노래는 사라지고, 각국 문화 속의 전통적인 노래로 대체되며 대다수의 유아들은 노래의 기본적인 짜임새를 안다. 유아들은 음조 사이에 큰 간격이나 작은 간격을 포함하는지, 절이 빠른지 느린지, 올리기인지 내리기인지와 같은 일반적인 관계를 파악한다. 유아는 정확하게 음의 고조를 맞출 수 없거나, 완전히 정확하게 음의 키를 유지하지 못하지만, 메트로놈에 의해 주제의 악구, 음조의 간격, 절의 올리기나 내리기와 같은 구조 등, 노래의 리듬 구조를 조직하는 표면 리듬과 근원적인 박자에 익숙해진다(Davidson, McKermon, & Gardner, 1981).

그런데 이런 유아의 음악능력을 서구문화에서는 전통적 지적 능력으로 고려하지 않고 오히려 '재능'이나 '기술'로 생각하였다(Bamberger, 1991; Blacking,

1974; Davidson & Torff, 1993). 그래서인지 많은 유아들은 학년이 시작되고 끝난 뒤에도 음악적 발달은 거의 없었다. 왜냐하면 전통적인 학문 중심 교육과정에서는 음악적 훈련이 강조되지 않았고 형식적 교수를 통해서는 유아의 자발적 참여를 기대하기 어렵기 때문이다.

음악능력은 현장에서 오랜 시간 동안 연습하는 자기 훈련뿐만 아니라, 부모의 지지와 지도가 중요한 요소가 된다. 음악적 감수성을 길러주기 위해서는 무엇보다도 미적인 경험을 바탕으로 하여 미적 감수성을 길러주는 심미적 교육을 실현해야 한다. 음악교육은 학문과 지식의 체득을 위한 교수-학습 과정이 아니며 무형적인 음악적 기능과 감각의 체험을 통해 인간의 아름다운 내면성을 육성하는 데에 중점을 두어야 할 교수-학습 과정이다. 즉, 소리에 대해 지각하고 반응할 수 있는 음악적 감수성을 최대로 길러주어 질 높은 삶을 누릴 수 있도록 하는 것이다.

음악 적성이 높은 사람이 반드시 높은 음악적 성취를 이루는 것은 아니다. 음악 적성이 높지만 낮은 음악적 성취를 이루는 예들이 있기 때문이다. 그러므로 교사는 음악수업을 계획하고 실시하기 이전에 먼저 유아들의 음악 적성을 파악해야 한다. 개개인이 지니고 있는 음악 잠재력에 대한 정보를 가지고, 교사는 개인지도와 단체수업에 있어서 음악 적성의 개인차를 맞추어 가르침으로써, 그들의 음악적 잠재력을 개발시키고 음악적 성취를 높여야 한다. 교사는 수업 중에 유아에게 노래 부르기와 함께 피아노, 벨, 전자 하프와 같은 악기를 제공하고 활동을 통해 열정을 다해 노래 부르는 유아들을 쉽게 발견할 수 있다. 이러한 유아는 큰 목소리로 노래를 부르면서, 다른 유아들을 압도하며 노래의 리듬에 민감한 유아들은 같은 키로 시작부터 끝까지 노래를 부른다.

결론적으로 유아는 음악적 능력을 선천적으로 가지고 있으며 누구나 그 잠재력을 발달시킬 기회를 가져야만 한다. 따라서 유아기에는 다른 모든 영역의 발달과 마찬가지로 음악적 능력의 발달을 돕는 적절한 환경과 경험의 제공이 필수적이다.

본 장에서는 음악 영역의 스펙트럼 프로젝트 활동으로 노래활동과 음악지각활동, 악기 다루기 활동으로 구분하여 제시하고자 한다.

02. 음악 활동을 통한 개념화

1) 유아기 음악발달의 일반적 특성

유아기는 여러 감각기능이 발달하는데, 그 중 가장 빠른 발달을 보이는 것이 청각기능이다. 갓난아이는 태어날 때부터 몸에 반응하기는 하나 그 상태는 큰 소리에 놀란 것 같이 손발을 움직이는 정도의 반응이다. 이는 생후 3개월 이후 점점 소실되어 간다(허정현, 2002). 청각기능은 보통 생후 2개월이 되면 사람의 목소리를 구별하고 6세쯤 되면 거의 성인과 같은 수준까지 발달된다. 유아는 청각을 통해서 음의 색채나 음높이의 변별, 강약, 빠르기 등의 음악 성질을 익혀 나는데, 이것은 나중에 음악의 기초적 구성 요소인 선율감, 리듬감으로 연결된다.(윤덕희, 1983). 3~6세에 이르는 유아기는 음악적 측면에서 가장 중요한 시기이다. 왜냐하면 음악능력은 여러 가지 능력 중에서 가장 기초가 되며 가장 빠른 진보를 나타내기 때문이다. 이 시기의 음악능력 발달단계를 보면 다음과 같다.

3세가 되면 유아는 단순한 절로 된 노래를 부를 수 있고 음악의 박자에 맞추어 움직이려는 능력이 생기는데, 2~3도의 음역은 쉽게 부르며 점차 더 넓은 음역을 사용한다. 또한 음향기기나 악기에 흥미를 보이고 몸의 움직임을 통해 '큰 소리 · 작은 소리, 빠르게 · 느리게' 와 같은 음악 요소를 개념화하기 시작한다.

4세경부터는 음역과 리듬의 능력이 향상되어 다양한 목소리로 노래를 부르는 것이 가능하나 아직 구체적인 음악적 개념을 인지하지 못하여 정확한 음정으로 부르기보다는 음악적 흐름에 의존하여 부른다. 여러 가지 리듬 악기나 간단한 타악기를 연주할 수 있는 것도 이때부터다. 이 시기는 구체적인 음악 개념을 인지하지는 못하지만 음악적 개념이 형성되며 자기 자신의 신체나 언어를 이용하여 음악을 창의적으로 표현하려는 모습을 볼 수 있다.

5~6세경이 되면 성역이 확대되어 발성기능도 갖추게 되는데, 음의 판별능력이 최상의 상태가 되어 음악 활동을 통해 음악적 능력도 확실하게 그 특징이 나타난다. 그리고 이때가 학습적응 연령에 해당되며 음악적 능력의 발달을 꾀하기 위해서도 중요한 시기가 된다. 특히 리듬에 흥미를 나타낼 뿐만 아니라 셈여림

과 음색, 빠르기를 구별할 수 있으며 창의력이 왕성해지는 시기이다. 그러므로 소리나 물체의 움직임을 리듬으로 나타내려고 하며 소리를 듣고 구별하는 놀이나 창의적인 표현활동이 가능하게 된다(이여일, 2005).

2) 음악 영역의 활동

스펙트럼 프로젝트의 음악 영역은 노래활동과 음악 지각활동, 악기 다루기 활동으로 구분된다.

노래 활동은 노래할 때의 정확한 음정과 리듬감을 유지하는 능력 그리고 특정 노래의 음악적 특징을 기억하는 능력을 측정하기 위하여 구성되었다. 이 활동을 위하여 각 유아는 좋아하는 노래와 유아 간에 익숙한 노래를 불러야 하며, 이러한 활동은 전에 배운 노래를 상기하여 불러야 한다.

음악 지각활동은 다양한 상황에서 음정을 구분하는 유아의 능력을 측정하는 데 목적이 있다. 활동의 첫 부분으로써 친숙한 노래의 처음 네 소절이 녹음기로 들려지며 유아는 이를 구분해야 한다. 다음 활동의 과제로써 친숙한 노래를 다양한 버전으로 듣고 정확한 버전을 가려내는 것이다. 마지막 활동 과제로써 몬테소리 벨을 사용하여 두 가지의 음정 맞히기 게임을 한다.

악기 다루기 활동은 소리 및 악기 탐색하기, 악기 만들기, 악기 연주하기가 포함되며, 이러한 활동들은 유아에게 폭넓고 다양한 악기의 경험을 제공함으로써 악기를 적절히 다루고 사용하는 법을 알게 해 주며 더불어 악기연주의 기술을 발달시킬 수 있다.

3) 음악 영역의 환경구성

일반적으로 음악 영역은 음악 감상하기, 노래 부르기, 악기 다루기, 동작으로 표현하기를 모두 할 수 있는 영역이다. 따라서 이를 통합적으로 운영할 수 있는 음악 영역환경이 구성되는 것이 바람직하다. 음악구성의 원리를 구체적으로 살펴보면 다음과 같다.

- 음악 영역을 하나의 독립된 공간으로 구성한다.
- 자유로운 탐색과 다양한 활동전개를 위한 충분한 공간을 갖추어야 한다.
- 쓰임새에 따라 악기를 교구장이나 선반에 적절하게 배치한다.
- 음악 활동을 전개하기 위한 교수자료와 기자재를 배치한다.
- 카펫이나 가리개를 이용해 최대한 소음을 줄인다.

유아에게 제공할 수 있는 악기의 종류와 기자재는 다음과 같다.

- **리듬 악기** : 심벌즈, 북, 손가락 심벌즈, 징, 장구, 꽹과리, 박, 리듬 막대, 샌드블록, 마라카스, 탬버린, 트라이앵글, 톤블록, 우드블록, 캐스터네츠, 기로 등
- **멜로디 악기** : 실로폰, 멜로디언, 유리잔, 손종 등
- **하모니악기** : 아코디언, 피아노, 오토하프, 벤조, 기타, 만돌린, 우크렐레 등
- **폐품악기와 생활악기** : 깡통흔들이, 마카로니 부채, 폐품으로 만든 다양한 마라카스(예 페트병 마라카스), 깡통북, 기로(예 빨래판 기로), 주걱탬버린, 앞치마 샌드블록, 하모니카, 냄비 뚜껑 심벌즈, 옷걸이 차임, 경적, 뜰채 탬버린, 병마개 짝짝이 등
- **기자재** : 녹음재생기, 헤드폰, 녹음테이프, 컴퓨터 등

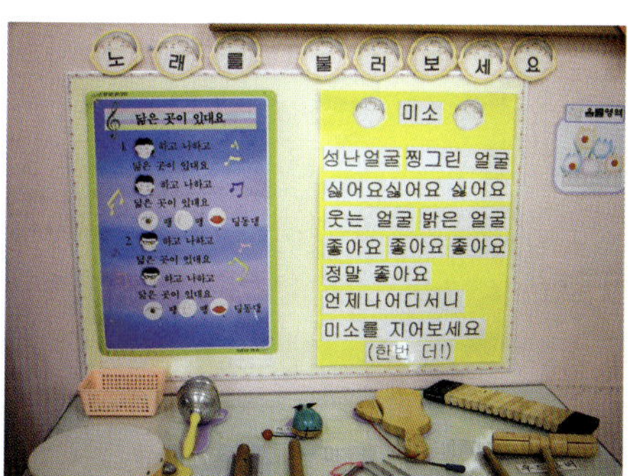

노랫말과 각종 악기

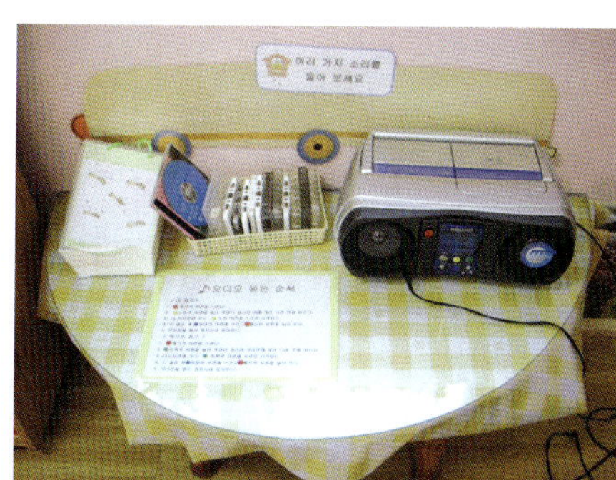
음악감상용 교구

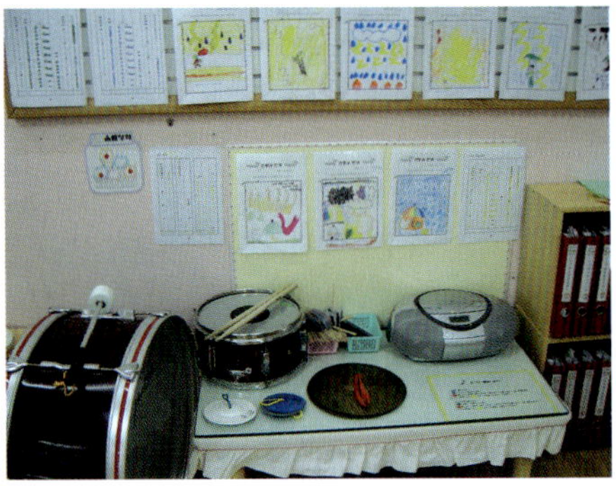
다양한 악기

창의적으로 만든 악기

03. 음악 영역평가의 실제

1) '생일축하' 프로젝트

본 음악 활동은 1차 활동부터 순서대로 진행하는 것이 효과적이다.

1차 활동 : 좋아하는 노래

T : (노래를 시작하기 위해서) 여러분이 좋아하는 노래를 나에게 들려줄 수 있어요?

C3 : 「작은 동물원」을 배웠는데 그 노래가 좋아요.

C2 : 그 노래 저도 알아요.

좋아하는 노래를 불러본다.

T : 그래요? 그럼 「작은 동물원」을 불러 봐요. 자, 난 준비됐어요. 시작할 수 있겠어요?

C1, C2, C3, C4 : 삐약 삐약 병아리 ~♬

T : 잘했어요~

2차 활동 : 생일축하 노래

생일게임

생일게임을 하는 유아들

T : 이제 우리는 생일게임을 할거에요. 여기에 케이크가 있어요. 하지만 이 케이크 진짜가 아니예요. 여러분은 이것을 무엇으로 만들었다고 생각해요?

C1 : 지점토요.

C2 : 밀가루요.

T : 이제부터 선생님의 생일인 것처럼 놀이를 할거에요. 여러분의생일이 될 수도 있어요. 여러분은 내 생일을 위해서 양초로 케이크를 장식할 것이고 나는 보지 않을 거예요. (옆을 보거나 눈을 감고) 케이크가 준비되었을 때 여러분은 나에게 말하고 '생일축하' 노래를 부를 거예요. 나는 소원을 빌고 촛불을 끌 거예요.

T : 시작해 볼까요? (유아들은 양초를 꽂고 생일축하 노래를 부른다)

C1, C2, C3, C4 : 생일 축하합니다. 생일 축하합니다. ~ ♬

(만약 유아의 목소리가 너무 작거나, 느리게 노래한다면 '녹음할 수 있도록 조금 크고 빠르게 부를 수 있겠니?' 라고 말한다.)

- 응답노래 부르기

생일축하 노래에 대한 응답노래 부르기

T : 다음은 여러분의 차례예요. 이제 여러분의 생일이 됐어요. 나는 여러분을 위해 케이크를 장식할 거예요. 그런데 선생님은 조금만 노래를 불렀으면 좋겠어요. 우리 노래를 번갈아 부르는 게 어때요?

C1, C2, C3, C4 : 좋아요~

T : 선생님은 첫 번째 "생일 축하합니다."를 부를 거구요, 여러분은 두 번째 "생일 축하합니다."를 부르고, 그 다음 나는 "사랑하는 ..."를 부를 거예요. 그런 뒤에 여러분은 "생일 축하합니다."를 부를 거예요. 이렇게 해서 우리는 번갈아가며 노래를 부르지만, 여러분의 생일이 될 거예요. (유아를 위해 양초로 케이크를 장식한 뒤 첫 번째 소절을 부른다. 중간수준의 음높이에서 부른다.) (유아가 순서를 이해하지 못하면 "이제 네 차례야"라고 속삭이며 살필 수 있다.)

T : (녹음된 테이프를 정지시키고) 자! 이제 우리의 목소리가 녹음됐어요.
여러분은 테이프에서 어떤 소리를 듣고 싶어요?

C3 : 우리 생일을 축하하는 노래요.

T : 그럼 테이프를 감아서 노래를 듣고 따라 부르기로 해요.
활동이 끝나면 다음 친구를 위해 테이프를 앞으로 돌리는 것을 기억해야 해요.

C1, C2, C3, C4 : 네~ (케이크의 촛불을 끈 다음 점토로 양초의 구멍을 메운다)

3차 활동 : 음악 기억하기

- 준비하기

T : 이번엔 선생님과 새로운 노래에 대해 배우기로 해요?

제목은 「위로, 하늘 위로♬ (Up in the Air)」예요.

C2 : 처음 들어봤어요.

T : 그래요, 그럼 「위로, 하늘 위로♬ (Up in the Air)」 노래를 가르쳐 줄게요.

(교사가 먼저 전곡을 불러야 한다. 율동을 함께 제시한다.)

- 평가하기

T : 손을 이렇게 위로 올리고, (날개짓하는 모양) 각자 율동을 해 봐요.

C1 : 이렇게요?

C3 : 아~ 「위로, 하늘 위로」야!!

T : 그럼, 선생님이 어떤 동작을 해야 하는지 기억할 수 있도록 노래를 불러 볼래요?

4차 활동 : 새로운 노래

두 번째 회기는 첫 번째 회기 동안 음악에 강점을 보였던 유아들과 함께 시작한다.

T : 오늘 나는 여러분에게 「동물노래」라는 새로운 노래를 가르쳐 줄거예요.

C1, C2 : 좋아요.

T : 선생님이 첫 번째로 부를 거예요, 여러분은 내가 부른 뒤에 반복해서 부를 거예요.

(4번씩 각 소절을 부르고 유아에게 그때마다 각 소절을 되풀이해서 부르도록 한다)

(유아와 함께 노래를 부른다)

(유아가 스스로 노래를 부르도록 한다)

노래활동 관찰지

유아 ________ 나이 ________ 날짜 ________ 관찰자 ________

Ⅰ. 좋아하는 노래

노래 선곡 :

비평 : (리듬과 고저, 음악적 도전에 대한 수준 등에 주의하라)

Ⅱ. 생일축하 노래

	단위	그룹	박자	명확성	리듬 소개	음조	장단	음정	음률 소계	합계
악구1										
악구2										
악구3										
악구4										

반응
노래

악구2										
악구4										
합계										

비평

Ⅲ. 음악적 기억 :

평가 : (유아들은 노래에서 무엇을 기억하고 있는가? 단어는? 멜로디는? 어느 소절을 기억하나? 어느 음조? 또는 지원의 어느 단계를 주목하나?)

생일노래의 대체 점수 기록

이러한 교체되는 점수 체계는 생일노래 연습에서 유아의 수행을 포함하는 더 상세한 방법이다. '대안적인 생일노래 관찰지'는 유아가 노래 부르는 임무를 끝낸 후 즉시 완성된다. 관찰자/점수기록자는 전체로서 수행에 기초하여 유아의 노래 부르기 능력에 대한 일반적인 느낌을 기록하고, 활동하는 동안 겉으로 드러나는 부수적인 정보를 기록한다.

대안 점수 체제에서 평가되는 기술의 범주들은 '노래활동 관찰지'에서 평가되는 것들과 동일한 것이다. 또한 대안적인 설명은 다른 2개의 점수 범주들을 포함한다. ① 유아의 수행에 대한 일반적인 느낌, ② 표현성이다. 대체적인 점수체제는 노래의 각 개별 소절들에 대한 분석을 필요로 하지 않고, 기술 범주에 대한 기준은 '노래활동 관찰지'에 있는 것들과 다소 다르다. 교체하는 점수체제에 사용된 것들로써 다음은 기술범주 항목과 그 정의들이다.

● 리듬

- 단위 수 : 유아가 노래에서 포함하는 음의 수이다. 관찰자는 노래를 부를 때에 음의 생략을 주의 깊에 들어야만 한다. 노래의 어디에서 음들이 생략되는지를 정확히 기록할 필요는 없다.
- 그룹 : 길고 짧은 지속 모형들 간의 구별이다. 그룹은 길고 짧은 음이거나 쉼과 강세에 의해 나타난다. 예를 들어, 구별은 '생일'의 짧은 음과 '축하'의 더 길게 지속하는 음 사이에 분명해져야 한다. 관찰자는 유아가 노래 부르는 가운데에 그룹의 일관성을 들어야만 한다.
- 박자 : 시간이나 템포의 기초를 이루는 단위이다. 유아가 노래 전체를 통틀어 규칙적이고 일관성 있는 템포를 유지한다면, 비록 생일노래의 템포가 정확하지 않을지라도 점수를 준다.
- 정확성 : 노래의 리듬에 대한 정확한 수행이다. 점수는 유아가 적절한 박자에 음을 맞출 때 준다.

● 음조

- 윤곽 : 멜로디의 위-아래 움직임이다. 관찰자는 유아의 노래 부르기에서 악구의 일반적인 윤곽의 재생을 들어야만 한다.
- 악구의 구별 : 소절들 간에 구별되는 차이이다.
- 음정 : 높지 않고 더 낮지 않은, 정확한 위치에서 끝내는, 한 음에서 다른 음으로의 도약이다.
- 곡에서의 적합한 음조 : 정확한 음을 부르기이다. 관찰자는 곡에서 노래 대부분을 부르는지에 대해서 유아에게 점수를 주어야 한다.

● 일반적인 음악적 능력

- 예외적인 결과 : 전체 노래는 선율에 있어서도 리듬감 있고 정확하여야 한다.
- 표현성 : 노래는 분위기나 느낌을 반영하는 방식으로 표현되어야 한다. 관찰자는 강조해서 세게 부른 가사 또는 강조를 위해 내리거나 올리는 목소리를 들어야만 한다.

대안적인 생일노래 관찰지

유아 ________ 나이 ________ 관찰자 ________
노래 ________ 날짜 ________

예 : 2점
아니오 : 0점
아니오/답변 : 노래를 알아들을 수 없거나 유아가 활동에 참여하지 않았을 때

1. 리듬

	예	아니오	점수
유아는 정확한 음수를 포함한다(단위 수).	____	____	____
유아는 길고 짧은 음들을 구별한다(그룹).	____	____	____
유아는 노래 전체를 통해 규칙적이고 일관된 템포를 유지한다(박자).	____	____	____
유아는 적절하게 박자를 맞춘다(정확성).	____	____	____
		리듬 소계	____

2. 음조

	예	아니오	점수
유아가 소절에 대한 전체적인 순서를 이해한다(윤곽).	____	____	____
유아는 노래의 다른 소절들 사이를 구별한다.	____	____	____
유아는 정확한 위치에서 끝내고 한 음에서 다른 음으로 일관성 있게 도약할 수 있다.	____	____	____
유아는 노래 전체를 대체적으로 부른다.	____	____	____
		음조 소계	____

3. 일반

	예	아니오	점수
특별히 노래를 잘 부른다는 것은 선율에서 리듬감이 있으며 정확한 것이다.	____	____	____
또한 노래의 분위기를 살리거나 노랫말을 강조하면서 정확하게 부른다는 것이다.	____	____	____
		일반 소계	____
		총 계	____

평가

서로 번갈아 부르는 대안적인 생일노래 요약지

유아 (나이)	리듬					음조					일반			총계
	단위	그룹	박자	정확성	소계	윤곽	악구의 구별	음정	선율	소계	예외	표현	소계	

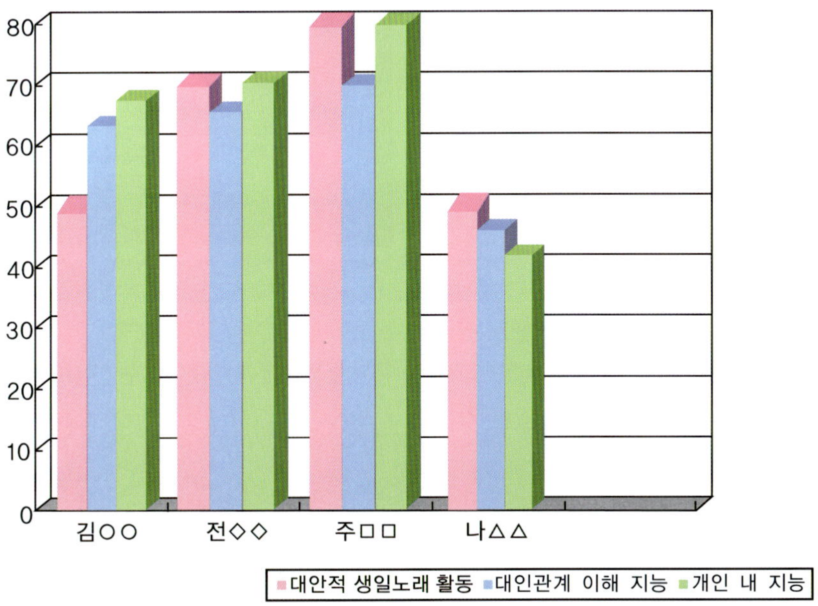

2) '음악 듣기' 프로젝트

(1) 기대되는 목표

- 음악 활동을 통해 유아의 듣기 감각능력을 향상시킨다.
- 음악 활동을 통해 유아의 듣기 태도를 향상시킨다.
- 듣기 감각 향상을 효율적으로 실행할 수 있는 유아 음악 활동방법을 제시한다.
- 다양한 음악 활동을 즐기고 적극적으로 참여함으로써 성취감, 만족감을 얻고 이것을 기초로 긍정적인 자아 개념을 형성한다.

(2) 활동방법 및 순서

본 음악 활동은 1차 활동부터 순서대로 진행하는 것이 효과적이다.

1차 활동 : 노래 인지하기

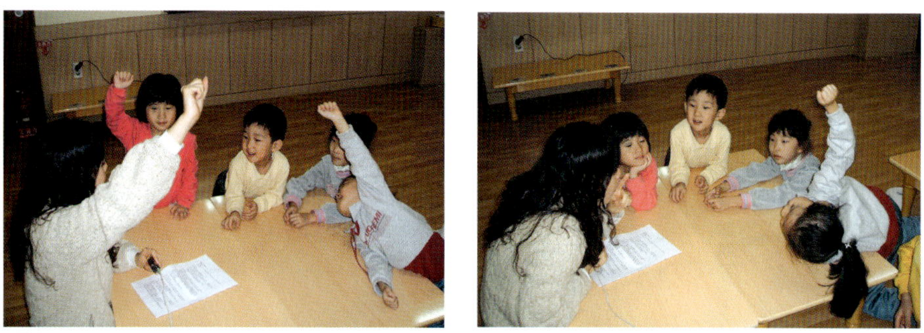

노래를 듣고 노래이름 맞추기

T : 우리가 할 게임에는 두 부분이 있어. 첫째는 듣기 부분이고 그 이후에는 놀이하는 부분이란다. 첫째 부분에 선생님이 들려주는 노래를 잘 들어보고, 네가 무슨 노래인지 안다면 곧 내게 말해 주렴.

→ 녹음한 테이프에서 멜로디 #1의 첫 번째 소절을 들려준다.

→ 테이프를 멈추고 그 노래가 무엇인지 유아에게 물어본다.

T : 이 노래가 무슨 노래인지 아는 사람?

2차 활동 : 연주와 조화, 짝 맞추기

T : 여기에 우리가 게임에서 사용할 수 있는 실로폰이 있어요. 이 실로폰은 특별해요. 왜냐하면 모두 같은 것처럼 보이지만 다른 소리를 내거든요. 자, 소리를 들어보도록 하자.

→ 연습을 소개하기 위해서 이러한 지시들을 들려준다.

→ 실로폰의 세 가지 음만 연주할 수 있다는 것을 전제한다.

T : 이제 우리는 실로폰을 갖고 게임을 할 거야. 선생님이 너희들에게 소리를 들려줄 거야. 너희들은 그와 같은 소리를 내는 다른 음을 찾는 거란다.

→ 유아에게 막대와 실로폰을 준다.

T : 선생님이 방금 소리 낸 음이 어떤 음인지 맞출 수 있겠니?

→ 첫 번째 유아에게 실로폰을 연주한다.

T : 이 음은 소리와 같은 음을 찾을 수 있겠니?

→ 유아에게 보이지 않게 음을 연주한 후 맞추도록 한다.

T : 이 음들 중에 선생님이 소리 낸 음과 같은 소리가 나는 것이 어떤 것이니?

→ 유아는 항상 첫 번째 자신의 음을 연주하고 나서 각각 다른 2개를 연주할 수 있다는 것을 기억하게 한다.

실로폰 악기의 음을 듣고 노래이름 알아맞추기

T : 자, 선생님이 음을 연주할 거야. 어떤 음인지 알아맞추는 거 알지?

C1 : 음...

T : 이제 어떤 음인지 맞춰볼 수 있겠니?

C1 : (세 가지 음을 연주해 본 후) 주황 색깔인 것 같아요.

C3 : 난 빨강 색깔 같은데...

3차 활동 : 듣기와 조화 : 악기 소리 듣고 악기 찾아오기(게임)

조화로운 음 찾기

T : 이번엔 선생님이 연주하는 음을 듣고 어떤 음인지 짝을 맞춰 연주해 보자.

C2 : 이거 같아요.

활동목표

- 주변에서 들을 수 있는 악기 소리에 관심을 가진다.
- 소리의 느낌을 비교하여 말한다.
- 악기의 명칭을 알고 각각의 특징을 구별한다.

활동자료

여러 가지 리듬 악기(트라이앵글, 우드블록, 캐스터네츠, 탬버린, 소고, 에그 세이크 등), 보자기, 스티커

활동사진

전개방법

1. 이야기를 들려준다. (여기 바구니 안에 여러 가지 모양과 소리를 지닌 악기친구가 찾아왔대, 우리 어떤 친구들이 찾아왔는지 악기 소리를 듣고 이름을 알아맞혀 볼까?)
2. 교사는 바구니 안에서 보자기로 가린 채 소리를 들려준다.
   - 어떤 소리를 들었니? 무슨 악기일까?
   - 악기이름을 맞추면 악기를 꺼내어 보여주며 소리의 느낌과 악기의 재료에 대해 이야기한다.
3. 모두 다 보여준 다음에는 양팀으로 나누어 앉도록 한다.
4. 팀 이름을 악기이름으로 정하고 게임방법을 소개한다.
5. 두 선수는 양팀에서 한 명씩 나와 교사를 등지고 악기 소리를 뒤에서 보지 않고 들은 후 그 소리가 나는 악기를 찾아 빨리 먼저 들어온 유아가 이긴다.
6. 악기를 정확하게 찾아 먼저 들어온 유아가 이긴다.
7. 악기를 잘못 찾아왔을 때는 다시 찾아오도록 소리를 다시 한번 들려준 후 찾아오도록 한다.
8. 게임의 재미있었던 점과 어려웠던 점을 이야기한다

활동의 유의점

게임할 때 악기 소리만 듣고 가서 찾아오도록 해야 한다. 뒤돌아서 악기를 보고 찾지 않도록 지도한다.

출처 : 2009학년도 학교교육력제고 과제수행 연구. 서울 답십리 초등병설유치원.

4차 활동 : 자유연주

T : 이제 네가 좋아하는 벨이 무엇이든 간에 연주할 수 있어. 너는 이처럼 노래를 연주할 수 있어.

음악 인지관찰지

유아 ________ 나이 ________ 날짜 ________ 관찰자 ________

- Part Ⅰ. 노래 인지하기

유아가 노래를 인지한 점수를 표시한다.
4점 : 첫 번째 소절에서 노래를 인지했는가?
3점 : 두 번째 소절에서 노래를 인지했는가?
2점 : 첫 번째 두 소절을 두 번 들은 후에 노래를 인지했는가?
1점 : 4개 소절을 모두 들은 후에 노래를 인지했는가?

인지한 부분	첫 번째 소절	두 번째 소절	첫 번째와 두 번째 소절	네 번째 소절
멜로디 #1	________	________	________	________
멜로디 #2	________	________	________	________
멜로디 #3	________	________	________	________

소계:

- Part Ⅱ. 실수 인지하기

유아가 정확하거나 부정확한 곳으로
인지한 부분을 옆에 표시해 둔다(각 3점).

비평 :

________ 부정확한 연주 #1
(첫번째 측정에서 E)
________ 부정확한 연주 #2
(세 번째 측정에서 셋잇단음표로 변화)
________ 정확한 연주
________ 부정확한 연주 #3
(두 번째 연주에서 실수–E 대신 F로 시작)

소계 :

● Part Ⅲ. 연주와 조화

유아가 만약 짝을 이루는 쌍을 확인한다면 체크하라(각 3점). 비평 :

첫 번째 짝 ______
(C, C)
두 번째 짝 ______
(F, F)
세 번째 짝 ______
(D, D)
네 번째 짝 ______
(A, A)

소계 :

● Part Ⅳ. 듣기와 조화

유아가 만약 짝하고 있는 벨을 확인하려면 체크하라(각 3점). 평가 :

(1) (G, G) ______
(2) (D, D) ______
(3) (E, E) ______
(4) (C, C) ______

소계 :

● Part Ⅴ. 자유연주–비평 :
(점수는 기록하지 않음)

음악 인지활동 요약지

유아 (나이)	Part Ⅰ 노래 인지(0~4점/멜로디)			소계	Part Ⅱ 실수 인지 (각 3점)				소계	Part Ⅲ 연주/조화(짝) (각 3점)				소계	*	소계
	멜로디 #1	멜로디 #2	멜로디 #3		#1	#2	정확한 연주	#3		CC	FF	DD	CC			

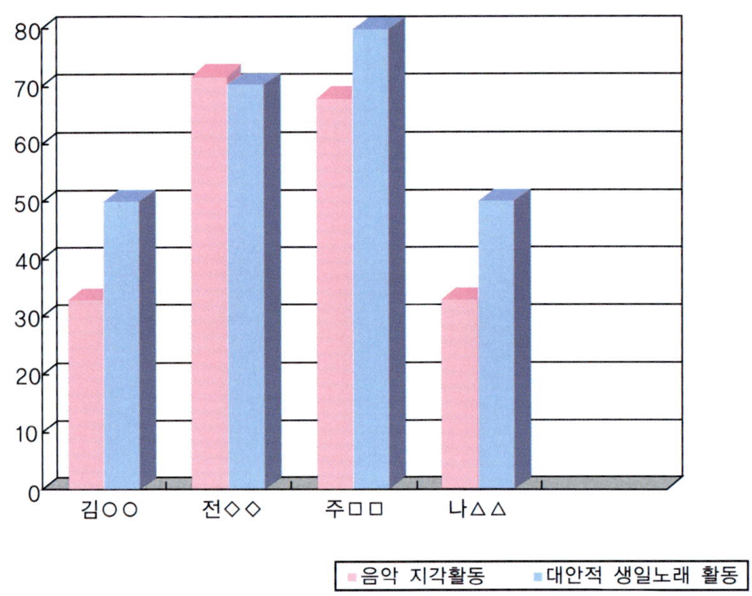

3) '악기' 프로젝트

(1) 주제 선정 이유

음악은 우리 삶에 즐거움을 가져다준다. 우리 대부분은 노래하고 춤추고 비록 허밍 하는듯한 음높이에 지나지 않는 음악이라도 연주하기 위해 듣고, 기록하고, 작곡하기도 한다. 그렇기 때문에 교실에서의 음악 활동들은 유아들에게 음악적 깊이와 다양성을 넓혀주도록 고안되어야 한다. 유아의 생활에서 음률활동은 가장 많은 비중을 차지한다고 해도 과언이 아니다 그 중에서 음악감상과 악기연주는 유아의 아름다운 상상력을 넓혀 가는 데 도움이 된다. 새로운 세계를 발견하면서 유아 자신의 생각에 즐거움을 느끼는 아름다운 음악을 듣고 악기 다루기를 함으로써 스스로 학습하고 탐색하여 표현하는 능력이 신장되기 때문이다. 그래서 우리는 그러한 음악 활동의 필요성을 인식하고 음악 활동의 하나로 악기연주를 시행해 보기로 하였다. 교사는 유아에게 음악 활동에 사용되어질 악기 종류를 소개할 수 있고 그것을 연주할 수 있도록 지도할 수 있다. 그러한 활동은 유아들의 잠재적인 음악적 능력을 꽃피울 수 있도록 도와주고, 유아로 하여금 음악과 관련된 아름다움으로 접근을 유도할 수 있는 주제를 선정하게 되었다.

(2) 활동

1차 활동 : 「작은 별」 노래를 감상해요

활동목표

- 음악감상으로 음률감각을 키울 수 있다.
- 「작은 별」 노래의 원곡을 듣고 신체로 표현해 볼 수 있다.

대상연령 만 3세

집단구성 소집단

활동영역 음률 영역

활동자료 「작은 별」 원곡 mp3 파일, 컴퓨터, 「작은 별」 노랫말판, 별 모양 손인형

활동내용

- 도입

교사 소개와 유아 소개를 한다.

- 전개

• 음악감상 시 유의점과 태도에 대해 이야기 나눈다.
음악 감상할 때는 어떻게 해야 할까요?
두 귀를 쫑긋 세우고 입은 조용히 하고 어떤 음악인지 들어봐요.

• 「작은 별」 원곡을 듣고 작곡가에 대해 말해 주고 느낌에 대해 이야기 나눈다.
이 음악은 옛날에 모차르트라는 작곡가가 만든 거예요.
음악을 들으니 어땠나요?

• 「작은 별」 원곡을 다시 한번 들으며 신체로 표현해 본다.
이제 이 음악을 들으며 몸으로 표현해 볼 거에요.

• 교사가 자연스럽게 음악에 맞추어 손으로 표현해 본다.
또 어디로 표현해 볼 수 있을까? (손, 발 등으로 자유롭게 표현해 본다.)

• 음악을 듣고 허밍으로 불러본다.
허밍은 이렇게 손을 목에 대었을 때 떨리는 소리를 말해요.

• 별 모양 손인형으로 유아들에게 동요 「작은 별」 노래를 소개한다.

• 동요 「작은 별」 노랫말판을 보고 불러본다.

반짝 반짝 작은 별 아름답게 비추네
동쪽 하늘에서도 서쪽 하늘에서도
반짝 반짝 작은 별 아름답게 비추네

- 마무리

• 활동을 마무리한다.
다음 시간에는 이 노래에 맞추어 악기를 연주해 볼 거에요.

추후활동

- 악기의 이름 지어보기
- 「작은 별」 노래에 맞추어 악기 연주하기

활동 후 유아평가

A. 처음 활동 시 내성적으로 보였으나 음악감상 후 신체표현에서 잘 참여하려고 노력하였으며 다른 유아들과 마찬가지로 흥미를 보여주었다.

B. 활동에 대한 집중력이 높았으며 음악감상 시 바른 태도로 들었고 노래를 부를 때에 율동을 주도하여 흥미를 높였다.

C. 또래 유아보다 활동에 적극적으로 참여하는 듯 보였고 교사의 지시에 잘 따라 주었다. 다른 유아들에게 모범이 되었으며 활동진행에 도움을 주었다.

D. 호기심이 많아 활동 중 질문을 많이 하고 활동에 너무 적극적이어서 다른 유아들이 발표를 할 때에 조금은 방해가 되기도 하였다. 하지만 가끔 색다른 생각을 해 내기도 하였다.

E. 한 활동에 집중을 잘 하나 고집이 세고 악기를 다룰 때는 다른 유아에 맞춰 연주하려는 모습을 보여주었다. 교사의 지시에는 잘 따르지 않았으나 다른 유아의 활동을 방해하지는 않았다.

2차 활동 : 내가 지은 악기이름

활동목표

- 악기의 재료를 탐색해 본다.
- 악기의 이름을 지어본다.

대상연령 만 3세

집단구성 소집단

활동영역 음률 영역

활동자료 「작은 별」 노랫말판, 다양한 악기(재료 : 플라스틱 통, 국자, 양철그릇, 국자, 석쇠판, 조롱박, 가느다란 나무, 필름 통, 플라스틱 막대, 끈, 한지, 방울), 도화지, 사인펜

활동내용

- 도입
  - 동요 「작은 별」을 부르며 주의집중한다.
    지난 시간에 부른 작은별을 다시 불러볼까요?
  - 악기를 제시한다.
    오늘 친구들을 보기 위해 악기 친구들이 왔어요. 선생님 등 뒤에 악기가 숨겨져 있는데, 친구들이 "나와라"하면 나올 거에요. 우리 함께 불러볼까요?
- 전개
  - 악기를 무엇으로 만들었는지에 대해 함께 이야기 나눈다.
    (각각의 악기를 탐색하고 두드려 소리를 들어본다.)
    이 악기는 무엇으로 만들었을까요?
    선생님이 힌트를 줄테니 함께 알아맞혀 보도록 해요.
    힌트 : (국자로 만든 악기) 이것은 부엌에 있어요. 국물을 뜰 때 쓰인답니다.

- 유아들 스스로 악기의 이름을 짓는다.

  우리 친구들에게는 모두 이름이 있지요? 그런데 이 악기들은 아직 이름이 없어요. 우리 함께 악기들의 이름을 지어줄까요? 이 악기의 이름은 무엇으로 하면 좋을까요?
- 지어진 악기의 이름을 종이에 써서 붙인다.

◎ 마무리

- 활동을 마무리한다.

  오늘은 악기를 무엇으로 만들었는지 생각해 보고 악기들의 이름을 지어 보았어요. 무엇이 기억에 가장 많이 남나요?
- 주위를 정리한다.

추후활동

- 악기를 직접 두드려 보는 기회 갖기
- 악기를 분담하여 노래에 맞춰 연주해 보기

활동 후 유아평가

A. 활동에 그리 큰 관심을 보이는 것 같지는 않았다. 동요 「작은 별」을 부를 때에는 자신이 아는 노래였기 때문에 비교적 잘 따라 불렀지만 교사가 수업을 진행할 때에는 적극적으로 참여하지 않았다. 하지만 수업시간에 다른 유아를 방해하거나 떠드는 행동 등은 없었다.

B. 악기이름을 짓는 활동에 굉장한 흥미를 보였다. 자신의 생각을 자신 있게

발표하였고 다양한 의견을 내놓았다. 악기의 짝을 지을 때에도 활동에 참여하고자 하는 의욕이 컸으며 대체로 활동에 임하는 자세가 적극적이었다.

C. 악기의 재료 맞추기와 짝을 짓고 이름 지어보는 활동을 하는 내내 앞장서서 참여하지는 않았지만 처음부터 끝까지 활동에 주의를 기울였고 다른 유아들에게 방해되는 행동도 하지 않았다. 음악 활동에 관심이 있는 듯이 보였다.

D. 수업시간에 사용할 악기들이 어떠한 재료로 만들어졌는지 또 그 악기들을 어떻게 부를지 이름 짓는 활동을 하였는데, 수업에 참여하고자 하는 의욕이 첫날보다는 많아 보였다. 특히 악기이름을 짓는 활동에서는 계속 손을 들고 발표하는 모습을 관찰할 수 있었다. 한 가지 아쉬웠던 점은 발표할 때 자신의 생각을 조리 있게 정리하여 말하지 못하였다. 발음이 부정확하고 악기의 이름도 굉장히 길게 말하여 다른 유아들의 주의를 끌지 못했다.

E. 수업을 하는 내내 소극적이고 활발하지 않은 모습을 보였다. 다른 유아들이 활동에 흥미롭게 참여하고 있을 때에도 별다른 반응을 보이지 않았다. 악기에 대한 호기심은 있는 듯이 보였지만 그 호기심을 해결하기 위해 적극적으로 탐색하는 모습을 관찰할 수 없어 아쉬웠다.

3차 활동 : 무슨 소리가 날까?

활동목표
- 악기의 소리를 탐색한다.
- 악기연주를 통해 소근육 발달을 돕는다.

대상연령 만 3세

집단구성 소집단

활동영역 음률 영역

활동자료 「작은 별」 노랫말판, 다양한 악기(재료 : 플라스틱 통, 국자, 양철그릇, 석쇠판, 조롱박, 가느다란 나무, 필름 통, 플라스틱 막대, 끈, 한지, 방

울), 도화지, 사인펜

활동내용

- 도입
  - 주의집중한다.

    바른 자세로 앉아보세요. 허리를 쭉 펴고 앉아보세요. 준비가 다 된 친구는 선생님과 눈을 맞추는 거에요.
- 전개
  - 악기이름을 다시 읽어본다.
  - 유아가 연주하고 싶은 악기를 정한다.
  - 악기를 연주할 때 지켜야 할 약속을 정한다.

    악기를 연주할 때 선생님이 앞에 악기를 내려 놓으면 연주를 멈추는 거에요.
  - 악기를 탐색해 보고 연주해 본다. 이때 유아들이 악기를 자유롭게 탐색해 보고 연주해 볼 수 있는 시간을 충분히 준다. 악기 탐색이 잘 이루어지지 않는 유아는 교사가 도움을 준다.
  - 유아 모두가 아는 노래에 맞추어 악기연주를 해 본다.
- 마무리
  - 활동을 정리한다.

    오늘 선생님이 우리 생활에서 사용하는 생활용품으로 만든 악기를 가지고 두드려 보았어요. 재미있었나요?

추후활동

- 달팽이 노래를 부르며 점점 작게, 점점 크게를 악기로 연주해 보기
- 작은 연주회 열기

활동 후 유아평가

A. 교사의 말에 귀 기울이며 자신의 차례를 잘 기다린다. 악기연주에 흥미있어 한다.

B. 자신의 악기연주에 심취하며 흥미 있어하지만 다른 유아와 함께 합주하지 않는다. 또 자신의 악기 외에도 관심 있어 한다.

C. 교사의 지시에 잘 따르며 주의집중을 잘한다. 악기 탐색에 관심이 많고 흥미있어 한다.

D. 자신이 하고 싶은 이야기를 잘 참지 못하고 교사에게 계속 이야기하려고 하며 모든 일에 제일 먼저 참여하고 싶어한다. 이런 행동은 교사의 관심을 끌려는 행동으로 교사의 주의 깊은 관심과 사랑이 필요하다.

E. 프로젝트 활동에 큰 관심이 없고 교사의 상호작용에서도 관심이 적었으나 악기연주에는 약간의 흥미를 보였다.

4차 활동 : 우리도 연주할 수 있어요

활동목표

- 악기를 연주하며 음의 강약에 대해 알 수 있다.
- 공연을 해봄으로써 자신감과 성취감을 얻을 수 있다.

대상연령 만 3세

집단구성 소집단

활동영역 음률 영역

활동자료 「작은 별」 노랫말판, 다양한 악기(재료 : 플라스틱 통, 국자, 양철그릇, 석쇠판, 조롱박, 가느다란 나무, 필름 통, 플라스틱 막대, 끈, 한지, 방

울), 도화지, 사인펜

활동내용

- 도입
  - 동요 「작은 별」을 부르며 주의집중한다.
  - 지난 시간에 부른 「작은 별」 동요를 다시 한번 불러볼까요?
- 전개
  - 악기를 연주할 때 지켜야 할 약속을 정한다.
  - 「작은 별」 노래를 부르며 교사가 체크한 곳을 악기로 연주해 본다.

    「작은 별」 노래를 부르면서 악기로 연주해 볼 거에요. 선생님이 체크한 곳은 악기로 연주하는 거에요.
  - 「달팽이 집」 노래를 부르며 악기를 강하게, 약하게 연주해 본다.

    이번에는 「달팽이 집」 노래를 불러볼 거에요. 점점 크게와 점점 작게를 악기로 연주해 보기로 해요.
  - 작은 연주회를 갖는다.

    「작은 별」 노래와 「달팽이 집」을 동생들 앞에서 노래 부르며 악기로 연주해 볼 거에요.
- 마무리
  - 연주회를 하고 동생들에게 자신의 악기 사용법을 알려준다.

    직접 연주회를 해 보니 기분이 어땠나요?
  - 유아들이 원하는 노래에 맞추어 연주해 본다.
  - 사용한 악기들을 정리하고 활동을 마무리한다.

추후활동

새로운 노래에 맞춰 다양한 방법으로 연주해 볼 수 있다.

활동 후 유아평가

A. 계속 같은 자리에서 움직이지 않고 연주에만 몰두하고 점점 여러 번 연주하면서 자유롭게 표현하고 공연할 때에도 굉장히 즐거워하면서 자신감 있게 연주했다.

B. 모든 활동을 적극적으로 참여하고 음악에 매우 흥미를 보였다. 반응도 아주 잘하고 신나게 악기를 연주할 뿐만 아니라 어린 동생에게도 적극적으로 가르쳐 주었다.

C. 꾸준하게 처음부터 「작은 별」, 「달팽이 집」 노래를 따라 부르고 자신감을 가지고 여러 방법으로 악기를 가지고 연주하였다. 어린 동생들에게 상냥하게 악기 사용법을 잘 가르쳐주었고 활동이 끝난 후에도 악기연주에 큰 관심을 보여 주었다.

D. 처음에는 힘들어 했는데, 악기를 탐색하면서 흥미를 가지게 되었다. 악기를 연주할 때 정해진 방법이 아니라 자신만의 여러 방법으로 연주하였다. 일어나 팔을 흔들면서 악기를 연주하기도 하고 활동이 끝난 후에도 계속 악기를 놓지 않고 노래를 부르면서 연주하는 것 같아 좋았다.

E. 별다른 반응을 보이지 않던 E 또한 조금씩 참여하고 악기를 연주하면서 집중하기 시작했다. 처음에는 계속 치기만 하다가 점점 박자에 맞추어 연주하는 모습을 보여주어 좋았다.

자연친화 영역

9장

01. 자연친화 영역의 개요

최근 생태계의 문제나 환경파괴, 기상이변의 문제를 해결하기 위해서는 자연의 순리에 순응하고 자연과 다른 생명들의 존재와 평형을 유지하며 조화로운 삶을 살아야 한다. 자연이란 결코 근대인이 생각했던 것처럼 정복해야 할 대상이 아니라 오히려 인간과 자연은 한 몸이다. 따라서 인간은 자연 안에서 그리고 자연의 도움으로 살아간다는 사실을 재발견하지 않고는 환경문제를 결코 해결할 수 없다. 자연이 소중한 것은 인간을 위한 자원을 제공하기 때문이 아니라, 그 자체의 내재적인 가치를 지니고 있다는 이유 때문이다(박영란, 2010, 재인용).

인간과 자연의 생태학적 관계란, 인간과 자연의 관계가 상호의존적인 특성을 지니며, 인간과 자연은 서로 나눔과 보살핌의 문화를 보유한 조화로운 공동체로서 함께 생존을 영위하는 관계로 나아감을 의미한다. 이와 같은 생태학적 관점에서의 자연관에 대한 다양한 논의는 유아교육에서의 생태학적 자연친화 교육의 등장을 가져오게 되었다(박성혜, 2008, 재인용).

Howard Gardner는 기존의 문화가 지능을 너무 좁게 해석하고 있다고 전제하고, 자신의 저서인 『마음의 틀(Frame of mind)』에서 일반 지능과 같은 단일한 능력이 아니라 다수의 능력이 인간의 지능을 구성하고 있으며, 이러한 능력들도 상대적 중요성은 동일하다고 가정하였다. 그 중, 자연탐구 지능은 Howard

Gardner의 다중지능 이론 유형에서 최근에 덧붙여진 지능영역으로 식물, 동물, 광물을 포함한 자연의 세계에 흥미와 관심이 있으며 자신의 환경으로부터 최상의 것을 얻어내는 능력, 환경에 관심을 갖고 자연을 연구하는 능력, 그리고 환경에서 생존하고 적응할 수 있는 능력을 말한다. 개인, 종과 생태학적 관계를 인식하고 분류하기 위한 것이며 살아 있는 창조물과 효과적으로 상호작용하기 위해 생명과 자연력의 유형을 분류하는 것이다.

자연탐구 지능이 뛰어난 사람들은 생태학적 분야에서 식물, 동물, 산, 구름의 형상을 민감하게 구별하는데, 이러한 능력은 오로지 시각적인 것만이 아니다. 새나 고래의 울음소리를 인식하기 위해서는 청각적인 인식이 수반된다. 자연탐구지능의 경우 하나의 종을 인식하기 위해서는 핵심적인 능력이 요구된다. 어린 아이는 이런 일을 쉽게 해 내는데, 실제로 다섯 살 배기 유아들 중에는 공룡을 부모나 조부모보다 더 잘 구분하는 유아들도 있다(문용린 · 유경재 역, 2007). 자연탐구가는 자신이 살아가고 있는 환경의 동식물군을 비롯한 방대한 종들에 대한 인식과 분류에 탁월한 전문 지식과 기술을 지닌 사람이다. 이러한 지능을 가진 사람들은 유기체의 세계 안에서 편안함을 느끼며, 다양한 생물체들을 돌보고, 기르며, 민감하게 상호작용하는 재능을 가진다. 자연에 대한 연구를 좋아하고 자신의 환경에 관심을 가지며 잘 적응하는 등 자연에 호기심이 많은 사람들이 이 지능과 관련된다.

유아들은 이러한 지능을 여러 방식으로 표출한다. 어떤 유아들은 물체가 작동하는 법을 이해하고자 하며, 또 다른 유아들은 생물이 성장하는 것에 매혹 당하며, 어떤 유아들은 자연세계를 탐구하고 거기에 사는 것들을 보살피고자 하며, 대상을 분류하고 그 패턴을 확인하는 데에서 기쁨을 얻는 유아들도 있다. 사물간의 차이를 기록하고 기억하는 능력, 자연세계에 대한 애정, 자연세계의 피조물 또는 체계와 더불어 상호작용하려는 욕구 등에서 남달리 뛰어난 유아들이 있다. 일반적으로 잘 발달된 자연탐구 지능을 지닌 개인은 다음과 같은 특성을 지닌다(이신동 · 정종진 · 이화진 · 이정규 · 김태은 공역, 2006; 방선아, 2010, 재인용).

① 인간과 자연 환경에 대해 흥미와 열정을 가지고 탐구한다.

② 사물, 식물, 동물 등을 좋아하거나 상호작용하고 확인하고, 관찰할 기회를 찾는다.
③ 사물을 그들의 특성에 따라 범주화하고 분류한다.
④ 대상의 종류나 종(種)의 구성원 사이에 일정한 패턴을 인지한다.
⑤ 식물군이나 동물군, 사람이 만든 생산품 등의 생명주기에 관심을 갖는다.
⑥ '사물이 작동하는 방식'에 대해 이해하고자 한다.
⑦ 종(種) 사이의 관계, 자연 시스템과 인간이 만든 시스템의 상호 관련성에 흥미를 갖는다.
⑧ 유기체나 시스템을 연구하기 위해 현미경, 쌍안경, 망원경, 관찰 노트, 컴퓨터 등의 도구를 사용한다.
⑨ 식물, 동물, 분류학이나 언어구조나 수학적 패턴(피보나치 수 또는 차원 분열 도형 등)에 대한 분류체계를 학습한다.
⑩ 생물학, 생태학, 화학, 동물학, 임학, 식물학 전공 선택에 관심을 갖는다.
⑪ 새로운 분류학 체계나 생명주기 이론 등을 개발하거나, 사물과 시스템 사이의 상호연계와 새로운 패턴을 밝혀낸다.

유아교육에서 생태학적인 교육철학을 실천하는 자연친화 교육은 생태계의 파괴와 환경오염이라는 협의의 내용만이 아닌 인간과 자연의 공생적인 관계를 강조한 교육으로 2000년 이후 우리나라 유아교육계의 관심이 급증하고 있고 유아교육 현장에서도 자연친화 유아교육이 적극적으로 실시되고 있다(지옥정, 2007).

유아기는 발달상 주변 환경과의 자발적이고 능동적인 상호작용을 통해 전인적인 성장과 발달이 이루어지는 시기이다. 또한 발달 특성상 그들 세계에 대해 호기심이 많고 탐험하기를 즐기며 무엇인가를 추구하는 마음을 가지고 있고 즉각적으로 변하는 주변 세계에 대해 많은 질문거리를 가지고 있다(김은지, 2009). 발달상의 특성을 고려해 볼 때, 유아기는 자연관을 형성해야 할 적기라고 볼 수 있다(홍은주, 2003).

1) 생태학적 관점에서의 자연친화 교육의 의미

새롭게 등장한 생태학적 관점에서의 자연친화 교육이란,

① 유아기 때부터 자연과 함께 살면서 자연과 친해지고 자연을 보호하고 사랑하면서 자연생태계를 보존하는 것은 물론, 하찮은 풀 한 포기에도 생명이 있음을 깨닫고 배우는 교육이다(박영란, 2010, 재인용).

② 산업화, 도시화된 생활공간에서 '자연', '놀이', '아이다움'을 잃어버리고 살아가는 유아들에게 이를 되찾아 주는 데 역점을 둠으로써 인간과 자연생태계가 공존하는 생태 중심 또는 생명 중심의 교육이다(오복희, 2000).

③ 자연과 조화를 이루고 자연과의 관계 맺음을 통하여 사람과 사람의 관계로 이어져 인간과 서로 다른 존재의 이해와 수용의 태도를 길러지게 하며 감성의 풍부함뿐만 아니라 인지적, 육체적, 정신적으로도 여유롭고 풍부해지는 전인교육임을 의미한다.

④ 자연과의 직접적인 체험은 자기 주도적인 학습경험이며 활동을 통해서 배우는 것을 의미한다(김은지, 2009).

〈표 9-1〉 주제 중심, 생태 프로그램의 비교(박성혜, 2008, 재인용)

	주제 중심 프로그램	생태 프로그램
교육 원리	• 전통교육 사상 : 도덕적 인간 양성, 효 사상, 자연과 이웃사랑 실천 • 개인사고력 : 학습자의 동기반영 • 프뢰벨주의 정신에 입각한 전인교육을 교육이념으로 삼고 생활주제 선정 • 진보주의-유아가 주도적으로 학습활동하도록 풍부한 학습환경 제공 • 언어발달의 중요성과 집단대화의 교육적 가치 인식, 또래들과의 언어적 상호작용을 통해 의사소통 능력을 기르고 사회적 지식구성을 말함	• 인간과 자연이 공존해 나가야 된다는 생태학 원리가 적용, 실현되는 교육원리 • 상호 의존성의 원리 : 교사, 유아, 학부모의 교육공동체 구성원들은 상호 의존적 관계 • 모든 교육공동체 구성원들은 다양성을 존중하면서도 개인 차이를 인정하고, 조화를 이루도록 '대화' 강조 • 경쟁보다는 상호작용과 다양한 협력으로 공동체 유지에 기여함
교육 목표	유아의 전인적 성장으로 건전한 민주시민 육성	몸과 마음과 영혼이 건강한 신명나는 어린이, 머리 · 가슴 · 손이 조화된 전인적 유아

	주제 중심 프로그램	생태 프로그램
상호작용 형태	유아-유아, 유아-교사, 유아-교구의 세 가지 상호작용 강조	유아-교사, 유아-자연(교구) 유아-유아 상호작용 강조
구조화	유아 주도, 교사 주도	유아 주도, 교사 주도
교육 내용 및 활동	• 언어영역 • 역할놀이 영역 • 쌓기 놀이영역 • 조작놀이 영역 • 조형영역 • 음률 영역 • 과학영역 • 컴퓨터 영역 • 실외 놀이영역	• 체험교육 • 자연친화 교육 • 평화교육, 평등교육 • 공동체 교육, 민주시민 교육 • 전통문화와 다원문화 교육 • 표현교육

2) 생태학적 관점에서의 자연친화적 유아교육의 중요성

유아에게 있어 자연은 유아가 자라나야 할 환경이며 유아의 정신세계와 가까운 특성을 지닌다. 즉, 유아는 자연환경 속에서 자연을 접하며 경험하게 될 때 가장 자연스러운 본성을 나타낼 수 있을 것이다. 유아교육에 있어서 자연친화 교육의 중요성은 다음과 같다(김은지, 2009).

① 자연에서의 체험은 유아의 적응 행동을 돕는다. 적응 행동이란 유아가 자신이 속한 환경 안에서 독립적으로 적응하고 활동할 수 있는 능력을 말하며 자연환경은 다양성을 제공하고 도전하게 하며 유아에게 동기부여를 해준다. 자연학습 상황에서 길러 줄 수 있는 적용기술의 예로는 도움 요청하기, 균형 유지하기, 일상적인 환경이 다른 곳에서 독립적으로 식사하기 등이 있다.

② 자연체험을 통해 심미감이 발달된다. 심미감은 자연이나 예술 속에 있는 아름다움에 대해 민감해지는 것이다. 아름다움에 대한 민감성은 아름다움에 대해 말로 설명해서 길러지기보다는 다양한 종류의 경험을 통해서 길러

준다. 푸른 소나무 위에 쌓인 눈을 보면서, 비 온 뒤 땅에서 나는 흙냄새를 맡으며, 나뭇잎과 풀 냄새를 맡으면서, 새 소리를 들으면서 유아는 자연의 아름다움을 느낀다.

어떻게 하면 불이 생기지?

바람 소리를 듣는 것, 느끼는 것

③ 자연체험은 인지발달을 도울 수 있는 많은 기회를 제공한다. 자연을 탐색하면서 유아는 자연세계의 물리적 특성을 배운다. 돌의 단단함, 나무의 든든한 뿌리, 깨지기 쉬운 새알이나 망가지기 쉬운 거미줄의 연약함, 사과껍질의 매끈함 등을 직접 만져보고 조작해 보면서 이러한 사물들의 물리적 특성을 배운다.

④ 자연체험은 의사소통 기술을 발달시켜 준다. 자연은 무궁무진하게 대화의 주제를 제공한다.

⑤ 자연체험은 감각운동 발달에 도움이 된다. 유아는 감각과 운동을 동반한 활동에 몰두하면서 감각운동적 학습을 한다.

저쪽에 다람쥐가 있어요

동굴 속에는 무엇이 있을까?
무슨 소리를 들을 수 있을까?

⑥ 자연 체험은 사회 · 정서 발달을 돕는다. 인간은 자신 이외의 야생동물과 그들의 속성에 대한 진정한 관심을 통해 개인의 삶에 대한 만족감과 타인에 대한 배려의 욕구를 충족시켜 줄 수 있다.

⑦ 자연에서의 경험은 긍정적인 자아 개념을 증진시켜 주며 실외 환경은 개인적 탐색의 기회를 넓혀주어 발견을 통한 학습을 돕게 된다. 자연에서의 경험을 통해 유아들은 자기 정서 인식 및 표현을 잘 하고 자신의 감정표현, 정서조절 등을 잘 하는 것으로 나타나 감성지능 발달에 효과가 있다고 하였다(한혜영, 2007).

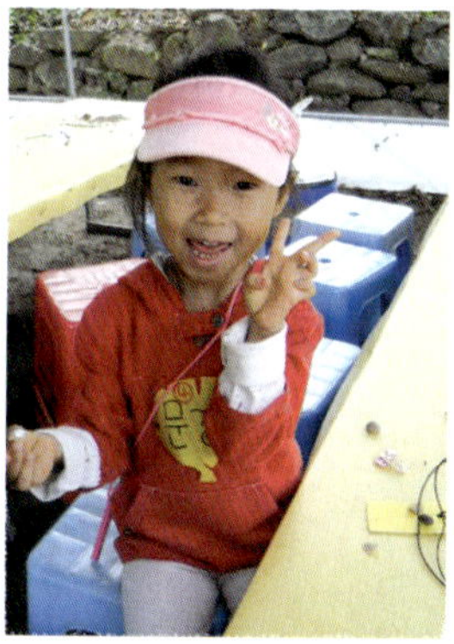

내가 도토리를 주워 목걸이를 만들었어요.
다람쥐가 먹어야 하니까 집에 가져가면 안 된대요

02. 자연친화 활동을 통한 개념화

- **자연과 만나기** : 평상 시에 유아의 생활 주변에서 멀리 있거나, 가까이 있어도 관심을 두지 않아서 인식하지 못했던 자연물의 존재를 확인하고 지각할 수 있도록 하는 과정이다.
  자연물의 존재를 인식하기, 자연으로 나가서 조사하기, 그림이나 자연물을 보고 실물과 비교해 보기, 관심 갖기, 자연물의 물리적 특성 발견하기 등
- **자연을 탐구하기** : 자연물을 의인화하거나 감정이입을 하여 적극적인 교감

을 나누는 활동이다. 자연에 대한 알기 단계에서 인식한 자연물과의 특성을 고려하여 정신적으로 교류하는 과정으로 특정 대상이나 현상에 대해 갖고 있는 의문을 해결하기 위해 다양한 자연과의 행동방식을 활용한다. 탐구하는 과정은 관찰, 조사, 실험하기 등이 있다. 이 단계에서는 자연물에 대한 전문적인 지식을 얻을 수 있는 과정으로 전개할 수 있다.

- **자연과 함께하기** : 자연세계에 대한 인식과 놀라움을 자극하고 민감하고 신중하게 자연을 지각할 수 있게 하며, 인간이 자연에 대해 '보살핌' 이나 '관계 짓기' 를 통해 생태학적 조망 및 수용을 하는 것이다.
  인간이 자연을 위해 할 수 있는 일들을 생각해 보는 과정이다.

'보이지 않는 세계에 접근하는 길은 원인과 분석을 통해서가 아니라, 자연과 공감함을 강조하는 것이다(Nakagaw, 2000).

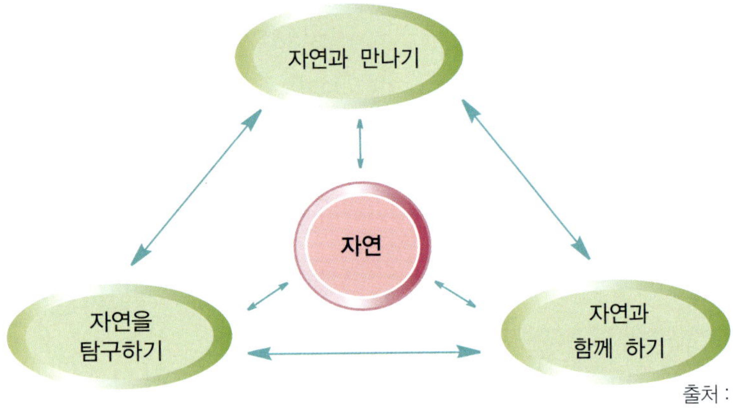

출처 : 이장희(2009)

자연친화 교수방법

1) 자연친화 교육 프로그램

활동 1 : 자연과 친해지고 교감하며 탐구하기로 접근하는 자연친화 교육

교육영역	내용	'돌 놀이터'
감수성 증진활동	오감을 통해 주변의 자연환경을 자연스럽게 체험하는 활동	생활 주변에서 돌로 만들어진 것을 찾아보고 오감을 사용해 탐색하기
만들기 활동	자연을 소재로 무엇인가를 만들어내는 창작활동	돌 액자, 돌 목걸이, 돌 악기 만들기
생활체험 활동	의식주 등의 생활체험을 중심으로 하는 활동으로 야외 생활체험과 노작활동 체험 등이 포함	돌 지압판 걷기, 돌로 만들어진 물건 사용해 보기
학습활동	• 자연이나 환경에 관해 배우는 것에 중점을 둔 활동 • 나무의 겨울눈 관찰, 하천의 생물조사 등 자연 자체에 대해 학습하거나 지역의 환경 실태를 조사하는 등의 활동	돌의 색깔, 모양, 크기, 알갱이, 무게, 소리 등 탐색하기
실천활동	• 지역과 가정, 학교나 직장에서 자연환경의 개선을 위한 실천 행위들을 포함하는 활동	• 돌 놀이터를 친구들에게 알리고 함께 사용해 보기 • 지속적으로 놀이터 관리하기

출처 : 김재춘(1997).
조형숙 · 김선원 · 김현주(2007: 15). 유아들과 함께 만드는 자연놀이터. 다음세대, 재인용.

활동 2 : 산과 들에서 배우는 감각교육 : 여우처럼 걸어라

영 역	교 육 내 용
감각 일깨우기	몸과 마음을 풀기
	눈으로 보기
	귀로 듣기
	손으로 만지기
	맛보기와 냄새 맡기
	한 번에 여러 가지 보기
	시야를 넓게 가지기
	날마다 보는 것도 처음 보는 것처럼 보기
감각을 깨우기 위한 놀이	들키지 않고 깃발 빼앗아 오기
	눈 가리고 북소리 따라 가기
	밤에 들리는 여러 가지 소리 가려내기
	시냇물에 떠 있기
자연에서 움직이기	동물에게 들키지 않고 뒤를 밟아보기
추적하기	발자국과 흔적으로 동물 추적하기
자연을 집으로 가져오기	새 모이통 만들기
	유아들과 함께 새집 만들기
환경교육	땅을 파냈다가 그대로 되돌려 놓을 수 있을까?
	나뭇잎 찢어보기
	기름으로 오염된 물
	쓰레기 더미가 있는 들판여행

출처 : 톰 브라운 · 주디 브라운(2006). 산과 들에서 배우는 감각교육 길잡이 : 여우처럼 걸어라. 보리.

새 둥지를 만들어 줘요. 새가 먹을 수 있는 먹이는 무엇이 있을까?

활동 3 : 숲에서 배우기

숲 속 보물 탐험대	
신나는 숲 놀이터	• 자연을 느끼기 • 동 · 식물의 겨울나기 • 겨울과 닮은 버섯 이야기 • 나무토막으로 하는 놀이
가족사랑 나눔의 숲	• 한겨울 풍경을 멀리 보기 • 크게 숨쉬기 • 공기 냄새 맡기 • 겨울동물의 흔적

출처 : 조선일보 2011. 1. 5일자 기사.

활동 4 : 생태 프로젝트의 특성

기간	기간 없음. 유아가 자연주제에 대한 갈등이 해소될 때까지
주제 선정	• 일상생활에서 자연에 대한 유아가 관심과 흥미를 보인 내용에 주의력 집중 • 그 내용이 유아의 갈등과 관련이 있다고 여겨지면 교사가 유아의 흥미를 고조시킨 후에 주제로 선정
진행 방법	• 총체적, 체계적 • 유아의 생명세계 사고의 흐름 중시
목적	• 궁금한 점 해소 • 자연현상에 대한 이해 • 주제의 생존가치 이해 • 생명존중에 대한 인식
유아 활동	• 이야기 나누기, 그림 그리기, 조사활동, 현장학습, 생태전문가 만나보기, 숲 산책하기, 동 · 식물 길러보기, 자세히 관찰하기, 세밀화 그리기, 극 놀이활동 등
환경 구성	• 주제와 관련된 여러 가지 자연물 • 관찰할 수 있는 도구(돋보기, 확대경) • 실외환경 : 원내의 텃밭이나 조그만 꽃밭, 부드러운 흙 마당

출처 : 이희옥 · 김지연 · 이지영 · 박민화 · 조은하 · 최옥선(2006). 유아교육 현장을 위한 생태교육 프로젝트. 월간 유아.

2) 자연친화 활동에 대한 평가

영역	세부 내용	3 매우 그렇다	2 그렇다	1 전혀 그렇지 않다
자연을 만나기 : 자연물의 존재를 확인하고 지각할 수 있도록 하는 과정이다.	감각기관을 통하여 다양한 자연현상(바람, 눈, 비, 낮, 밤 등)을 인식한다.			
	감각기관을 통하여 자연물(식물, 동물, 돌, 물, 흙 등)을 탐색한다.			
	지구, 달, 별, 해 등에 호기심을 가진다.			
	계절의 변화에 관심을 가진다.			
자연을 탐구하기 : 특정 대상이나 현상에 대해 갖고 있는 의문을 해결하기 위해 다양한 자연과의 행동방식을 활용한다.	계절의 변화와 규칙성을 안다.			
	낮과 밤이 있고, 일상생활 속에서 변화하는 것을 안다.			
	자연의 특성을 범주화 및 분류할 수 있다.			
	관찰 도구를 사용하여 자연을 관찰할 수 있다.			
	환경이 오염되는 이유를 안다.			
	동 · 식물을 기를 수 있다.			
자연과 함께하기 : 인간이 자연에 대해 '보살핌'이나 '관계 짓기'를 통해 생태학적 조망 및 수용하는 것이다.	자신과 주변 환경과의 관계에 관심을 가진다.			
	자연의 아름다움을 감상할 수 있다.			
	자연환경의 소중함을 안다.			
	생명체는 서로 함께 살아가는 것임을 안다.			
	환경오염의 위험성을 안다.			
	환경오염을 예방하는 방법을 실천한다.			
	동 · 식물을 길러보며 즐거움을 느낀다.			
	생명의 소중함을 인식한다.			
	환경보호에 관심을 갖는다.			
	환경보호의 방법을 안다.			
	재활용할 수 있는 자원을 찾을 수 있다.			

출처 : 이장희(2009). 개정 유치원교육과정, 표준보육과정.

03. 자연친화 영역평가의 실제

1) '흙' 프로젝트

(1) 주제 선정 이유

흙은 우리 주변 어느 곳에서나 쉽게 관찰할 수 있고 생활에 밀접한 관련이 있는 친근한 주제이다. 그러나 요즘은 급격한 환경오염으로 유아들이 흙을 가까이서 느끼며 접할 수 있는 기회가 많지 않다. 이 활동을 통해 유아가 자연스럽게 다양한 흙을 경험할 수 있으며 우리 생활에 중요한 자원이 되는 흙의 소중함도 알 수 있다. 또한 흙에 대해 알아보며 흙의 종류, 역할, 할 수 있는 놀이, 흙 속에 사는 것들, 흙을 보존해야 하는 방법에까지 접근하여 오늘날의 자연환경에 대해서 다시 생각해 볼 수 있도록 하는 좋은 주제이다.

(2) 주요 학습 개념

- 흙은 보존해야 하는 중요한 자연이다.
- 흙에는 다양한 종류가 있다.
- 좋은 식물의 성장에 꼭 필요하다.
- 흙 속에는 여러 가지 생물들이 살고 있다.
- 흙을 이용해 할 수 있는 다양한 놀이들이 있다.

(3) '흙' 프로젝트 주제망

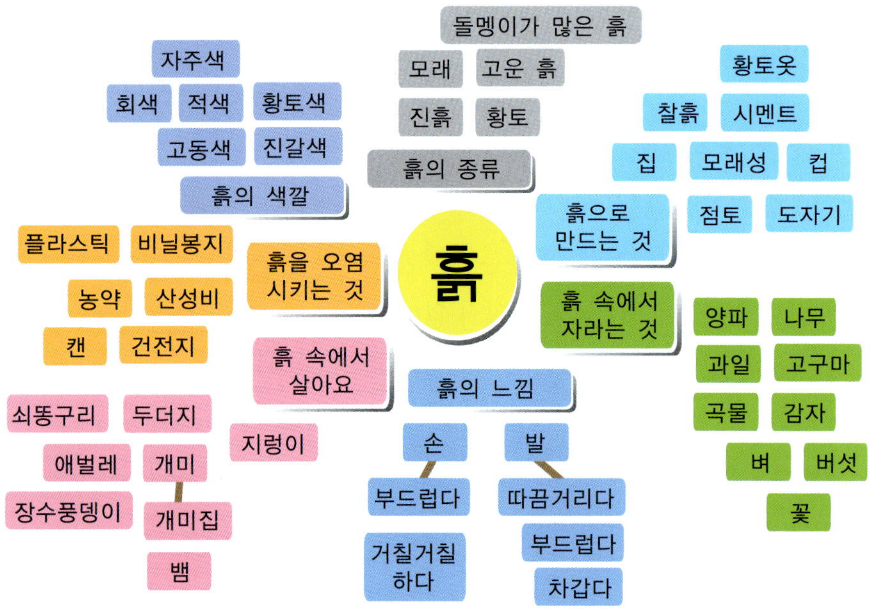

활동순서(**는 소개되어지는 활동)

순서	활동명	
1	흙아...! (흙의 중요성)	**
2	흙에서 걸어보자	**
3	흙속의 깃발을 지켜라	
4	다양한 크기의 흙 알맹이	**
5	바윗돌 깨뜨려~	
6	알맹이가 되어보자	
7	꿈틀꿈틀 흙이 있어요	
8	땅속 생물을 만들어 봐요	**
9	흙속에 사는 동물이 되어보자	
10	Sand Painting	
11	흙의 위와 아래	
12	흙아, 고마워! (흙에게 편지 쓰기)	**

1차 활동 : 흙아 ...! (흙의 중요성)

활동목표

- 유아가 흙의 종류를 구분할 수 있다.
- 유아가 흙의 감촉을 표현하고 말할 수 있다.
- 유아가 흙의 소중함과 필요성을 알 수 있다.

활동자료

- 여러 가지 흙(젖은 흙, 모래 흙, 텃밭 흙)
- 흙속에서 자라는 식물 그림 자료 I (감자, 당근, 고구마, 배추, 무 등)
- 땅에 버려진 쓰레기 그림이나 흙과 쓰레기가 함께 버려진 그림 자료 II

활동과정

- 도입

1. 여러 가지 흙을 만져본다.
   - 선생님이 이번 주말에 산책을 하다가 너희들 보여주려고 흙을 가져왔어.
   - 흙의 종류가 많지? 만져보고 냄새도 맡아보고 탐색해 보자.

2. 감촉과 차이점을 이야기한다.
   - 흙의 차이점을 말할 수 있는 친구 있니?
   - 젖은 흙과 모래 흙을 만졌을 때의 차이점은 뭐니?
   - 젖은 흙과 텃밭 흙을 만졌을 때의 차이점은 뭐니?
   - 어느 흙에서 식물이 잘 자랄까? / 왜 그렇게 생각하니?

3. 그림 자료 I 을 보며 이야기를 나눈다.
   - 이 식물들은 어떤 흙에서 잘 자랄까?
   - 모래 흙에선 잘 자라지 못할까?
   - 왜 그렇게 생각하니?
   - 흙속에선 어떻게 식물들이 잘 자랄까?

4. 그림 자료 II 를 보며 이야기를 나눈다.
   - 어떤 그림인 것 같아?

   - 흙은 어떤 상태일까?
   - 그림 속에 흙에선 식물들이 잘 자랄 수 있을까?
   - 왜 그렇게 생각하니?
   - 흙이 오염되면 어떤 문제들이 생길까?

◎ 전개

1. 흙의 중요성에 대해 이야기한다.
   - 흙속에 어떤 생물들이 사는지 아니? (동 · 식물)

- 흙속에 사는 생물들에게 흙은 어떤 존재일까?
- 흙이 우리 삶 속에서 필요한 이유는 무엇일까?
- 흙을 건강하게 하려면 우리는 어떻게 해야 할까?
- 흙이 없다면 우리들은 어떻게 될까?
- 흙이 없다면 동 · 식물들은 살 수 있을까?

2. 흙의 고마움에 대하여 이야기한다.
   - 흙이 식물에게 어떤 도움을 주는지 이야기할 수 있니?
   - 흙이 동물에게 어떤 도움을 주는지 이야기할 수 있니?
   - 흙이 사람에게도 도움을 준대. 어떤 도움인지 아니?
   - 흙에게 고마운 마음을 가져야 하겠구나.

마무리

1. 흙이 왜 중요한지 유아들에게 다시 한번 되짚어 본다.
   - 오늘 이야기한 흙에 대해서 기억나는 것들 이야기해 보자.
   - 젖은 흙, 모래 흙, 텃밭 흙에 느낌은 어땠니?
   - 어떤 흙에서 동 · 식물이 잘 자란다고 했었니?
   - 좋은 흙을 위해 우리는 어떤 일을 할 수 있니?

평가

평가지를 통한 분석의 예(유아 A의 평가)

이 름	○○○	연 령	만 세 (개월)
일 시	20○○년 월 일		

영역	세부 내용	3 매우 그렇다	2 그렇다	1 전혀 그렇지 않다
자연을 만나기	감각기관을 통하여 다양한 자연현상(바람, 눈, 비, 낮, 밤 등)을 인식한다.			
	감각기관을 통하여 자연물(식물, 동물, 돌, 물, 흙 등)을 탐색한다.	V		
	지구, 달, 별, 해 등에 호기심을 가진다.			
	계절의 변화에 관심을 가진다.			

영역	세부 내용	3 매우 그렇다	2 그렇다	1 전혀 그렇지 않다
자연과 함께 하기	자신과 주변 환경과의 관계에 관심을 갖는다.			
	자연의 아름다움을 감상할 수 있다.			
	자연환경의 소중함을 안다.		V	
	생명체는 서로 함께 살아가는 것임을 안다.		V	
	환경오염의 위험성을 안다.	V		
	환경오염을 예방하는 방법을 실천한다.			
	동 · 식물을 길러보며 즐거움을 느낀다.			
	생명의 소중함을 인식한다.			
	환경보호에 관심을 갖는다.			
	환경보호의 방법을 안다.	V		
	재활용할 수 있는 자원을 찾을 수 있다.			

- 유아가 흙의 종류를 구분할 수 있는가?
  세 가지 흙의 종류에 대해 각각의 특징을 말할 수 있고, 식물이 잘 자랄 수 있는 흙과 그렇지 못한 흙 등으로 흙을 구분할 수 있다.
- 유아가 흙의 감촉을 표현하고 말할 수 있는가?
  흙을 직접 만지면서 세 가지 흙의 공통적인 감촉은 차갑다로 표현하였고, 흙들의 차이점으로는 거칠다 · 부드럽다 · 촉촉하다 · 말랐다 · 푹신푹신하다 등으로 표현할 수 있다.
  유아들이 흙을 직접 만질 수 있게 해서 유아들이 더욱 흥미를 가지고 수업에 참여하였다.
- 유아가 흙의 소중함과 필요성을 알 수 있는가?
  유아들 스스로 흙이 동 · 식물과 사람에게 주는 도움이 무엇인지 생각하고, 또 흙이 없다면 어떤 일이 일어날지 이야기 나눔으로써 흙의 소중함과 필요성을 안다.

2차 활동 : 흙에서 걸어보자

활동목표 • 유아가 흙을 밟아보고 느낌을 표현할 줄 안다.
• 자연에 대해 친숙함을 느낀다.

활동자료 밝고 경쾌한 음악, 정적인 음악, 녹음재생기, 여러 느낌이 날 수 있는 흙(축축한 흙, 거칠거칠한 흙, 메마른 흙, 부드러운 흙 등), 비닐, 밝고 경쾌한 음악, 정적인 음악

활동과정

- 도입

1. 여러 종류의 흙을 탐색해 보았던 활동을 회상해 보며 이야기 나눈다.
(손으로 만져보았을 때 느꼈던 점을 다시 말해 본다.)
   • 여러 종류의 흙을 만져보았을 때 어떤 느낌이 들었니?
2. 맨발로 산책을 해 본 경험(혹은 흙을 밟아본 경험)이 있는지 이야기 나눈다.
   • 공원을 맨발로 산책해 본 경험이 있니?
   • 맨발로 땅을 밟아 본 적이 있니?
   • 맨발로 걷는다면 어떤 느낌이 들까?
3. 바깥활동을 할 시에는 주의할 점을 알려준다.
(정해준 구역 외에 맨발로 돌아다니지 않기 등)

- 전개

1. 먼저 손을 이용하여 탐색해 본다.
   • 먼저 손으로 여러 가지의 흙을 만져보자.

2. 여러 종류의 흙을 발로 밟아본다.

(축축한 흙, 메마른 흙, 고운 흙, 작은 돌멩이가 섞인 흙 등)

- 이제 발로 흙을 밟아보자. 어떤 느낌이 들어?
- 축축한 흙을 밟았을 때와 마른 흙을 밟았을 때의 차이점을 말해 줄 수 있니?
- 어떤 흙을 밟았을 때 차가운(따가운 · 거친) 느낌이 날까?
- 왜 그렇게 생각하니?

3. 노래에 맞춰 리듬감 있게 밟아본다.

(박자가 느린 노래와 빠른 노래를 틀어준다.)

- 느린 노래(빠른 노래)에 맞춰서 천천히도 밟아보고 세게도 밟아볼까?
- 느릿느릿 밟았을 때와 세게 밟았을 때 어떤 차이가 있니?

4. 발로 느껴지는 흙의 느낌을 신체로 표현해 본다.

(교사는 유아들에게 왜 그렇게 표현하였는지 물어본다.)

- 발바닥에서 느껴지는 흙의 느낌을 몸으로 표현해 볼까?
- 모래(축축한 흙, 메마른 흙)를 밟았을 때 어떻게 표현할까?

5. 발을 물로 깨끗이 닦는다.

● 마무리

6. 흙을 밟아본 느낌을 친구들과 이야기 나눈다.

- 친구들은 어떤 흙을 밟았을 때 느낌이 가장 좋았니?

• 흙을 밟을 때 발바닥에서 어떤 느낌이 들었니?

평가

• 여러 종류의 흙을 직접 밟아본 후 자신의 느낌을 잘 말했는가?

놀이터에서 맨발로 여러 종류의 흙을 밟아보려 했지만, 놀이터의 흙에 깨진 조개들이 섞여 있어서 맨발로 밟기에는 위험했다. 그래서 신발을 신은 채로 여러 종류의 흙을 밟아보았다. 신발을 신고 밟았기 때문에 맨발로 밟는 것보다는 자세한 느낌을 받기 힘들었을 텐데도, 아이들은 흙의 느낌을 잘 느낄 수 있게 스스로 뛰어보기도 하고 신발로 끌어보기도 하면서 적극적으로 활동에 참여하였다. 흙을 밟아보면서 받은 느낌을 "푹신푹신해요", "딱딱해요" 등 잘 표현하였다.

• 쉽게 지나칠 수 있던 '흙' 이라는 자연을 친숙하게 느꼈는가?

가장 쉽게 접할 수 있으면서도 조금은 생소한 '흙' 이라는 자연에 대해서 자세히 탐색해 보는 활동이 되었다.

또한 아이들이 관심을 잘 가지며 적극적으로 나서 흙이라는 자연에 대해 흥미를 보였다.

3차 활동 : 다양한 흙 알맹이

활동목표

• 유아가 직접 흙을 만지며 탐색할 수 있다.
• 다양한 크기의 체를 탐색하며 체의 구멍에 따라 걸러지는 흙의 굵기를 비교한다.
• 흙의 굵기를 분류하고 흙의 성질에 대해 알아본다. (촉감, 냄새)

활동자료 다양한 크기의 체 3개, 놀이터의 흙, 화단에서 가져온 입자가 고운 흙, 돌멩이, 흰 접시 4개, 8절 도화지

활동과정

- 도입

1. 놀이터에서 흙을 만져본 경험에 대해서 이야기 나눈다.
   • 선생님들이랑 흙을 가지고 활동했던 것 기억나니?
   • 흙을 손으로 만져봤을 때에는 느낌이 어땠니?
2. 화단에서 가져온 흙에 대하여 이야기 나누기한다.
   • 화단에서 가져온 흙과 놀이터에 있는 흙의 차이에 대하여 이야기를 나눈다. (촉각, 후각, 시각, 청각을 사용하여 탐색)
3. 고운 흙을 걸러내는 방법에 대해 탐색한다.
   • 고운 흙은 어떻게 만들 수 있을지에 대해 이야기를 나눈다.

- 전개

1. 체에 대한 탐색을 한다.
   • 고운 흙을 만들기 위한 방법으로, 교사가 체를 제시한다.
   • 체에 대한 경험을 이야기 나누기한다.
   • 집에서 엄마가 하는 것을 봤어요.
   • 고운 흙을 걸러내기 위해 체를 어떻게 사용하면 좋을지 방법에 대해 토의한다.
   • 유아들이 제시한 방법대로 흙을 걸러보고 제일 잘 걸러지는 방법으로 활동을 하기로 결정한다.

2. 직접 흙을 걸러 다양한 알맹이를 만든다.

- 어떻게 하면 더 고운 흙이 걸러질 수 있는지에 대해 방법을 모색하고 활동한다.
  – 점점 더 작은 구멍의 체를 사용해 보자
- 걸러진 흙과, 체 안에 남아 있는 흙을 탐색한다.
  – 소리가 어떠니?
  – 만져본 느낌이 어떠니?
  – 체에 거른 흙과 체에 남아 있는 흙이 각각 어떤 것 같니?
- 세 가지 종류의 체에 거른 흙들을 흰 접시 위에 각각 놓는다.

3. 걸러진 네 가지 종류의 흙을 탐색한다.
   - 어디에 가면 이런 종류의 흙을 볼 수 있는지 이야기 나눈다.

마무리

- 활동을 마무리하며 이야기를 나눈다.
  - 분류된 흙을 어떻게 하면 오랫동안 관찰할 수 있을지에 대하여 이야기를 나눈다.
  - 8절 도화지에 고운 흙에서부터 알맹이가 큰 흙 순으로 물풀을 사용하여 붙인다.

● 평가

평가지를 통한 분석의 예(유아 B의 평가)

이 름	○○○	연 령	만 세 (개월)
일 시	20○○년 월 일		

영역	세부 내용	3 매우 그렇다	2 그렇다	1 전혀 그렇지 않다
자연을 만나기 : 자연물의 존재를 확인하고 지각할 수 있도록 하는 과정이다.	감각기관을 통하여 다양한 자연현상(바람, 눈, 비, 낮, 밤 등)을 인식한다.			
	감각기관을 통하여 자연물(식물, 동물, 돌, 물, 흙 등)을 탐색한다.	V		
	지구, 달, 별, 해 등에 호기심을 가진다.			
	계절의 변화에 관심을 가진다.			
자연을 탐구하기 : 특정 대상이나 현상에 대해 갖고 있는 의문을 해결하기 위해 다양한 자연과의 행동방식을 활용한다.	계절의 변화와 규칙성을 안다.			
	낮과 밤이 있고, 일상생활 속에서 변화하는 것을 안다.			
	자연의 특성을 범주화 및 분류할 수 있다	V		
	관찰 도구를 사용하여 자연을 관찰할 수 있다	V		
	환경이 오염되는 이유를 안다.			
	동·식물을 기를 수 있다.			

- 유아가 직접 흙을 만지며 탐색하였는가?
  직접 교실에서 놀이터의 흙과 화분의 흙을 만져보며 탐색하였다.
- 다양한 크기의 체를 탐색하며 체의 구멍에 따라 걸러지는 흙의 굵기를 비교하였는가?
  다양한 크기의 체를 탐색하고 난 뒤, 체에 흙을 걸러보았다.
  걸러진 흙 알맹이의 크기를 비교했다.
- 흙의 굵기를 분류하고 흙의 성질에 대해 알아보았는가? (촉감, 냄새)
  걸러진 흙을 알맹이가 굵은 것부터 알맹이가 작은 것까지 순서를 지어 보았다. 순서를 지은 흙들을 각각 만져보고 냄새를 맡아보며 각각의 흙이 어떤 특징이 있는지 알아보았다.

<아이들과 이야기한 흙의 특징>

- 가장 굵은 흙 : 색이 어둡다. 돌멩이가 있다. 뿌리가 있다.
  비 맞은 냄새가 난다. 울퉁불퉁하다. 축축하다.
- 첫 번째 체에 거른 흙 : 그 전 흙보다 알맹이가 작다.
  색이 조금 흐려졌다. 까칠까칠하다.
  비 맞은 냄새가 덜 난다.
- 두 번째 체에 거른 흙 : 알맹이가 더 작아졌다.
  까칠까칠하지만 부드럽기도 하다.
  놀이터의 흙처럼 색이 밝다.
- 세 번째 체에 거른 흙 : 알맹이가 곱다. 부드럽다.
  만지면 손에 흙이 달라붙는다.

4차 활동 : 땅속 생물을 만들어 봐요

활동목표

- 직접 진흙을 만들어 보고 여러 감각을 이용해 진흙을 관찰한다.
- 찰흙과 자연물을 이용하여 흙속에 사는 생물들의 모습을 창의적으로 만들 수 있다.

활동자료 고운 흙, 물, 찰흙 4개, 자연물(나뭇잎, 돌멩이, 나뭇가지, 솔방울 등), 일회용 용기 4개

활동과정

- 도입

1. 지난 시간에 배웠던 진흙에 대해 이야기를 나눈다.
   - 우리 저번에 여러 흙의 종류에 대해 배워보았죠?
   - 그 중에 진흙이 생각나나요?
   - 진흙은 어떤 성질이 있는지 알려주었는 데 기억나나요?
2. 진흙과 찰흙에 대해서 이야기 나눈다.
   - 얘들아 진흙과 찰흙이 어떻게 다를까?
   - 진흙을 본적이 있나요?
   - 찰흙을 본적이 있나요?
   - 진흙은 어떻게 만드는 걸까요?
   - 찰흙은 어떻게 만들어질까요?
3. 오늘 할 활동에 대해 말해 준다.
   - 오늘은 우리가 진흙을 직접 만들어 보고 찰흙으로 자연물을 이용해서 동물 만들기를 해볼 거에요.
4. 진흙과 찰흙 놀이를 할 때 지켜야 할 약속에 대해 이야기를 나눈다.
   - 진흙은 옷에 묻으면 물만으로는 깨끗하게 안 지워지기 때문에 옷에 묻지 않게 조심해야 되요.

• 재료들을 친구에게 던지거나 장난치면 안 돼요.

◉ 전개

1. 진흙 만드는 방법에 대해 설명한다.
   • 진흙은 고운 흙에 아주 작은 양의 물이 들어간 흙을 말해요.
   그래서 질퍽질퍽하고 끈끈해요.
   (흙이 담긴 일회용 용기 5개를 준비해 준다.)
   • 선생님이 흙을 준비해 왔는데 여기에 물을 조금 넣어볼까?
   • 그 다음에 손으로 주물럭주물럭 반죽하듯이 문질러 주세요.

2. 만들어진 진흙에 대해 이야기 나눈다.
   • 진흙을 손으로 만져보니 느낌이 어때요?
   • 혹시 냄새도 나는지 맡아볼까요?

3. 유아들에게 찰흙을 하나씩 나눠준 후 다양한 자연물을 이용하여 흙속에

사는 생물을 창의적으로 만들어 본다.

- 이번에는 찰흙을 이용해서 흙속에 사는 것들을 만들어 보기로 해요.
- 선생님이 준비해 온 자연물들을 이용해서 마음껏 만들어 보아요.

● 마무리

1. 땅속 그림에 만든 작품을 붙이고 감상한다.
   - 선생님이 준비해 온 땅속 그림에 너희들이 만든 작품을 붙여보세요.
   - ○○는 무엇을 만들었나요?

2. 감상한 느낌과 찰흙으로 만든 느낌을 이야기해 본다.
   - 찰흙으로 만드는 활동을 해 보니 어땠어요?
   - △△는 친구가 만든 것을 감상한 느낌이 어땠나요?
3. 진흙과 찰흙을 관찰하고 만져본 느낌을 이야기해 본다.
   - 오늘 선생님과 이렇게 진흙과 찰흙을 관찰하고 만져 본 느낌이 어땠나요?

● 평가

• 직접 진흙을 만들어 보고 진흙과 찰흙을 잘 관찰하였는가?

진흙을 만드는 과정에서는 물의 양이 중요하기 때문에 옆에서 교사의 도움이 많이 필요했다. 진흙이 만들어지기까지 시간이 많이 필요하므로 아이들이 왜 진흙이 안 되냐고 했을 때 인내심을 가지고 조금만 더 주물러 보자고 말해야 한다.

진흙과 찰흙을 관찰할 때는 후각, 시각, 촉각을 통해 충분한 탐색이 이루어지도록 하였다.

• 진흙과 찰흙의 성질에 대해서 알았는가?

진흙을 직접 만들어 보고 만져봄으로써 질퍽질퍽한 성질이 있고 흙냄새가 난다는 것을 경험해 보았고 찰흙은 점성이 있어서 서로 붙기도 하고 원하는 모양이 된다는 것에 대해 경험하였다.

• 찰흙과 자연물을 이용하여 흙속에 사는 생물들의 모습을 창의적으로 만들었는가?

찰흙으로 흙속에 사는 동물을 만들고 자연물도 함께 이용해 꾸며보기를 하였는데 흙속에 사는 생물을 만들라고 강조했지만 아이들이 자꾸 좋아하는 동물을 만들려고 해서 어려움이 있었다. 그리고 교사가 자연물을 이용해서 만드는 것을 시범 보였으나 아이들은 자연물을 사용해서 꾸미는 것을 별로 원하지 않았다. 그러나 교사가 곧 다시 흙속에 사는 생물을 되짚어 이야기해 주자 아이들이 목표대로 따라와 주었다. ○○는 무엇을 만들지 결정을 못하고 혼자서 잘 만들지 못하여서 옆에서 교사가 친구들과 교사가 만든 것을 보여주고 촉진시키며 옆에서 보조해 주었다.

5차 활동 : 흙아, 고마워! (흙에게 편지 쓰기)

활동목표

- 자신의 생각을 표현할 수 있다.
- 흙에게 하고 싶은 말을 글로 쓸 수 있다.

활동자료 편지지, 연필, 색연필, 사인펜, 색종이, 가위, 풀

활동과정

- 도입

1. 흙에 대해 배운 이전 내용들을 회상한다.

- 전개

2. 흙에 대해 배운 것들을 이야기해 본다.
    - 흙에 대해 어떤 것들을 배웠죠?
    - 그럼 우리 친구들은 흙에 대한 어떤 사실들을 알게 됐나요?
    - 지금까지 했던 활동들 중에 어떤 활동이 가장 기억에 남았어요?
    - 그럼 혹시 흙에게 해 주고 싶었던 말이 있나요?
3. 흙에게 하고 싶은 이야기를 한다.
    - 그럼 흙에게 어떤 이야기를 해 주고 싶나요?
    - 오늘은 우리가 흙에게 하고 싶은 말을 편지로 써볼 거예요.
    - 흙에게 하고 싶었던 말들을 자유롭게 편지에 써보아요.

흙의 이름을 지어주어도 되고 그림을 그려서 선물을 해 줘도 돼요. 예쁘게 꾸며보아요.

• 흙에게 편지를 쓴다.

◎ 마무리

• 친구들 앞에서 자신이 흙에게 쓴 편지를 소개한다.
  – 누가 먼저 나와서 발표를 해 볼까요?
  – ○○는 왜 이런 이야기를 흙에게 해 주고 싶었나요?
  – 참 잘했어요.
  – 다른 친구들은 ○○의 편지를 어떻게 들었나요?

◎ 평가

• 자신들의 생각을 표현하였는가?
유아들은 각자 자신이 그 동안 배운 흙에 대한 정보들을 정리하였다. 처음 목표했던 바와 같이 아이들에게 그 동안 배운 지식들에 대해 정리해 보는 시간을 주었다.

• 흙에게 하고 싶은 말을 글로 쓸 수 있었는가?
머릿속으로 정리가 되어 하고 싶은 말은 있었으나 막상 편지지에 쓰도록 했더니 쓸 줄 모르는 글자들 때문에 ○○는 ◇◇에게 물었고, △△도 자신이 모르는 글자는 못 쓰고, 교사가 알려줄 때까지 기다리고 있었다. ◎◎도 몇몇 글자를 못 쓰고 물어보았다.

2) '새싹 채소 기르기' 프로젝트

(1) 주제 선정 이유

교육적 측면에서 보면 어려서부터, 즉 영유아기부터 식물과의 만남은 큰 의미가 있으며 인성교육 차원에서도 풍부한 색과 선을 제공하는 풀 · 나무 · 꽃 · 열매와 같은 식물과, 나비 · 벌과 같은 동물과 곤충, 비 · 눈과 같은 자연물들과의 만남을 통한 교육은 EQ와 IQ의 조화를 이룰 수 있게 한다. 아울러 생명의 소중함, 무수한 가능성, 신비함, 아름다움을 만나게 될 것이다. 이에 유아에게 자연의 규칙적인 변화 현상과 감성을 함께 길러줄 수 있는 주제로 '식물 기르기'가 적절할 것으로 판단되어 교실에서도 가장 잘 접목할 수 있는 '새싹 기르기'를 선정하였다.

(2) 주요 학습 개념

- 식물은 생명이 있음을 안다.
- 새싹의 생명이 유지되는 방법을 안다.
- 새싹이 잘 자라는 조건을 알고 경험해 본다.
- 새싹 채소를 이용한 음식의 영양소를 안다.

(3) 본 활동

1차 활동 : 새싹 씨앗 심기

교육목표

- 내가 심게 될 새싹 채소 씨앗을 탐색한다.
- 새싹 채소의 이름을 지어주어 용기에 심는다.

활동자료 새싹 채소 씨앗, 물, 키친타올, 플라스틱 용기, 돋보기, 이름표, 새싹 채소 일기, 색연필

활동과정

1. 지난 시간 활동에서 했던 '내가 아는 새싹 그리기'를 유아들과 함께 보면서 오늘은 새싹 채소를 심어볼 것이라고 이야기해 준다.
2. 새싹 채소 씨앗을 유아들에게 보여준다.

   T : 선생님이 여기 세 가지 씨앗을 가지고 왔는데, 어떤 씨앗인지 보자.

   (냄새, 색, 크기들을 관찰한다.)
3. 새싹 채소 씨앗을 탐색 후 플라스틱 용기에 심는다.

   T : 여기 선생님이 작은 통을 가지고 왔어, 여기다가 새싹 채소를 심어볼 건데요. 오늘은 씨앗을 흙에다가 심는 게 아니고 물만 가지고 키워볼 거예요. 어떻게 하는 건지 선생님이 보여줄게요.

   • 세 가지 씨앗 중 자신이 기르고 싶은 한 가지 씨앗을 고른다.
   • 플라스틱 용기에 키친타올을 깔고 물을 충분히 뿌려준다.
   • 씨앗을 뿌려준다.
4. 새싹 채소 씨앗을 심은 후에 나만의 씨앗이 될 수 있도록 이름 지어보기를 한다.

   T : 우리가 집에서 강아지나 동물을 키울 때 이름을 지어주지요? 그것처럼 오늘 우리가 심은 이 새싹 채소에도 이름을 지어줄 거예요. 뭐라고 지으면 좋을까요?
5. 새싹 채소 돌보는 방법을 유아들에게 알려준다.
6. 새싹 채소 일기를 쓰고 새싹 채소를 자연친화 영역에 배치한다.

2차 활동 : 새싹 채소 일기 쓰기

교육목표

- 새싹 채소의 변화된 모습을 관찰할 수 있다.
- 새싹 채소에게 편지를 쓰면서 생명존중의 마음을 가질 수 있다.

활동자료 새싹 채소, 새싹 채소 일기, 색연필

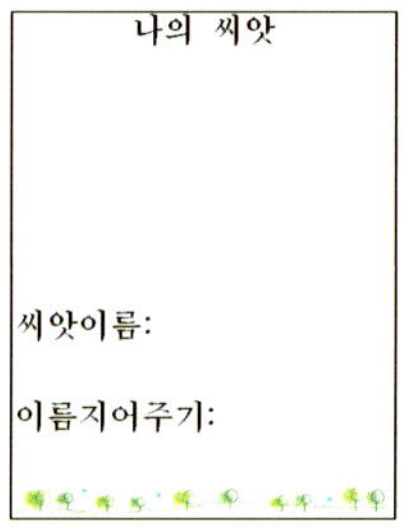

활동과정

1. 유아들의 새싹 채소 일기를 다른 유아들과 함께 본 후 오늘의 활동을 설명해 준다.

   T : 우리 친구들이 새싹 채소 일기를 어떻게 쓰고 있는지 같이 볼까요?

   와~ 이만큼 자랐구나. 우리 오늘은 또 얼마나 자랐는지 같이 볼까요?

2. 새싹 채소를 보며 이야기를 나눈다.
   - 새싹 채소를 기를 때 어떻게 돌보았는지에 대해서
   - 새싹 채소의 생김새 관찰

   T : 누구의 새싹 채소가 많이 자랐는지 볼까요?

   어떤 방법으로 길렀기에 이렇게 잘 자란 걸까요?

   T : 우리 여러 친구들의 새싹 채소도 한번 볼까요?

   다른 친구들 새싹과 자신의 것이 무엇이 비슷한지, 무엇이 다른지 말해 볼까요?

3. 새싹 채소 일기를 쓴다.

   T : 새싹 채소가 얼마나 자랐는지 그려보고 또 우리 새싹에게 해 주고 싶은 말을 여기다

편지를 써보세요. 새싹에게 하고 싶은 말을 그림이나 글로 표현하면 되요.

4. 유아들이 쓴 관찰일기를 다른 친구들과 함께 본다.

3차 활동 : 새싹 채소 책 만들기

교육목표 새싹 채소 키우는 과정을 알고 책으로 만들 수 있다.

활동자료 새싹 채소 음식 사진들

활동과정

1. 새싹 책을 읽어준다.

   T : 선생님이 오늘 새싹 책을 가져 왔어요.

   선생님이 먼저 한번 읽어 줄게요.

2. 새싹 책을 만들어 본다.

   - 지금까지 길러온 새싹이 어떤 모습으로 변했나요?
   - 처음에는 어떤 모습이었나요?
   - 어떻게 해 주어서 이렇게 자랄 수 있었나요?

• 새싹 채소가 자라려면 어떤 것이 필요한가요?
  – 물, 공기, 햇빛, 사랑, 잡초 뽑아주기, 거름주기 등

3. 오늘 한 활동에 대해 이야기 나눈다.

   T : 오늘 새싹 채소 책 만들기를 해 보았는데 어땠어요?

평 가 새싹이 자라는 과정을 이해했는가?

4차 활동 : 새싹 채소 주먹밥 만들기

활동목표

• 새싹 채소로 만들 수 있는 음식의 종류를 안다.
• 새싹 채소로 만든 음식의 특징과 영양소를 안다.
• 새싹 채소로 만든 주먹밥을 만드는 과정을 안다.

활동자료 새싹 채소 음식 사진들, 새싹 채소

활동과정

1. 오늘 새싹 채소로 만들 수 있는 음식에 대해 이야기 나누기를 한다고 말해 준다.
2. 새싹 채소로 만들 수 있는 음식이 무엇인지 이야기 나눈다.

   T : 우리가 그동안 새싹 채소를 길렀어요.
   다음 주에 새싹 채소로 음식을 만들어 볼 거예요.
   어떤 음식을 만들 수 있을까요?
   그 음식 이외에 또 뭐가 있을까요?

3. 새싹 채소로 만들 수 있는 음식 사진을 보여준다.

   T : 선생님이 사진을 준비해 왔어요.
   무슨 음식인가요? 맞아요. 새싹 비빔밥이에요. 이건 주먹밥 맞아요.

4. 필요한 재료를 탐색한 후 요리활동을 설명한다.

   T : 주먹밥을 만들 때 무엇이 필요할까?

5. 요리활동을 한다.

① 양푼에 밥을 넣고 양념을 한다.
② 새싹 채소를 깨끗이 씻어서 양념한 밥에 넣는다.
③ 김을 부셔서 넣는다.
④ 참치는 기름을 빼고 넣는다.
⑤ 재료들을 잘 섞는다.
⑥ 유아에게 적당한 양을 개인 접시에 덜어준다.
⑦ 적당한 크기로 주먹밥을 만든다.

6. 정리정돈한다.

(4) 평가

이름 : ○○○

나이 : 만 4세

성별 : 여아

특징 : 시키지 않아도 스스로 정리정돈을 잘하며 타인을 배려하는 행동을 많이 보인다. 수업에 참여를 잘한다.

강점 : 대인관계, 사회지능

자연 이해 지능 검사 체크리스트(사후)

관찰자		날짜							
관찰 유아	○○○	성별	여	연령	만 4세				
5. 항상 그렇게 한다. 4. 그렇게 하는 편이다. 3. 보통이다 2. 그렇게 하지 않는 편이다. 1. 전혀 그렇게 하지 않는다.					5	4	3	2	1
탐구력	1. 새싹이 자라는 과정을 안다.						/		
	2. 새싹의 모양을 자세히 관찰할 수 있다.				/				
	3. 사물을 관찰하며 크기를 구별할 수 있다.				/				
	4. 같은 씨앗끼리 분류하여 범주화할 수 있다.						/		
	5. 씨앗의 특징을 그림으로 나타낼 수 있다.					/			
총점									
자연 친화	1. 식물을 키우면서 그 즐거움을 느낀다.				/				
	2. 자신이 키우는 새싹에 스스로 관심을 갖고 있다.						/		
	3. 자연사랑과 생명존중의 마음을 가진다.				/				
	4. 식물을 사랑하고 아끼는 마음을 말이나 글로 표현할 수 있다.					/			
	5. 식물을 키워보면서 자연에 대한 고마움을 안다.					/			
총점	21점								
인지 능력	1. 식물이 우리에게 먹거리를 제공해 줌을 안다.					/			
	2. 식물이 우리에게 주는 도움을 안다.					/			
	3. 식물을 잘 돌보아 주려면 어떻게 해야 하는지 안다.					/			
	4. 자연과 더불어 사는 삶을 배운다.						/		
	5. 편식이 몸에 좋지 않다는 것을 안다.					/			
총점									

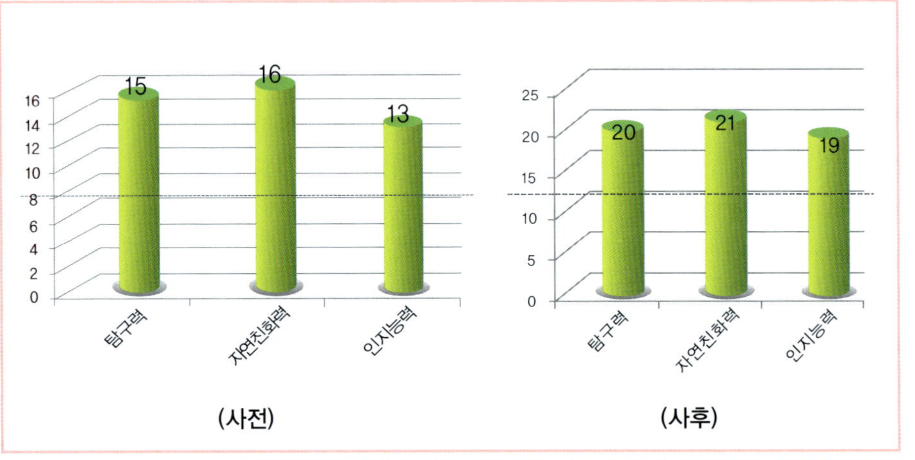

자연 이해 지능 검사

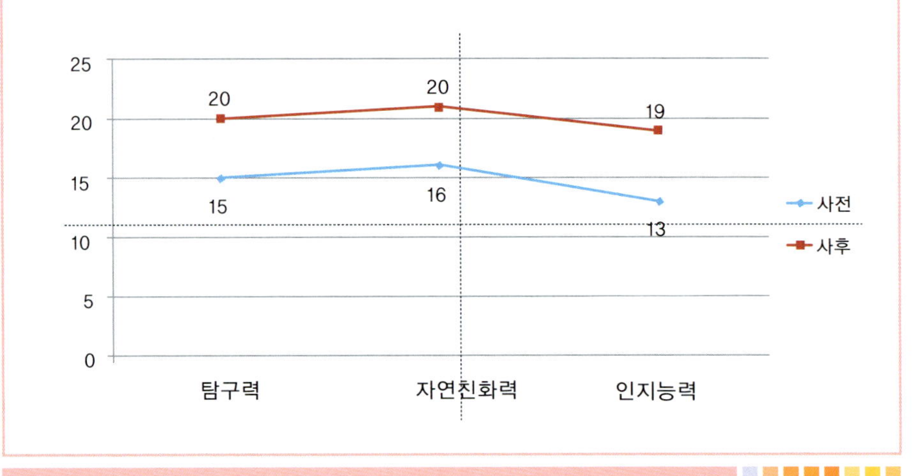

자연 이해 지능 검사(사전 · 사후)

평가결과 분석

○○는 자연이해 지능 사전검사에 비해 사후검사에서 탐구력은 5, 자연친화력은 5, 인지능력은 6점으로 성장을 보였다. 즉, 새싹 채소 기르기 활동이 ○○에게는 자연 이해 지능을 높이는 활동이었음을 알 수 있다. 또한 ○○는 이를 통해 자연에 대한 탐구능력과 자연친화 능력뿐 아니라 자연 이해에 대한 인지능력이 향상되었다.

그러나 ○○는 새싹이 우리에게 주는 고마움이나 새싹 채소 음식에 대한 이해는 하고 있지만 새싹 채소를 키우는 과정을 잘 이해하지 못하였고, 새싹 채소를 기르는 과정에서 지속적으로 관심을 가지고 물을 주거나 햇빛에 노출시키는 것을 잊어버려 ○○의 새싹 채소가 다른 유아들에 비해 잘 자라지 못했다. 또한 대부분의 유아들은 새싹 채소 기르기 활동을 통해 자연과 더불어 사는 삶에 대한 이해가 많이 향상되지 못하였다. 아마도 화분 안에서 새싹을 기르는 활동에만 치우쳐 있어 자연이라는 거대한 환경에 대한 활동이 부족했다고 본다. 이에 다음 활동은 '나무' 나 '낙엽', '토끼' 와 같이 실외에서 자연을 경험할 수 있는 주제로 자연친화 활동을 다루어보는 것이 좋을 것 같다.

발견구역 채점기준

정밀 관찰

- 주위 환경에서 사물의 물리적 특징을 하나 혹은 그 이상의 감각기관을 이용하여 정밀 관찰하는 것
- 시간에 따른 사물의 변화를 인지하는 것(예를 들어, 식물에 돋아나는 새 잎사귀, 나무의 눈, 올챙이의 다리 등)
- 그림, 도표, 연대순으로 현상을 정리한 카드 등으로 관찰을 기록하는 데 관심을 보이는 것

상관관계 확인

- 사물 간 유사점과 차이점을 인식하고 물건이나 사건을 비교 · 대비하는 것을 좋아한다. (예를 들어, 게와 거미를 비교 · 대비하는 것)
- 여러 기준을 가지고 사물들을 분류한다. (예를 들어, 색깔별, 형태별, 크기별, 질감별 분류하는 것)

가설 성립

- 관찰에 근거한 예측을 한다.
- 자연물이나 현상에 대하여 '만약에 이렇다면' 식의 질문을 자주 묻는다.
- 왜 이런 식으로 작용하는지의 이유를 제공한다.

실험법

- 가설을 세우는 데 그치지 않고 고안해 낸 실험이나 간단한 실험상황을 만들어낸다. (예를 들어, 물에 큰 돌멩이와 작은 돌멩이를 넣으면 어느 쪽이 먼저 가라앉는지를 본다.)
- 적절한 변수를 바꾸거나 새로운 조합을 시도하면서 사물이나 상관관계를 탐구한다. (예를 들어, 식물에게 물 대신 페인트를 주어본다.)

자연주의 활동에 관심 가지기

- 자연현상이나 관련 사물에 오랫동안 관심을 보이며, 자신만의 학습과정을 이끌어 가는 데 강한 본질적 관심을 보인다.
- 관찰한 사물에 관해 정기적으로 질문을 던진다.
- 자연환경과 관련된 자신이나 타인의 경험을 보고하기 좋아한다.

자연 세계에 대한 지식

- 자연물이나 현상에 대하여 비범한 지식을 보여준다(예를 들어, 곤충이나 공룡).
- 자연현상에 대하여 자발적으로 관련 정보를 제공하고 교사나 타인이 던지는 자연환경과 연관된 질문에 자발적으로 대답을 한다.

발견구역 체크리스트

유아 ______ 나이 ______ 관찰자 ______ 날짜 ______

요소	관찰
정밀 관찰 1. 다른 감각기관 사용 2. 시간에 따른 사물의 변화 인식 3. 여러 방식으로 관찰결과 기록 4. 기타	 1. 그렇다 2. 아니다 2. 그렇다 2. 아니다 3. 그렇다 2. 아니다
상관관계 확인 1. 사물이나 현상을 비교 · 대비 2. 다양한 기준에 근거하여 사물을 분류 3. 기타	 1. 그렇다 2. 아니다 2. 그렇다 2. 아니다
가설 설정 1. 관찰에 기초한 가정 2. '만약에 이렇다면' 식의 질문을 던짐 3. 왜 그런지 이유 제공 4. 기타	 1. 그렇다 2. 아니다 2. 그렇다 2. 아니다 3. 그렇다 2. 아니다
실험법 1. 실험상황 설정 2. 새로운 방법으로 사물조작 3. 기타	 1. 그렇다 2. 아니다 2. 그렇다 2. 아니다
자연주의 활동에의 관심 1. 자연현상에 대하여 강한 관심 표출 2. 관찰한 현상에 대한 질문함 3. 자연환경과 관련된 경험을 찾기 4. 기타	 1. 그렇다 2. 아니다 2. 그렇다 2. 아니다 3. 그렇다 2. 아니다
자연 세계에 대한 지식 1. 비범한 지식 보여줌 2. 정보를 제공하고 질문에 답함 3. 기타	 1. 그렇다 2. 아니다 2. 그렇다 2. 아니다
〈총평〉	

참고문헌

강봉규 외(1980). 교사를 위한 아동발달. 서울: 태영출판사.

강봉규(1993). 발달심리학. 서울: 정훈출판사.

강숙현(2002). 발달에 적합한 영 · 유아평가 포커스인 포트폴리오. 서울: 교육과학사.

강영선 외(1980). 신체 유전학. 서울: 향문사.

강은선(2007). 유아 MI언어 프로그램이 다중지능에 미치는 영향. 숭실대학교 교육대학원 석사학위논문.

강정구(1996). 현대학습심리학. 서울: 문음사.

강태옥(2001). 논리-수학적 지능을 활용한 수업방법의 효과 분석. 연세대학교 대학원 석사학위논문

계정희(1980). 학령전 어린이에 있어서 조직화가 기억과제가 재생에 미치는 영향. 연세대학교 대학원 석사학위논문.

고선옥 · 오복희(2004). 자연친화적 보육프로그램이 유아의 관찰태도 향상과 창의성 발달에 미치는 효과. 한국영유아보육학, 36, 177-195.

고창준(1985). 집중장애와 과잉운동증. 월간 집단과 치료, 별책 제5권 제3호.

공인숙 · 최연실 (1994). 양성적 부모의 양육행동과 아동의 자기 역량감에 관한 연구. 아동학회지 한국아동학회, 제15권 제1호, 187-203.

곽기상(1996). 교육심리학. 서울: 재동문화사.

교육부(1992). 유치원 교육과정. 서울: 대한교과서주식회사.

교육인적자원부 보도자료. 2007년 개정유치원 교육과정 확정. 2007. 12. 12.

교육인적자원부(2007). 개정 유치원교육과정. 서울: 교육인적자원부.

구광현(1992). 인지발달과 학습에 관한 이론적 접근: 측정 및 교수방법에 대한 시사점. 논문집, 제12집, 대신대학교, 3-35.

구광현 · 이희경(2006). 유아사회교육. 서울: 동문사.

구본권(1992). 특수유아교육. 수원: 동남문화사.

권대훈(2006). 교육심리학의 이론과 실제. 서울: 학지사.

권석만 외(1996). 심리학개론. 서울 : 박영사.

권성현(2006). 생태유아교육에 관한 학부모와 교사의 인식 및 요구도의 차이. 경운대학교 상업정보대학원 석사학위 청구논문.

권순명(1994). 지각된 양육경험과 자아정체감 및 통제된 인간의 관계분석. 전북대학교 박사학위논문.

길임주(1996). 사회도덕적 사고에 있어서 청소년과 부모의 세대 간 차이분석. 교육심리연구, 한국교육학회 교

육심리연구회. 제10권 제1호. 105-123.

김경철 · 채미영(2001). 프로젝트 스펙트럼(Project Spectrum)의 언어 평가 도구 타당화를 위한 기초 연구. 幼兒敎育硏究, Vol. 21 No. 3, 81-93.

김경희(1976). 한국아동이 도덕관발달에 관한 실험적 연구. 유아교육연구, 제1편.

______(1981). 한국아동의 왼쪽 : 오른쪽 개념발달. 유아교육연구, 제3편.

______(1981). TV가 어린이에게 미치는 영향. 방송대학, 제11호.

______(1982). 아동정신병리. 서울: 학문사.

______(1982). 한국아동의 공간개념 발달에 관한 실험연구. 연세대학교 대학원 석사학위 논문.

______(1985). Kohlberg 도덕발달이론에 대한 재조명, 발달심리학 연구의 최근동향. 한국심리학회.

______(1986). 아동심리학. 서울: 박영사.

김관웅(2005). 유아교육심리학. 서울: 창지사.

김관웅 · 최순실(1995). 어른이 버릇 어떻게 바로잡을 것인가(Eva L. Essa. A practical guide to solving preschool behavior probloms). 서울: 교육과학사.

김광웅 · 박성연 역(1995). 아버지 역할과 아동발달. 서울: 이화여대 출판부.

김광웅 · 방은령(1994). 아동발달. 서울: 형설출판사.

김광일 외(1983). 성에 대한 태도조사. 정신건강연구 제집. 한양대학교 정신건강연구소.

김기석 외(1962). 생활지도. 서울: 현대교육총서출판사.

김기석(1975). 정신분석학적 접근: 사회변화에 대응하는 생활지도. 서울: 양남인쇄주식회사.

김기영(2005). 또래 상호작용 속에서의 유아리더십. 숙명여자대학교 원격유아교육정보대학원 석사학위 청구논문.

김덕건(1997). Scaffolding 유형과 집단형태가 유아의 ZPD 이행수준에 미치는 효과. 계명대학교 박사학위논문.

김덕순(1993). 자녀지도를 위한 부모교육. 콜로키움 및 세미나 자료 모음, 청소년 대화의 광장, 49-58.

______(1996). 부모의 이론과 실제. 서울: 도서출판 출판부

김도환(1974). 교육심리학. 서울: 제일문화사.

김명희 · 김영천(1998). 다중지능이론: 그 기본 전제와 시사점. 교육과정연구. 한국교육학회 교육과정연구회, 제16권 제1호, 299-330.

김명희 · 김양분 · 김영천 · 이경희 · 정태희(1996). 다중지능이론에 기초한 열린교육의 수행 평가에 관한 연구. 교과교육공동연구보고서 PR-96, 한국교원대학교. 교과교육공동연구소.

김명희 · 류완영(1999). 다중지능 이론과 교육과정 개발. 교육과정학회, 17(2), 96-97.

김명희 · 신화식 · 주은희(2001). 프로젝트 스펙트럼(ProjectSpectrum)에 기초한 영역별 교수-학습 평가도구 개발연구. 유아교육연구, 21(4), 127-155.

김미숙 · 장화경 · 홍미(2006). 정보화를 인한 가족관계와 가족역할의 미래 변화: 가족의 정서적 기능 변화 전망. 경제 · 인문사회연구회 협동연구총서, 06-03-03.

김미해(1986). 유아의 물체 위치 기억에 관한 연구. 연세대학교 대학원 석사학위논문.

김민남 역(1985). Kohlberg의 도덕발달이론. 서울: 교육과학사.

김상윤(1988). 인지적 도덕발달이론에서 단계별 특성에 따른 도덕성발달 경향분석. 동아대학교 박사학위논문.

김성옥(2008). 유아의 생태적 사고 고양을 위한 자연체험학습 교수설계모형 개발. 부산대학교 대학원 박사학위논문.

김성태(1967). 발달심리학. 경기도: 법문사.

김세희 · 김정준 · 송미선 · 장화선 · 전선옥 편역(1995). 자녀와 더불어 성장하는 부모. 서울: 양서원.

김소연(2005). 아버지의 양육태도와 유아의 사회적 적응과의 관계. 서울교육대학교 교육대학원 석사학위 청구논문.

김순택(1978). 목표별수업. 서울: 교육과학사.

김순혜(1997). 고등학생의 자아개념 및 대인관계 성향의 하위요인과 학업성취의 관계연구. 교육심리연구. 한국교육학회 교육심리연구회, 제11권 제2호, 21-44.

김승국(1995). 특수교육학개론. 서울: 양서원.

김승국 · 김옥기(1973). 특수교육. 제주도: 백록출판사.

김신자(1993). 아동발달학. 서울: 수학사.

김아영(1996). 목표설정이론과 자기효능감. 산업 및 조직심리학회 춘계학술발표대회 논문집, 41-51

______(1998). 동기이론의 교육현장 적용 연구와 과제. 교육심리연구. 한국교육학회 교육심리연구회, 제12권 제1호, 105-128.

김안중 · 박천환 · 신재철 · 조난심(1982). 한국아동의 도덕성 발달에 관한 연구. 서울: 한국교육개발원.

김억환 · 박은혜 역(1999). 정신도구: 비고츠키 유아교육. 서울: 이화여자대학교 출판부.

김언주(1986b). 인지적 학습동기. 새교육, 통권 제384호. 대한교육연합회.

______(1987). 신교육심리학. 서울: 문음사.

김언주 · 구광현(2000). 신교육심리학. 서울: 문음사

김언주 · 이군현 · 윤현석 · 김성수 · 조한익 · 박은희(2000). 우리 아이 EQ 높이기. 서울: 학지사.

김연진 · 이경화 · 송주미 · 장미경(2005). 유아 · 아동발달. 서울: 동문사.

김영숙 · 이재연 편역(1994). 아동을 위한 상담이론과 방법. 서울: 교학과학사.

김영옥 외(1993). 특수학교 집업지지도의 이론과 실제. 교육부.

김영옥 · 엄정애 · 최윤정 · 박경희(2003). 유아사회교육의 통합적 운영. 서울: 창지사.

김영채 역(1979). 학습심리학. 서울: 중앙적성연구소.

______(1985). 학습심리학 입문. (B.R. Hregenhahn 저). 서울: 박영사.

김영희(1996). 기질 및 양육행동과 아동의 적응과의 관계. 아동학회지. 한국아동학회, 제17권 제2호, 19-32.

김영희 · 고태순(2006). 아동발달과 육아(함께 생각해 보는). 서울: 양서원.

김영희 · 이장희(2009). 유아의 자연친화 교육프로그램이 자연친화적 지식 및 긍정적 태도에 미치는 효과. 한국지역사회생활과학회지, Vol.20 No. 3. 331-341.

김용래(2000). 교육심리학. 서울: 문음사.

김윤식 · 제석봉(1993). 아동발달심리학. 서울: 학문사.

김은숙(1998). 부부갈등 및 부부관계 특성과 아동의 주의력결핍 과잉행동 성향과의 관계. 숙명여자대학교 대학원 석사학위 청구논문.

김은지(2009). 자연친화적 유아교육 프로그램의 모형 개발을 위한 기초연구. 경성대학교 교육대학원 석사학위논문.

김인자 역(1982). 적응심리. 서울: 정민사.

김재은 · 유기섭(1995). 심리검사의 활용. 서울: 교육과학사.

김재은 · 정명숙 역(1982). 인지발달이론. 서울: 정민사.

김정규 외(1982). 아동심리학. 서울: 학문사.

김정순(2005). 교사-유아 관계와 유아의 친사회적 행동과의 상관연구. 서울교육대학교 교육대학원 석사학위 청구논문.

김정오 · 이관용 · 차채호(1982). 심리학개론. 서울대학교 출판부.

김정휘 · 주영숙(1980). 교육심리학 탐구. 서울: 형설출판사.

김제한(2001). 발달심리학. 경기도: 양서원.

김종서 · 이영덕 · 이홍우 · 황정규 (1987). 교육과정과 교육평가. 서울: 교육과학사.

김종철 외(1995). 최신 교사론. 서울: 교육과학사.

김지자 · 남승희 · 최운실 · 곽노의 · 김해성(1992). 미래를 향한 가정교육. 서울: 양서원.

김진영 · 김정원 · 전선옥(2000). 유아 · 부모 · 교사를 위한 부모교육. 서울: 창지사.

김충기(1991). 생활지도와 상담. 서울: 교육과학사.

______(1992). 자녀지도와 부모교육. 서울: 양서원

김태련(1982). 학령전 아동의 귀인과정. 성균관대학교 대학원 박사학위 논문.

김학촌(1969). 창의적 사고력과 이에 관계되는 영역과의 비교연구. 경북대학교 논문집, 제3집.

김행자(1986). 유아심리학. 서울: 교문사.

김호권(1970). 완전학습의 원리. 서울: 배영사.

______(1977). 현대교수이론. 서울: 교육출판사.

김희진 · 오문자 역(1996). 레지오 에밀리아의 유아교육. 서울: 정민사.

나동진(1999). 교육심리학-인지적접근. 서울: 학지사.

노희관 외 역(1990). 교육심리학의 최근동향. 서울: 교육과학사.

노희상(1995). 센스 있는 아버지의 신세대 자녀교육. 서울: 우리문학사.

대한교련(1971). 교직의 여성화 경향에 관한 연구. 정책연구, 제12집. 대한교육연합회.

라정(1982). 심리연구 동향분석-국내 석사학위논문을 중심으로. 교육개발. 한국교육개발원, 제4권 제2호, 48-51.

류현수(1993). 가족관계와 복지. 서울: 동문사.

류현수 · 이정숙 · 김주아(2007). 가족관계와 복지. 서울: 동문사.

문미희(1991). 도덕판단력검사(DIT)의 문항적절성 분석연구. 서울대학교 대학원 석사학위논문.

문용린 역(2000). 도덕심리학. 중앙적성출판사.

문용린(1986). 인지발달론의 관점에서 본 도덕성 발달 연구의 문제와 전망. 교육이론, 제1권 제1호, 55-83.

______(1997). EQ가 높으면 성공이 보인다. 서울: 글이랑.

문은식 · 박선환 · 정미경(2007). 교육심리학. 경기도: 공동체.

민영순(1976). 발달심리학. 서울: 교육출판사.

______(1995). 교육심리학. 서울: 문음사.

박규훈(1982). 청년기학생의 욕구 저지와 공격기제에 관한 일연구. 경북대학교 대학원 석사학위논문.

박도순(1992). 교육연구방법론. 서울: 문음사.

박도순 · 변영계(1988). 교육과정과 교육평가. 서울: 문음사.

박동준 · 허경조(1988). 대학생을 위한 창의력 개발 프로그램. 충북대학생활연구, 제12집, 15-48.

박성수(1986). 생활지도. 서울: 정민사.

______(1993). 자녀지도를 위한 부모 교육. 콜로키움 및 세미나 자료 모음, 청소년 대화의 광장, 181-185.

박성익(1986). 독자학습전략-자기지향평가방법의 교육적 의미. 서울: 교육연구사.

박성혜(2008). 생태 그림책을 활용한 자연친화교육 프로그램의 구성 및 적용효과. 중앙대학교 대학원 박사학위논문.

박아청(1982a). 교육심리학의 접근방법. 서울: 학문사.

______(1987b). 인간과 교육. 서울: 배영사.

______(2001c). 교육심리학. 서울: 학문사

박영란(2010) 자연친화적 유아과학 탐구프로그램 구성 및 적용효과. 건국대학교 대학원 박사학위논문.

박영충(1997). 포트폴리오의 유아교육 현정적용 효과. 숙명여자대학교 대학원 박사학위 청구논문.

박완희(1996). 대학의 수업환경 비교분석. 교육심리연구. 한국교육학회 교육심리연구회, 제10권 제2호, 197-233.

박 윤(2008). 프로젝트 스펙트럼의 언어활동이 유아의 언어능력과 창의성에 미치는효과. 조선대학교 대학원 박사학위논문

박찬옥 · 김영중 · 황혜경 · 엄정례 · 조경서(2005). 유아사회교육. 서울: 정민사

박호윤 · 마지순 · 안라리 · 천응영(1006). 부모 자녀 관계 증진을 위한 부모교육. 서울: 창지사

박화문(1989). 장애유아의 발달과 교육. 서울: 창지사.

박희숙(2004). 프로젝트 스펙트럼에 기초한 유아 다중지능 증진 프로그램 개발 및 효과. 전남대학교 대학원 박사학위논문.

방선아(2010). 산책활동이 유아의 자연탐구지능 향상에 미치는 효과. 숭실대학교 교육대학원 석사학위논문.

서울대학교 교육연구소(1994). 교육학 용어사전. 서울: 도서출판 하우.

성영혜 · 윤석희 · 이경화(1993). 부모교육. 서울: 문음사.

송명자(2004). 발달심리학. 서울: 학지사.

송영혜(1993). 발달장애진단이 이론과 사례. 서울: 도서출판 특수교육.

송인섭(1989). 인간심리와 자아개념. 서울: 양서원.

______(1996). 한국의 표준화된 지능검사의 문제와 전망. 교육심리연구. 한국교육학회 교육심리연구회, 제10권 제3호, 113-133.

송현정(1993). 부부관계 및 부모-자녀관계가 장애아 형제관계에 미치는 영향. 숙명여자대학교 대학원 석사학위 청구논문.

신세호 역(1980). 프로그램 수업. 서울: 교육과학사.

신세호(1985). 영재교육의 세계적인 동향과 우리의 과제. 새교육, 통권 370호, 38-46.

신화식 · 양옥승 · 김명희(2009). 프로젝트 스펙트럼을 중심으로 한 유아용 자연이해 지능 평가도구 개발. 한국영유아보육학, Vol. 56, 49-67.

심우엽(1997). 다중지능 이론과 학교교육의 개선에 관한 연구. 교육학연구 한국교육학회, 제35권 제3호, 83-96.

______(2000). 교육심리학. 서울: 교육과학사.

안귀덕(1997). 학습자의 정의적 특성에 관한 연구의 회고와 전망. 교육심리연구. 한국교육학회 교육심리연구회, 제11권 제1호, 33-48.

안범희 · 박선영 · 최철용 · 이은주(1998). 교육심리학. 서울: 교육과학사.

안영진 역(2005). 다중지능이론에 의한 아동의 다양한 능력 개발을 위한 평가. 서울: 창지사.

안영진(1997). 아동심리의 발달과 이해. 서울: 도서출판 정일.

______(1998). 갈등상황 토론학습이 아동의 도덕적 추론능력과 조망수용능력에 미치는 효과. 건국대학교 대학원 박사학위 청구논문.

______(2002). 아동심리와 부모교육: 이론과 실제. 서울: 꾸벅.

______(2002). 유아의 사회적 능력 발달 프로그램 개발연구. 한국유아교육 · 보육행정학회 2002년도 춘계 전국 학술대회 자료집(pp.157-177).

______(2004). 다중 지능이론에 의한 아동의 다양한 능력 개발 프로젝트. 서울: 창지사.

______(2007). 현대인의 정신건강. 경기도: 양서원.

안영진 · 고연경(2007). 다중지능에 기초한 프로젝트 스펙트럼(Project Spectrum)에 따른 유아의 강점 구체화와 부모인식 변화 고찰. 유아교육 · 보육행정연구, 11(4), 133-155. 한국유아교육 · 보육행정학회.

안영진 · 이성숙(2001). 다중 지능이론에 의한 아동의 다양한 능력 개발을 위한 프로그램. 서울: 창지사.

안영진 · 안은정(2005). 다중지능에 의한 프로젝트 스펙트럼 과학활동을 통한 자연이해 과정 조망. 유아교육 · 보육행정연구, 9(2), 87-101.

안영진 · 이성숙 역(2001). 아동의 다양한 능력 개발을 위한 프로그램 2. 서울: 창지사.

여광응 · 조용택 역(1994). 장애유아의 조기교육. 서울: 도서출판 특수교육.

여광응 · 전영길 외(1992). 교사를 위한 교육 심리학. 서울: 양서원.

연미희 · 김진숙(2001). 부모교육 이론과 실제. 서울: 동문사.

오영희(1986). 부모교육. 서울: 형성출판사.

우리기획 엮음(2001). 우리 아기 말 배우는 옹알옹알 의성어 동화. 서울: 계림.

유명희(1989). 온순한 유아와 까다로운 유아의 울음에 대한 어머니의 지각과 반응에 관한 연구. 이화여자대학교 대학원 박사학위 청구논문.

유안진 · 김연진(1993). 부모교육. 서울: 동문사.

윤현석 · 김언주(1996). 감정지능의 의미와 측정. 교육심리연구. 한국교육학회 교육심리연구회, 제10권 제3호, 183-204.

윤혜경 · 민하영(2005). 유아사회교육의 이론과 실제. 서울: 창지사.

이경섭(1994). 교육목표 설정에 있어서의 주요 쟁점. 교육학연구. 한국교육학회, 제32권 제5호, 1-20.

이경우 · 이은화 역(1995). 엄마, 아빠 이렇게 키워주세요. 서울: 교육과학사.

이경우 · 이은화 · 정확실 · 문미옥(1988-90). 도덕발달연구. 이화여자대학교 동서교육연구소.

이부미(2001). 놀면서 자라고 살면서 배우는 아이들. 서울: 또하나의 문화.

이성진(1996). 교육심리학: 그 학문적 성격과 과제. 교육심리연구. 한국교육학회 교육심리연구회, 제10권 제1호, 25-43.

______(1996). 교육심리학서설. 서울: 교육과학사.

이성진 · 홍준표(1982). 행동수정의 원리. 서울: 교육과학사.

이숙정(2000). 아동의 다중지능과 친사회적 행도의 관계연구. 숙명여자대학교 대학원 석사학위 청구논문.

______(2008). 신뢰와 학교교육. 학국학술정보.

이신동(1996). '90년대 교육심리학에 대한 새로운 시각. 교육심리연구회소식, 제1권 제1호. 한국교육학회 교육심리연구회. 4-5.

이연섭(1993). 자녀지도를 위한 부모교육. 콜로세움 및 세미나 자료모음. 청소년 대화의 광장. 213-228.

이영석(1982). 발달심리기초. 서울: 학문사.

이영자 · 유효선 · 이정욱(2002). 주제중심의 통합적 접근방법에 의한 유아사회교육. 서울: 교문사.

이옥형(1985). 유동적 지능과 결정적 지능에 관한 연구. 고려대학교 대학원 박사학위논문.

이원영(1993). 부모교육론. 서울: 교문사.

이윤경(1993). 친사회적 행동발달을 위한 또래집단의 영향. 교육발전, 12, 103-114.

이장호(1982). 상담심리학 입문. 서울: 배영사.

이재연 · 김경희(1994). 부모교육. 서울: 양서원

이재창(1988). 생활지도. 서울: 문음사.

이정숙(1993). 현재가족의 변화와 가족생활주기에서 본 한국가족문제. 호남대학교 학술논문집, 14, 172-187.

이종연(1986). 자료제시방법, 질문형식 및 창의력이 학업성취 수준에 주는 효과. 서울대학교 대학원 석사학위논문.

이행옥 · 박성연(1989). 가족생활주기와 결혼적응의 고찰: 가족발달적 접근방법의 준거틀 적용. 이화여자대학교 대학원 연구논집, 17.

이형득(1979). 집단상담의 실제. 서울: 중앙적성연구소.

______(1982). 인간관계 훈련의 실제. 서울 : 중앙적성연구소.

이훈구(1985). 현대심리학개론. 서울: 정민사.

임갑빈 · 임매희(2007). 자연친화유아교육프로그램 : 봄, 여름, 가을, 겨울. 경기도: 양서원.

임규혁(1996). 교육심리학. 서울: 학지사.

임선하(1999). 창의성에의 초대. 서울: 교보문고.

장언효(1997). 학습자의 인지적 특성에 관한 최근의 연구동향과 현장적용의 문제점과 과제. 교육심리연구. 한국교육학회 교육심리연구회, 제11권 제1호, 19-32.

장휘숙(1993). 자기효율성의 특성에 관한 관련연구의 개관. 한국심리학회지 발달, 한국심리학회, 제6권, 16-28.

재니스 J. 비티(1999). 유아를 위한 친사회적 행동지도. (이기숙 · 강숙현 역). 이화여자대학교 출판부.

전성연 · 백영균(1990). 교육과 컴퓨터. 서울: 양서원.

전윤식 · 이영석(1984). 삐아제와 유아교육. 서울: 형설출판사.

점길자(2006). 부모의 양육태도와 유아의 사회성 발달과의 관계. 아주대학교 교육대학원 석사학위 청구논문.

정문자(1993). 부모교육 프로그램의 이론과 실제. 부모교육, 유아교육 심포지움 I. 한국어린이교육협회, 46-57.

정미숙(1996). 정의적 변인들 간 및 학업성적과의 관계분석. 교육학연구. 한국교육학회, 제34권. 제1호, 131-148.

정병호(1995). 공동육아 운동론. 함께 크는 우리 아이. 또 하나의 문화.

정성란(2005). 가족기능증진 프로그램이 가족기능에 미치는 효과. 경북대학교 대학원 박사학위 청구논문.

정옥분(2004). 영유아발달의 이해. 서울: 학지사.

정원식(1993). 자녀지도를 위한 부모교육. 콜로세움 및 세미나 자료모음. 청소년 대화의 광장, 163-179.

______(1994). 인간과 교육. 서울: 교육과학사.

정원식 · 이상로 · 이성진(1987). 현대교육심리학. 서울: 교육출판사.

정종진(1988). 교육평가신강. 서울: 형설출판사.

정종진(1991). 동기와 학습. 서울: 성원사.

조복희(1994). 유아발달과 지도. 서울: 교문사.

조선일보 2011.1.5일자 기사.

조성자(2003). 아버지의 양육태도와 유아의 사회성 발달에 관한 연구. 아주대학교 교육대학원 석사학위 청구논문.

조순옥 · 이경화 · 배인자 · 이정숙 · 김정원 · 민혜영(2005). 유아사회교육. 서울: 창지사.

______(2010). 개정 유아사회교육. 서울: 창지사.

조형숙 · 김선원 · 김현주(2007). 아이들과 함께 만드는 자연놀이터. 서울: 다음세대.

진위교(1997). 교수이론과 적용에 관한 연구의 회고와 방향모색. 교육심리연구. 한국교육학회 교육심리연구회, 제11권 제1호, 49-84.

최국남 · 박순이(2001). 유아사회교육. 서울: 창지사.

최규련(2007). 가족관계론. 경기도: 공동체.

최옥현(2007). 유아의 놀이성과 정서지능과의 관계. 한국교원대학교 교육대학원 석사학위 청구논문.

최은규(2000). 우리 아이 머리를 좋게 하는 수학동화. 서울: 삼성출판사.

______(2000). 우리 아이 생각하는 힘을 키워주는 과학동화. 서울: 삼성출판사.

______(2001). 궁금한 것 못 참는 우리 아이를 위한 책. 서울: 삼성출판사.

최재숙(2001). 우리아이 좋은 버릇 길러주는 동화. 서울: 삼성출판사.

최혜순(2004, 2007). 유아사회교육. 서울: 동문사.

톰 브라운 · 주디 브라운(2006). 산과 들에서 배우는 감각 교육 길잡이 : 여우처럼 걸어라. 서울: 보리.

하대현(1996). 인간지능 이론과 연구의 최근 동행과 과제. 교육심리연구. 한국교육학회 교육심리연구회, 제10권 제1호, 127-322.

하대현(1997). EQ에 대한 단상. 교육심리연구회소식, 제1권 제3호, 3-7.

하정연(2002). 생태유아교육프로그램의 계획 및 운영사례. 한국생태유아교육학회 생태유아교육 교사연수 자료집, 20-55, 부산대학교.

______(2004). 생태유아교육 프로그램에 관한 문화기술적 연구: 부산대학교 부설어린이집을 사례로. 부산대학교 대학원 박사학위 청구논문.

한국교육개발원(1984). 부모교육 프로그램 모형 개발연구: 취학 전 자녀의 부모를 대상으로. 한국교육개발원 연구보고.

한국교육학회 유아교육연구회 편(1986). 부모교육 프로그램 탐색. 서울: 창지사.

한국어린이육영회(1988). 태아 및 영아를 위한 예비 부모 교육. 서울: 한국어린이육영회.

한국여성개발원 편(1988). 아동보육에 관한 연구. 서울: 한국여성개발원.

한국유아교육학회 편(1996). 유아교육용어사전. 서울: 한국사전연구사.

한국행동과학연구소편(1983). 부모교육. 서울: 문교부.

한명숙(2007). 아버지의 놀이 참여와 유아의 사회적 능력 간의 관계. 중앙대학교 사회개발대학원 석사학위 청구논문.

한은숙(1996). Vygotsky의 이론에 의한 성인과 유아의 상호작용과 유아의 문제해결과의 관계. 중앙대학교 대학원 박사학위논문.

한혜영(2007). 자연친화적 생태교육활동이 유아의 감성지능에 미치는 효과. 한국외국어대학교 교육대학원 석사학위논문.

허경철(1991). Bandura의 자기효능감 발달이론과 자주성 함양을 위한 교수학습방법. 한국교육. 한국교육개발원, 제18권, 67-84.

허정순(2007). 유아의 이기도에 따른 또래유능성 및 사회적 언어사용. 성신여자대학교 교육대학원 석사학위 청구논문.

홍성훈(1996). 감정지수(EQ)란 무엇이며 왜 중요한가? 한국어린이육영회 회보, 제88호. 한국어린이육영회, 16-18.

홍순정(1999). 지능과 창의성. 서울: 양서원.

황응연 · 윤희준(1983). 현대생활지도론. 서울: 교육출판사.

황의명 · 박찬옥(1997). 감성교육 프로그램. 서울: 양서원.

황정규(1997). 지능의 요인이론, 요소이론, 다지능이론의 비교. 교육심리연구. 한국교육학회 교육심리연구회, 제11권 제1호, 191-219.

______(1998). 교육심리학의 교육현장 적용과 과제. 교육심리연구. 한국교육학회 교육심리연구회, 제12권 제1호, 27-34.

Adams, M. L.(1993). *An empirical investigation of domain-specific theories of preschool children's cognitive abilities*. Unpublished doctoral dissertation. Medford, MA : Tufts University.

Adams, M. L., & Feldman, D. H.(1993). *Project Spectrum: A theory-based approach to early education*. In R. Pasnak & M. L. Howe (Eds.), *Emerging themes in cognitive development*(Vol. 2, p. 53-76). NY : Springer-Verlag.

Agler, L.(1991). *Involving dissolving*(rev. ed.). A GEMS Teacher's Guide. Berkeley : Lawrence Hall of Science, University of California.

______(1991). *Liquid exploration*(rev. ed.). A GEMS Teacher's Guide. Berkeley : Lawrence Hall of Science, University of California.

Aliki.(1984). *Feeling*. New York : Green Willow Press.

Anno, M.(1987). *Anno's counting games*. NY : Philomel.

________(1992). *Anno's counting book*. NY : HarperCollins.

Baker, A., & Baker, J.(1993). *From puzzle to project: Solving problems all the way*. Portsmouth, NH : Heinemann.

Baratta-Lorton, M.(1976). *Mathematics their way*. Reading, MA : Addison-Wesley.

Barnes, R.(1989). Current issues in art and design education: From entertainment to qualitative experience. *Journal of Art and Design Education, 8*(3), 247-55.

Barry. C. F., & Mindes, G.(1993). *Planning a theme-based curriculum: Goals, themes, activities, and planning guides for 4's and 5's*. Glenview, IL : Good Year Books.

Bayless, K. M., & Ramsey, M. E.(1987). *Music : A way of life for the young child*(3rd ed.). Columbus, OH : Merrill.

Beall, P., & Nipp, S.(1984). *Wee sing and play*. Los Angeles : Price/Stern/Sloan.

Belknap, M.(1980). Taming your dragons: A collection of creative and relaxation activities for home and school. Buffalo, NY : DOK.

Benzwie, T.(1980). *A moving experience: Dance for lovers of children and the child within*. Tucson, AZ : Zephyr press.

Bereiter, C., & Engelmann, S.(1966). *Teaching disadvantaged children in the preschool*. Englewood Cliffs, NJ : Prentice Hall.

Berger, M.(1991). *Make your own Weather station*. NY : Scholastic.

Bergethon, B.(1980). *Musical growth in the elementary school*. NY : Holt, Reinhart & Winston.

Binet, A., & Simon t.(1973). *The development of intelligence in children(the Binet-Simon Scale) (Elizabeth s. Kite, Trams.)*. New York : Amo press. (Original work published 1916)

Birkenshaw, L.(1982). *Music for fun, music for learning*(3rd ed.). Toronto : Holt, Reinhart & Winston.

Boal, A.(1992). *Games for actors and non-actors*. NY : Routledge.

Borba, M., & Borba, C.(1982). *Self-esteem: A classroom affair*(Vol 2). San Francisco : Harper & Row.

Braus, J.(Ed.).(1987). *NatureScope: Incredible insect*. Available from National Wildlife Federation, 1400 Sixteenth St., Washington, DC 20036.

Bredekamp, S.(Ed) (n.d.) NAEYC position statement on developmentally appropriate practice in early childhood programs serving children from birth through ago 8. Washington, DC : National Association for the Education of Young Children.

Bredekamp, S., & Rosegrant, T.(1993). *Researching potentials: Appropriate curriculum and assessment for young children, Vol.1*. Washington, DC : NAEYC.

Brown, D.(1991). *How things were built*. NY : Random House.

Brown, T. M., & Laminack, L. L.(1989). Let' s talk a poem. *Young Children, 9*, 49-51.

Bruner, J. S., Olver, R. R., & Greenfield, P. M.(1966). *Studies in cognitive growth*. New York : John Wiley.

Burk, D., Snider, A., & Symonds, P.(1988). *Box it or bag it or bag it mathematics*. Salem, OR : Math Learning Center.

Burns, M.(1975). *The I hate Mathematics! book*. Boston : Little, Brown.

Burns, M., & Tank, B.(1988). *A collection of math lessons*. White Plains, NY : Math Solution Publications.

Capacchione, L.(1989). *The creative journal for children: A guide for parents, teacher, and counselors*. Boston : Shambhala.

Carlsson-Paige, N., & Levin, D. E.(1987). *The war play dilemma: Balancing needs and values in the early childhood classroom*. NY : Teachers College Press.

Carr, R.(1980). *See and be: Yoga and creative movement for children*. Englewood Cliffs, NJ : Prentice Hall.

Carraher, T. N., & Schliemann, A. D.(1988). Culture, arithmetic, and mathematical models. *Cultural Dynamics, 1*, 180-194.

Ceci, S. J.(1990). *On intelligence ...more or less: A bio-ecological treatise on intellectual development*. Englewood Cliffs, NJ : Prentice Hall.

Charney, R., Clayton, M., & Wood, C.(1995). *The responsive classroom: Guidelines*. Grenfield, MA : Northeast Foundation for Children.

Checkly, K.(1997). The first seven and the eight: A conversation with Haward Gardner. *Educational Leadership, 55*(1), 8-13.

Chen, J.(1998). *Project Spectrum: Early learning activities*. NY: Teachers College Press.

Chen, J. Q.(1993). *Builing on children' s strengths: Examination of a Project Spectrum of the Society for Research in Child Development*. New Orleans, LA.

Chen, J.(1993). Building on children' s strengths: Examination of a Project Spectrum intervention program for students at risk for school failure.(Eric Document Reproduction Service No. ED 357 847)

Cherry, C.(1972). *Creative art for the developing child.* Carthage, DE : Ferron Teacher' sAids.

Chon, A.(1993). *From sea to shining sea.* NY : Scholastic.

Cohen, E. P., & Gainer, S. R.(1984). *Art: Another language for learning.* New York : Schocken.

Cohen. J.(1990). *GrowLab: Activities for growing minds.* Available form National Gardening Association, 180 Flynn Ave., Burlington, VT 05401.

Cole, J.(1989). *AnnaBanana.* 101 jump rope rhymes. NY : Scholastic.

Cole, J.(Ed.).(1994). *A new treasury of children's poetry.* NY : Doubleday.

Cozden, C.(Ed.).(1981). *Language in early childhood education.* Washington, DC : National Association for the Education of Young Children.

Crary, E.(1984). *Kids can cooperate: A Practical guide to teaching problem solving.* Seattle : Parenting Press.

Cronbach, L. J.(1990). *Essentials of Psychological testing.* NY : Harper & Row.

Damon, W.(1988). *The moral child: Nurturing children's natural moral growth.* NY : Free Press.

__________(1995). *Greater expectations: Overcoming the culture of indulgence in America's homes and schools.* NY : Free Press.

Darlings, D.(1991). *Spiderwebs to sky-scrapers : The science of structures.* NY : Dillon Press, Macmillan.

Davidson, L., & Scripp, L.(1988). *Young children's musical representations: Windows on music cognition.* In J. Slobda. (ed.), Generative processes in music. Oxford : Clarendon Press.

DeBeer, S.(Ed.).(1995). *Open ears: Musical adventures for a new generation.* Roslyn, NY : Ellipsis Kids.

Derman-Sparks, L., & The A. B. C. Task Force.(1989). *Anti-bias curriculum: Tool for empowering young children.* Washington, DC : National Association for the Education of Young Children.

DeVries, R., & Kohlberg, L.(1987). *Constructivist early education: Overview and comparison with other programs.* Washington, DC : National Association for the Education of Young Children.

DeVries, R., & Zan, B.(1994). *Moral classrooms, moral children: Creating a constructivist atmosphere in early education.* NY : Teachers College Press.

Doris, E.(1991). *Doing what scientists do.* Portsmouth, NH : Heinemann.

Dunleavy, D.(1992). *The language beat.* Portsmouth, NH : Heinemann.

Dunn, S., & Lason, R.(1990). *Design technology : Children's engineering.* New York, London : falmer Press.

Educational Development Center Inc.(1991). *Balls and ramps.* An Elementary Insights Hands-On Science Curriculum. Newton, MA : Author.

Edwards, C., Gandini, L., & Forman, G.(1993). *The hundred languages of children.* Norwood. NJ : Ablex.

Elementary science study(1968). *Light and shadow.* St. Louis : McGraw-Hill.

____________________(1968). *Primary balancing.* St. Louis : McGraw-Hill.

Elementary science study(1971). *Drops, streams, and containers.* St. Louis : McGraw-Hill.

____________________(1976). *Mobiles.* St. Louis : McGraw-Hill.

Engel, B.(1995). *Considering children's art: Why and how to value their works.* Washington, DC : National Association of Education for Young Children.

Fasko, D. J.(1992). Individual difference and multiple intelligences. (Eric Document Reproduction Service No. ED 362 557)

Feinburg, S., & Mindess, M.(1994). *Eliciting children's full potential.* Belmont, CA : Brooks/Cole.

Feldman, D. H.(1980/1994). *Beyond universals in cognitive development* (2nd ed.). Norwood, NJ : Ablex.

______________(1991). *Nature's gambit.* New York : Basic Books. (Original work published 1986)

______________(1991). *Nature's gambit: Child prodigies and the development of human potential.* NY : Teachers College Press. (Original work published 1986)

Feldman, D. H.(1994). *Beyond universals in cognitive development* (2nd ed.). Norwood, NJ : Ablex.

Feldman, D. H.(Ed.).(1982). *Developmental approaches to giftedness and creativity.* San Francisco : Jossey-Bass.

Feldman, D. H., Csiksnentmihalyi, M., & Gardner, H.(1994). *Changing the world: A framework for the study of creativity.* Westport, CT : Greenwood press.

Flemming, B.(1977). *Resources for creative teaching in early childhood education.* NY : Harcourt Brace Jovanovich.

Fluegelman, A.(1981). *New games book.* NY : oubleday.

Fox, M.(1984). *Teaching drama to young children.* Portsmouth, NH : Heineman.

Foyle, H., Lyman, L., & Thies, S. A.(1991). *Cooperative learning in the early childhood classroom.* Washington, DC : National Education Association.

Fraser, D. L.(1991). *Playdancing: Discovering and developing creativity in young children.* Princeton, NJ : Princeton Books.

Gardner, D. (Ed.).(1983). *A nation at risk.* Washington, DC : U.S. Deparment of Education.

Gardner, H., & Hatch, T.(1989). Multiple intelligences go to school: Educational implications of the theory of multiple intelligences. *Educational Researcher, 18*(8), 4-10.

Gardner, H.(1980). *Artful scribbles: The significance of children's drawings.* NY : Basic Books.

__________(1991). *The unschooled mind: How children think and how schools should teach.* NY : Basic Books.

__________(1993). *Frames of mind: The theory of multiple intelligences.* NY : Basic Books. (Original work published 1983)

__________(1993). *Multiple intelligences: The theory in practice.* NY : Basic Books.

__________(1998). *Are there additional intelligences?* In J. Kane (Ed.), Education, information, and transformation (pp.111-131). Englewood Cliffs, NJ : Prenrtice Hall.

Gardner, H., & Hatch, T.(1989). Multiple intelligences go to school. *Educational Researcher, 18*(8), 4-10.

____________________(1990). Multiple intelligences go to school: Educational implications of the theory of multiple intelligences. (Eric Document Reproduction Service No. ED 324 366)

Gardner, H., & Viens, J.(1990). Multiple intelligences and styles: Partners in effective education. *The Clearinghouse Bulletin: Learning/Teaching Style and Brain Behavior, 4*(2), 4-5.

Gardner, H., Hatch, T., & Torff, B.(1997). *A third perspective: The symbol systems apporach.* In R, Sternberg & E. Grigorenko.

Gardner, H., Kornhaber, M., & Sake, W.(1996). *Intelligence: Multiple perspectives.* Ft. Worth, TX : Harcourt Brace.

Gertz, L.(1993). *Let nature be the teacher: Seasonal natural history activities for parents and other educators to share with young children.* Belmont, MA : Habitat Institute for the Environment.

Gibbons, G.(1982). *Tool book.* New York : Holiday House.

Gilbert, A.(1977). *Teaching the three Rs through movement experience.* NY : Macmillan.

Ginsburg, H., & Opper, S.(1988). *Piaget' s theory of intellectual development* (3rd ed.). Englewood Cliff, NJ : Prentice Hall.

Gold, C.(1991). *Science express: 50 scientific stunts from the Ontario Science Centre.* Reading, MA : Addison-Wesley.

Gonsalves, P., & Kopp, J.(1995). *Build it! festival.* A GEMS Teacher' s Guide. Berkeley, CA : Lawrence Hall of Science, University of California.

Goodman, J.(1992). *Group solutions.* A GEMS Teacher' s Guide. Berkley. CA : Lawrence Hall of Science, University of California.

Graves, D.(1992). *Explore poetry.* Portsmouth, NH : Heineman.

Gray, J., & Viens, J.(1994). The theory of multiple intelligences: Understanding cognitive diversity in schools. *National Forum, 74*(1), 22-26.

Greenhawk, J.(1997). Multiple intelligences meet standards. *Educational Leadership, 55*(7), 62-64.

Gregson, B.(1982). *The incredible indoor games book.* Belmont, CA : Fearon Teacher Aids.

Harper, B.(Ed.).(1993). *Brining children to literacy: Classroom that work.* Norwood, MA : Christopher-Gordon.

Hart, A., & Mantell, P.(1993). *Kids make music! Clapping and tapping from Bach to Rock!.* Charlotte, VT : Williamson.

Hart, K.(1988). *I can draw!. Portsmouth.* NH : Heineman.

_______(1994). *I can paint!. Portsmouth.* NH : Heineman.

Haskell, L. L.(1979). *Art in the early childhood year.* Columbus, OH : Merrill.

Hatch, T., & Gardner, H.(1986). From testing intelligence to assessing competences: A pluralistic view of intellect. *The Roeper Review, 8*, 147-150.

_______________________(1990). If Binet had looked beyond the classroom: The assessment of multiple intelligences. *International Journal of Educational Research*, 415-429.

Heard, G.(1989). *For the good of the earth and sun.* Portsmouth, NH : Heineman.

Heinig, R.(1992). *Improvisation with favorite tales: Integrating drama into the reading and writing classroom.*

Portsmouth, NH : Heineman.

Hendricks, G., & Hendricks, K.(1983). *The moving center: Exploring movement activities/for the classroom.* Englewood Cliffs, NJ : Prentice Hall.

Herberholz, B.(1974). *Early childhood art.* Dobuque, IA : W. C. Bright Ring.

Herbert, D.(1959). *Mr, Wizard's experiments for young scientists.* NY : Double day.

Herrnstein, R. J., & Murray, C.(1994). *the bell curve: Intelligence and class structure in American life.* NY : Free Press.

Hohmann, C.(1991). *High/Scope K-3 curriculum series: Mathematics.* Ypsilanti, MI : High/Scope Press.

Hohmann, M., Banet, B., & Weikert, D.(1979). *Young children in action.* Ypsilanti, MI : High/Scope Press.

Holdaway, D.(1979). *The foundations of literacy.* NY : Ashton Scholastic.

Holt, B. G.(1982). *Science loith young children.* Washington, DC : National Association for the Education of Young Children.

Homan, D.(1981). *In Christina's tool box.* Chapel Hill, NC : Lollipop power.

Hopkins, L.(1987). *Pass the and poetry please!.* NY : Harper & Row.

Ingram, B. K.(1975). *The workshop approach to classroom interest centers.* West Nyack, NY : Parker.

Jalongo, M.(1996, July). Using recorded music with young children: A guide for nonmusicians. *Yougn Children, 51*, 11-14.

Jenkins, E.(1984). *Learning can be fun*(video). Washington, DC : National Association for the Education of Young Children.

_________(1989). *Adventures in rhythm*(audiocassette). Washington, DC: Smithsonian/Folkways: Cambridge, MA : Rounder Records.

Johnson, J., Christie, J., & Yawkey, T.(1987). *Play and early childhood development.* Glenview, IL : Scott Foresman.

Jones, B. & Hawes, B. L.(1972). *Step it down: Games, plays, songs and stories from the Afro-American heritage.* Athens : University of Georgia Press.

Joyce, M.(1973). *First steps in teaching creative dance.* Palo Alto, CA : National Press.

Kamii, C.(1982). *Number.* Washington, DC : National Association for the Education of Young Children.

_______(1985). *Young children reinvent arithmetic: Implications of Piaget's theory.* NY : Teachers College Press.

Katz, L. G., & Chard, S, C.(1990). *Engaging children's minds: The project approach.* Norwood, NJ : Ablex.

Koch, K.(1970). *Wishes, Lies, and dreams.* NY : Chelsea House.

Kohl, M.(1989). *Mudworks: Creative clay, dough, and modeling experiences.* Bellingham, WA : Bright Ring.

Kohl, M., & Potter, J.(1993). *Science Arts.* Bellingham, WA : Bright Ring.

Krechevsky, M.(1991) Project Spectrum: An innovative assessment alternative. *Educational Leadership, 48*(5), 43-49.

Krechevsky, M.(1998). *Project Spectrum: Preschool assessment handbook.* NY:Teacher College Press.

Krechevsky, M., & Gardner, H.(1990). The emergence and nurturance of multiple intelligences: The Project Spectrum approach. In M. J. A. Howe (Ed.), Encouraging the development of exceptional skills and talents (pp. 222-245). Leicester, England: The British Psychological Society.

Krechevsky, M., & Malkus, U.(1997). *Telling their stories, singing their songs.* In J. Flood, S. Brice Heath, and D. Lapp (Eds.), *A handbook for literacy educators: Research on teaching the communicative and visual arts(p.305-313).* NY : Macmillian.

Krechevsky, M., Hoerrm T., & Gardner, H.(1995). *Complementary energies: Multiple Intelligences in the lab and in the field.* Paper prepared for J. Oakes & K. H. Quartz (Eds.), *Creating new educational communities: Schools and classrooms where all children can be smart*(p.166-186). Chicago : National Society for the Study of Education.

Krone, B.(1959). *Help yourselves to music.* San Francisco : Howard Chandler.

Lasky, L., & Mukerji-Bergeson, R.(1980). *Art: Basic for young children.* Washington, DC : National Association of Education for Young Children.

Lave, J.(1980). *What's special about experiments as contexts for thinking?.* Quarterly Newsletter of the Laboratory of Comparative Human Cognition, 2, 86-91.

Linderman, E., & Herberholz, B.(1970). *Developing artistic and perceptual awareness: Art practice in the elementary classroom*(2nd ed). Dubuque, IA : W. C. Brown.

Lowden, M.(1989). *Dancing to learn: Dance as a strategy in primary school curriculum.* London : Falmer Press.

Macaulay, D.(1975). *Pyramid.* Boston : Houghton Mifflin.

__________(1977). *Castle.* Boston : Houghton Mifflin.

Macaulay, D.(1988). *The way things work.* Boston : Houghton Mifflin.

Maehr, J.(1991). *High/Scope K-3 curriculum series: Language and literacy Ypsilanti.* MI : High/Scope Press.

Malkus, U., Feldman, D. H., & Gardner, H.(1988). *Dimensions of mind in early childhood.* In A. D. Pelligrini (Ed.), *Psychological bases of early education* (p. 26-38). Chichester, UK : Wiley.

Mallan, K.(1992). *Children as storytellers.* Portsmouth, NH : Heineman.

Mallory, B., & New, R.(1994). *Diversity and developmentally appropriate practices.* NY : Teachers College Press.

Manni, J. L., Winikur, D. W., & Keller, M. R.(1984). *Intelligence, mental retardation, and the culturally different child: A practitioner's guide.* Springfiled, IL : Thomas.

Martin, D. J.(2001). *Constructing early childhood science.* NY: Delmar PublishingCo

Martin, W. C.(1995). Assessing multiple intelligences. (Eric DocumentReproduction Service No. ED 385 368)

McClure A., with Harrison, P., & Reed, S.(1990). *Sunrises and songs: Reading and writing in an elementary classroom.* Portsmouth, NH : Heinaman.

McCracken, J. B.(Ed.).(1986). *Reducing stress in young children's lives.* Washington, DC : National Association for the Education of Young Children.

McDonald, D. T.(1979). *Music in our lives: The early years*. Washington, DC : National Association for the Education of Young Children.

McPhail, D.(1984). *Fix-It*. NY : Dutton.

Meisels, S. J.(1989). High-stakes testing in kindergarten. *Educational Leadership, 46*, 16-22.

Michaelis, B., & Michaelis, D.(1977). *Learning through non-competitive activities and play*. Palo Altom CA : Learning Handbooks.

Morelock, M. J.(1996). On the nature of giftedness and talent: Imposing order on chaos. *Roeper Review, 19*, 4-12.

National Council of Teacher of Mathematics.(1988, February). Early childhood mathematics. (Special issue). *Arithmetic Teacher, 35*.

National Council of Teacher of Mathematics.(1989). *Curriculum and evaluation standards for school mathematics*. Reston, VA.

Nelson, E.(1979). *Movement games for children of all ages*. NY : Sterling.

_________(1987). *Everybody sing and dance!*. Available from Dimension 5, Box 403 Kingsbridge Station, Bronx, NY 10463.

_________(1989). *Dance sing and listen*(audiocassette). Available from Dimension 5, Box 403 Kingsbridge Station, Bronx, NY 10463.

Nelson, L. W., & Lorbeer, G. C.(1984). *Science acticities for elementary children(8th ed.)*. Dubuque, IA : W. C. Brown.

Neugebauer, B.(Ed.).(1992). *Alike and different: Exploring our humanity with young children(rev. ed.)*. Washington, DC : National Association for the Education of Young Children.

Nichols, B.(1989). *Beethoven lives upstairs*(audiocassette). Toronto, Ontario : Classical Kids.

Orlick, T.(1982). *The second cooperative sports and games book*. NY : Pantheon Books.

Page, N.(1995). *Sing and shine on! The classroom teacher's guide to multicultural song leading*. Portsmouth, NH : Heinemann.

Paley, V. G.(1981). *Wally's stories*. Cambridge, MA : Harvard University Press.

Pangrazi, R., & Dauer, V.(1981). *Movement in early childhood and primary education*. Minneapolis, MN : Burgess.

Petrash, C.(1994). *Earthways*. Mt Rainier, MD : Gryphon House.

Piaget, J.(1972). Intellectual evolution from adolescence to adulthood. *Human Development, 15*, 1-12.

_______(1983). *Piaget's theory*. In P. Mussen (Ed.), *Manual of child psychology*(pp.103-128). NY : John Wiley.

Pitcher, E. V., Feinburg, S. G., & Alexander, D. A.(1985). *What will happen if…*. Brooklyn, NY : Faculty Press.

Prokofiev, S.(1977). *Peter and the wolf*(audiocassette). NY : Columbia Records.

Rains, S. C., & Canady, R. J.(1989). *Story s-t-r-e-t-c-h-e-r-s: Activities to expand children's favorite books*. Mount Rainier, MD : Gryphon House.

Ramos-Ford, V., & Gardner, H.(1991). *Giftedness from a multiple intelligences perspective*. In N. Colangelo & G. Dacis (Eds.), *The handbook of gifted education* (p. 55-64). Boston: Allyn & Bacon.

Ramos-Ford, V., Feldman, D. H., & Gardner, H.(1988). A new loot at intelligence through Project Spectrum. *New Horizons for Learning: On the Beam, 8*(3), 6-7, 15.

Rickard, G.(1989). *Building homes: Minneapolis*. MN : Lerner Publications.

Rockwell, A., & Rockwell, H.(1972). *The tool box*. NY : Macmillan.

Rogoff, B., & Lave, J.(Eds.).(1984). *Everyday cognition: Its development in social context*. Cambridge, MA : Harvard University Press.

Rowe, G.(1987). *Guiding young artists: Curriculum ideas for teachers*. South Melbourne, Australia : Oxford University Press(distributed by Heinemann, Portsmouth, NH).

Russell, S., & Stone, A.(1990). *Counting: Ourselves and our families(for grades k-1)*. From the series Used numbers: Real data in the classroom. Palo Alto : Dale Seymour.

Saracho, O.(Ed.).(1983). *Understanding the multicultural experience in early childhood education*. Washington, DC : National Association for The Education of Young Children.

Schö, D. A.(1983). *The reflective practitioner: How professionals think in action*. NY : Basic Books.

Schickedanz, J.(1986). *More than the ABCs: The early of reading and writing*. Washington, DC : National Association for the Education of Young Children.

Schirrmacher, R.(1988). *Art and creative development for young children*. Albany : Delmar.

Scribner, S.(1986). *Thinking in action: Some characteristics of practical thought*. In R. J. Sternberg and R. K. Wagner (Eds.), Practical intelligence: Nature and origins of competence in the everyday world. Cambridge, UK : Cambridge University Press.

Shearer, C. B.(1991). *An investigation into the validity, reliability and clinical utility of the Hillside Assessment of Perceived Intelligences*. Unpublished doctoral dissertation, The Union Institute.

__________(1998). *Development and validation of a multiple intelligences assessment scale for children*. (Eric Document Reproduction Service No. ED 415 475)

Silverstein, S.(1964). *The giving tree*. NY : Harper & Row.

Skeen, P., Garner, A. P., & Cartwright, S.(1984). *Woodworking for young children*. Washington, DC: National Association for the Education of Young Children.

Slaby, R. G., Roedell, W. C., Arezzo, D., & Hendrix, K.(1995). *Early violence prevention: Tools for teacher of young children*. Washington, DC : National Association for the Education of Young Children.

Slavin, R. E., Karweit, N. L., & Madden, N. A.(Eds.).(1989). *Effective programs for students at risk*. Boston : Allyn & Bacon.

Sloan, G. D.(1984). *The child as critic: Teaching Literature in elementary and middle school*(2nd ed.). NY : Teachers College Press.

Spearman, C.(1904). General intelligence, objectively determined and measured. *American Journal of Psychlogy, 15*, 201-293.

Stenmark, J. K., Thompson, V., & Cossey, R.(1986). *Family math*. Berkeley, CA : The Regents, University of California.

Stephens, L. S.(1984). *The teacher' s guide to open education*. New York : Holt, Reinhart, & Winston.

Sternberg, R.(1985). *Beyond IQ: A triarchic theory human intelligence*. Cambridge, UK : Cambridge University Press.

Strickland, D., & Morrow, L.(1989). *Emerging literacy: Young children learn to read and write*. Nework, DE : International Reading Association.

Sullivan, M.(1982). *Feeling strong, feeling free: Movement exploration for young children*. Washington, DC : National Association for the Education of Young Children.

Thomas, J.(1990). *Masterpiece of the month*. Huntington Beach, CA : Teacher Created Materials.

University of Chicago School Mathematics Project.(1993). *Everyday mathematics*. Evanston, IL : Everyday Learning of California.

Upitis, R.(1990). *This too is music*. Portsmouth, NH : Heinemann.

________(1992). *Can I Play you my song?*. Portsmouth, NH : Heinemann.

VanCleave, J.(1989). *Chemistry for every kid*. NY : John Wiley & Sons.

___________(1993). *Machines: Mind-boggling experiments you can turn into science fair projects*. NY : John Wiley & Sons.

Venezia, M.(1993). *Getting to know the world' s greatest artists: Georgia O' Keeffe*. Chicago : Children' s Press.

Viens, J.(1990). Project Spectrum: A pluralistic approach to intelligence and assessment in early education, Part Ⅰ. *Teaching Thinking and Problem Solving, 12*(2), 1-4.

Viens, J.(1990). Project Spectrum: A pluralistic approach to intelligence and assessment in early education, Part Ⅱ. *Teaching Thinking and Problem Solving, 12*(3), 6-12.

Vygotsky, L. S.(1962). *Thought and language*. Cambridge, MA : MIT Press.

____________(1978). *Mind in society: The development of higher psychological processes*. Cambridge, MA: Harvard University Press.

Walters, J.(1992, January). *The multiple intelligences challenge*. Presented at a Project Zero workshop, Cambridge: Harvard University, Project Zero.

Welchman-Tischler, R.(1992). *How to use children' s Literature to teach mathematics*. Reston, VA : National Council of Teachers of Mathematics.

Wexler-Sherman, C., Gardner, H., & Feldman, D.(1998). A Pluralistic view of early assessment: The Project Spectrum approach. *Theory Into Practice, 27*(1), 77-83.

Whitin, D., & Wilde, S.(1992). *Read any good math lately?*. Portsmouth, NH : Heinemann.

William C. Crain(1993). 발달의 이론. (서봉연 역). 서울: 중앙적성출판부.

Williams, P., & Jinks D.(1985). *Design and technology 5-12*. London : Falmer Press.

Williams, R. A., Rockwell, R. E., & Sherwood, E. A.(1987). *Mudpies to magnets: A preschool science curriculum.* Mt Rainier, MD : Gryphon House.

Williams, R. A., Rockwell, R. E., & Sherwood, E. Q.(1987). *Mudpies to magnets: A preschool science curriculum.* Mt. Rainier, MD : Gryphon House.

Wilson, B., & Wilson, M.(1982). *Teaching children to draw: A guide for teachers and parents.* Englewood, NJ : Prentice Hall.

Wilson, F.(1988). *What it feels like to be a building.* Washington, DC : Preservation press.

Wolf, A.(1984). *Mommy, It's a Renoir!.* Available from Parent Child Press, P. O. Box 675, Hollidaysburg, PA 16648(814-696-5712).

Wortham, S. C.(2001). Assessment in early childhood education (3rd ed.). Upper Saddle River, NJ: Merrill Prentice Hall.

Yolen, J.(Ed.).(1992). *Street rhymes aroundthe world.* Honesdale, PA : Wordsong/Boyds Mill Press.

York, S.(1991). *Roots and wings: Affirming culture in early childhood programs.* St. Paul, MN : Redleaf Press.

Zubrowski, B.(1991). *Messing around with baking chemistry: A Children's Museum activity book.* Boston : Little, Brown.

협 력 기 관

그림 유치원. 서울특별시 동대문구 답십리 2동 40번지. (전화) 02-3394-6254.

분당 꿈터 유치원. 경기도 성남시 분당구 구미동 63번지. (전화) 031-716-6257.

뿌리 유치원. 경기도 안산시 상록구 부곡동 639-6. (전화) 031-415-5400.

저자소개

안 영 진 (安榮珍)

현재

- 한양여자대학 유아교육과 교수, 학과장

- 교육학 박사(유아교육전공)
- 한양여자대학 유아교육과 초대 학과장
- 한양여자대학 아동심리 교육센터 초대 교육 센터장
- 교육인적자원부 연구(프로젝트 스펙트럼-유아의 사회적 능력 발달 교육 활동 자료)
- 건국대학교 박사 우수 논문상 수상
- 한양여자대학 우수 저술상
- 전문대학협의회 "교수-학습 프로그램" 연구–개발 : 한국 직업능력 원장상 수상
- 교육부 장관상 수상
- (AP)부모교육 전문가
- 한국 영유아 보육 행정 학회 부회장 역임
  서울대, 숙대, 경희대 등 대학원 강의
- 한국 몬테소리 연구학회 이사
  한국 영유아 보육행정학회 이사, 여성 심리학회 이사, 한국심리학회 회원
  서울 · 경기 스펙트럼 연구회 수십 기관 교육 자문위원
- 한국 프로젝트 스펙트럼 연구회 회장
- 몬테소리 · 미술 치료사 전문가
- 북부 유치원 장학지도 역임
- 광진구 보육정보 센터 자문 의원, 성동구 보육정보센터 자문위원
- 아동심리전문가 · 청소년 상담 연구원(교육인적자원부 산하 한국 교육 연수원)
- 우리들은 1학년 교과부 심의의원 및 정책자문
- 한국 프로젝트 스펙트럼 제2저작권 소유(다중지능에 의한 아동 연구교육 프로그램 Ⅰ, Ⅱ, Ⅲ) : 〈하버드 대학연구〉
  Building on Children's Strengths : Project Spectrum(1)
  (다중지능에 의한 아동의 다양한 능력 개발 프로젝트. 창지사)
  Projcet Spectrum : Early Learning Activities (Project Spectrum 2)
  (다중지능에 의한 아동의 다양한 능력 개발을 위한 프로그램. 창지사)
  Project Spectrum : Preschool Assessment Handbook (Project Spectrum 3)
  (다중지능에 의한 아동의 다양한 능력 개발을 위한 평가. 창지사)

저서

- 다중지능에 의한 유아교육 프로그램 : 한국적 스펙트럼 프로젝트의 이론과 활동편. 창지사. 2010.
- 인성교육. 창지사. 2010.
- 신 교육심리학. 정민사. 2010.
- 교육심리학. 정민사. 2009.
- 가치로운 삶을 위한 리더십. 정민사. 2009.
- 21세기에 적응하는 부모교육. 양서원. 2008.
- 새로운 유아교육과정에 따른 유아사회교육. 2008.
- 현대인의 정신건강. 창지사. 2007.
- 아동상담. 동문사. 2006.
- 아동발달. 공동체. 2006.
- 다중지능에 의한 아동의 다양한 능력 개발을 위한 평가. 창지사. 2005.
- 다중지능에 의한 아동의 다양한 능력 개발 프로젝트. 창지사. 2004.
- 다중지능에 의한 아동의 다양한 능력 개발을 위한 프로그램. 창지사. 2001.
- 아동심리와 부모교육. 꾸벅. 2002.
- 새 아동발달 연구. 꾸벅. 2002.
- 교육심리학. 창지사. 2001.
- 아동상담. 동문사. 2001.
- 유아의 사회적 능력 발달 교육활동 자료. 교육인적자원부. 2000.
- 유아 생활지도. 삼광출판사. 1998.
- 아동 심리의 발달과 이해. 정일. 1997.
- 특수 아동 교육. 정일. 1997.
- 新 영 · 유아 발달 총서. 정일. 1997.
- 부모 교육 총론. 정일. 1996.
- 특수아동지도. 길안사. 1996.
- 新 아동발달 심리. 길안사. 1996.

논문

- 전문대학혁신 프로그램: 교수-학습 개선지원 사업 자료집. 2008
- 다중지능에 기초한 프로젝트 스펙트럼에 따른 유아의 강점 구체화와 부모인식 변화과정 고찰. 한국유아교육보육정보학회. 2007
- A study on the day care program to enhance the social and emotional development of children. PECERA. 2006
- 종일제 유아교육 프로그램 모형 개발 -프로젝트 스펙트럼 프로그램을 중심으로. 한국유아교육보육행정학회. 2006
- 다중지능에 의한 프로젝트 스펙트럼 바람 활동을 통한 유아의 자연 탐구과정조망. 한양여대논문집. 2006
- 다중지능에 의한 스펙트럼 연구- '그림자' 프로젝트 & '거북선' 프로젝트 서울초등다중지능교육연구회. 2005
- 다중지능에 의한 프로젝트 스펙트럼 과학 활동을 통한 유아의 자연 탐구과정조망. - '바람' 활동에 대한 사례 연구. 한국유아교육보육행정학회. 2005
- Multiple Intelligence by Project Spectrum Activities : Prospect of assembly activities process. PECERA. 2005
- 다지능 적용수업의 이론과 실제. 한국영유아보육행정학회. 2004
- 유아교육의 새로운 방향 제시 및 평가 방법 모색. 한국영유아보육행정학회. 2004
- 한일 예비교사의 다중지능과 친사회적 행동의 관계연구. 한국영유아보육행정학회. 2004
- 프로젝트 스펙트럼에 의한 영역별 교육연구 프로그램. 한국영유아보육행정학회. 2003
- 프로젝트 스펙트럼에 의한 유아의 사회적 능력 발달 프로그램. 교육인적자원부. 2001
- 유아의 사회적 능력발달 프로그램 연구. 교육부. 2000
- 다중지능 이론에 의한 프로젝트 스펙트럼 활동 유아의 사회적 능력발달 교육활동 자료. 교육인적자원부. 2000
- 갈등상황 토론학습이 아동의 추론 능력과 조망수용능력에 미치는 효과. 1998 외 다수

김 명 희 (金明姬)

현재

- 현, 한양대학교 교수

- 이화여자대학교 교육학 학사
- 콜럼비아대학교 교육학 석사
- 연세대학교 철학 박사
- 보스턴대학교 교육학 박사
- (전) 이화여자대학교 강사
- (전) 연세대학교 강사
- 풀브라이트 장학금 수여(2006)
- 한국 다문화 교육학회 : 회장
- 한국교육과정학회 : 편집위원장, 부회장
- 한국 박물관 교육학회 : 회장

저서

- 다중지능의 이론과 실제. 양서원. 1998.
- 영유아놀이지도. 교문사. 2006.
- 유아교육과정. 학지사. 2006

논문

- 한국 유치원 교사의 지각에 의한 평화 교육 프로그램의 개발에 관한 연구, 국제유아교육학회지, 9(2), 2003.
- 유아교육에서 진술문에 관한 연구, 담화와 인지 11(1), 2004.
- 학교 교육에서의 창의성 평가 방안 연구: 영역-특수성에 기초한 다차원적 평가를 중심으로. 한국교육과정학회지 23(3), 2005.
- Traveling with MI education in a turbulent sea: stories of South Korea. International Journal of Qualitative Studies in Education 21(4), 2008 (In English).

다중지능에 의한 유아교육 프로그램 평가

한국적 스펙트럼 프로젝트의 활동과 평가

초판 1쇄 인쇄 2011년 4월 18일
초판 1쇄 발행 2011년 4월 25일

지 은 이 | 김명희 · 안영진
펴 낸 이 | 김기섭
책임편집 | 박연순
펴 낸 곳 | 창지사 www.changjisa.com
121-809 서울시 마포구 대흥동 161
전화 (02)719-2211~3
팩스 (02)701-9386
등 록 | 1977년 4월 28일 · 제1-421호

ISBN 978-89-426-0610-8 (93370)

값 20,000원